입문

형법 형사소송법

배종대

홍문사

머리말

세 친구와 공부

“이런 책은 왜 없지? 그럼 나라도 한 번 써 보는 게 어때.” 이런 생각을 한 것은 제법 오래된 일이다. 책을 읽기 전에 집필 의도를 알고 있으면 이해에 도움이 되지 않을까 싶다.

로스쿨이 있는 학교에는 법학 학부가 없어서 법에 관한 기초교육을 받고 법전원에 입학하는 것은 불가능하다. 대부분 법학이 아닌 전공을 공부하고 입학해서 바로 법률공부로 직행하는데, 그 강도가 상상을 초월할 정도다. 모두 경쟁으로 이루어지다 보니 그렇다. 그렇게 1년을 마치면 로펌에 ‘입도선매’가 이루어진다 하니 이런 ‘지옥철’이 또 있을까 싶다. 하지만 법률가가 되고 싶은 사람에게 ‘본 게임’만 있을 뿐 도대체 법학이 무엇인지 알아볼 수 있는 안내가 없다. 법학적성시험 준비도 하면서 동시에 스스로 알아서 독학해야 하는데, 그렇게 하더라도 무슨 교재가 있어야 할 게 아닐까 하는 생각을 했다. 내가 법학 전반에 관한 안내야 할 수 없지만, 형법 형사소송법은 가능하고, 독자는 이것을 통해서 법학이 하는 일을 짐작할 수 있을 것으로 생각했다. 이것이 내 첫 번째 집필 의도다.

다음, 형법 형사소송법에, 예컨대 백 가지 주제가 있다고 치면 그 백 가지 주제가 모두 동일한 중요성을 갖지는 않는다. 말하자면 중요한 문제가 있고 덜 중요한 문제가 있어서 이것을 줄을 세우는 것도 가능하다. 그런데 이런 정보는 왜 알려주지 않는 거지? 이 내용을 알면 안 그래도 빠듯한 시간을 선택하고 집중해서 효과적으로 나누어 쓸 수도 있지 않겠는가 하는 생각이다. 이론 실무 통합교육에서 이론을 위한 이론은 설 자리가 없다. 교수가 논문을 쓸 때나 필요한 이론, 실무에서 적용될 여지가 없는 이론은 사실 변시를 준비하는 학생들에게는 부차적인 문제일 뿐이다. 그렇다고 중요하지 않은 것은 아니니 교과서에서 완전히 뺄 수도 없는 일, 학생들은 어디까지 공부해야 할지 망설이게 된다. 완전히 리셋해서 싹 가지치기를 해 버리면 어떨까? 즐거운 상상을 했고, 그것을 실행하고 싶었다. 이것이 내 두 번째 집필 의도다.

다음은 '공부工夫, 功夫' 문제다. 공부는 '노력한다'는 뜻과 함께 '배우고 익힘(學習)'이라는 의미를 가지고 있다. 그런데 그 배우는 대상은 전부 '남의 이야기'다. 다시 말하면 배움 대상인 '지식'은 모두 남의 이야기다. 내가 이 책에서 쓰고 있는 것도 여러분 관점에서 보면 전부 남 이야기이지 그 가운데 내 이야기는 없다. 그러니 생소한 것은 너무 당연한 일인데, 이것을 어떻게 '공부'할 수 있는 건가? 그냥 무조건 외우기만 하면 되는 일인가? 그렇게 암기하는 것의 생명력은 얼마나 될까? 이것은 나보다 여러분이 더 잘 알 것으로 생각한다. 이런 비유를 한 번 들어보자. 할머니가 나한테 아주 재미있는 옛날이야기를 해주셨다. 나는 귀를 쫑긋하고 온 신경을 곤두세워 이야기에 집중하였다. 그런데 다 듣고 나서 너무 재미있는 나머지 동생에게 들려주려고 하니 할머니가 한 이야기 절반도 해주지 못하고 말았다. 그 이유는 무엇일까? 할머니가 들려준 이야기는 어디까지나 할머니 이야기이지 내 이야기가 아니기 때문에 그렇다.

여기에 '공부'의 포인트가 있다. 공부는 남 이야기인 지식을 내 것으로 만드는 과정이다. 그것을 '익힌다'고 표현한다. 그럼 어떻게 익히나? 고사에는 '새가 날갯짓을 배우듯이'라고 설명한다. 날갯짓은 스스로 해야 하지 어미 새가 대신 해줄 수 있는 것도 아니고, 더구나 어미 새한테 날갯짓은 이렇게 하는 거야라는 설명을 듣고 외워서 할 수 있는 일은 더욱 아니다. 할머니 이야기를 내 이야기로 만들려면 그 이야기에 내 취향에 따라 가미하는 부분이 있어야 한다. 즉 그 가운데 내 이야기가 들어가야 한다. 그러면 그 이야기는 이제 내 이야기로 재탄생하고 그것을 멋지게 동생한테 들려주는 데는 아무 문제도 없다. 할머니 이야기를 그대로 옮기려고 한 것과 내가 다시 만든 이야기, 어느 쪽이 내 심장을 뛰게 하겠는가?

내가 이 책에서 쓰고 있는 '남 이야기'를 내 이야기로 만들려면 이 내용에 여러분이 기여하는 부분이 있어야 한다. 그 목적을 위해 의도적으로 생략하고 여백을 많이 남겼다. 내 이야기를 일부러 완전체로 만들지 않았다. '많이 의심하고 많이 찾아보라', 그러면 여러분 자신 이야기를 가질 수 있다. 그 일이 얼마나 흥미진진하고 즐거운 것인지 스스로 경험해야 한다. 그렇지 않으면 공부는 그저 무거운 짐일 뿐이다. 아직 젊고 앞길이 창창하니 즐거운 일 하면서 인생을 살

수 있기를 진심으로 바란다. 이것이 내 세 번째 집필 의도다.

그러면 형법에서 이 세 가지 집필 의도를 어떻게 실행에 옮길 수 있을까? 그것은 형법총론, 형법각론, 형사소송법이라는 형법의 '세 친구'와 동행하는 방법으로만 가능하다. 총론과 각론은 둘이 될 수 없다. 원래 하나다. 실체법과 절차법도 마찬가지, 이것도 원래 하나다. 총론, 각론, 소송법, 이 셋은 상대가 없으면 내가 존재할 수 없는 형법의 세 친구, 세 기둥이다. 서로 둘도 없이 친밀하다는 의미에서 친구고, 상대 존재에 내 존재가 의지한다는 점에서 기둥이다. 기하학의 영원한 진리, 삼각기둥이다. 삼각기둥은 어떤 경우에도 균형을 잃는 법이 없다. 그런 의미에서 원래 하나인 이 셋을 다시 하나로 복원해서 '균형'의 형법 진리에 접근하고자 하는 것이 이 책의 전체 집필 의도다.

이제 남은 것은 기술적인 활용 문제다. '입문'이라고 하니 아주 기초적이고 적은 내용이 들어 있을 것으로 여길지 모르겠다. 그 말은 맞기도 하고 틀리기도 하다. 이 입문은 '충분조건'은 아니지만 '필요조건'이다. 법률을 공부하겠다는 사람은 적어도 여기 들어 있는 개념과 내용은 알고 있어야 한다. 오히려 스스로 더 보충해서 완전체를 만들어야 한다. 그리고 어느 정도 형법 공부를 했다고 자부하는 사람이 여기 있는 내용을 술술 읽어내지 못하고 자꾸 걸리는 곳이 있다면 그것은 재충전이 필요하다는 신호다. 알아야 할 핵심만 담으려고 했기 때문에 이 내용을 모르고 형법을 공부했다고 보기는 어렵다. 법률에 규정된 내용도 꼭 필요한 것 말고는 반복하지 않았으니 법전을 옆에 두고 책을 읽기 바란다.

문체가 전혀 다른 판례가 중간 중간 들어있는 것은 순전히 교육적 목적을 위해 의도적으로 한 일이다. 조금 이상한 글이긴 하지만 법률가가 되기 위해서는 어차피 넘어야 할 산, 조금이라도 일찍 익혀서 거기 맞추는 도리밖에 없다. 목마른 사람이 우물을 파듯이, 로마에 가면 로마법을 따르라고 하듯이 내 뜻을 펼치기 위해 그 정도 수고는 기꺼운 마음으로 하자. 불편하다고 생각하면 불편하고, 거꾸로 편하다고 생각하면 편해진다. 문제는 판례에 있는 것이 아니라 내 마음에 있기 때문에 그렇다.

이 책의 생략과 여백을 멋지게 채워서 백이면 백 사람의 자기 이야기가 탄생하면 좋겠다. 그것이 내가 이 책을 쓰면서 가진 꿈이다.

2023년 8월

배 종 대

차 례

제1편 형법총론

제1장 기 초 — 3

형법의 시작 ······ 3
법과 하수처리 ······ 5
법률과 말 ······ 6
범죄개념 ······ 12
범죄체계론 ······ 14
구성요건해당성 ······ 16
위법성 ······ 22
책 임 ······ 24
형법이론과 형법도그마틱 ······ 25
보장목적과 보호목적 ······ 27
가벌성과 학설 ······ 33
행위시법주의와 동기설 ······ 35
법치국가원칙과 법치국가 형법 ······ 37
비례성원칙 ······ 39
형벌과 보안처분 ······ 41
특별형법 ······ 42

제2장 제도와 형식 — 48

죄형법정주의 현실적 의미 ······ 49
사실의 착오 ······ 51

인과관계 착오 ··· 54
정당행위와 사회상규 ··· 55
정당방위와 긴급피난 ··· 59
피해자승낙 행위와 자구행위 ··· 62
규범적 책임론 ··· 64
원인에서 자유로운 행위 ··· 65
법률의 착오 ··· 67
기대가능성 ··· 69
장애미수 · 중지미수 · 불능미수 ··· 70
예비죄 ··· 74
공 범 ··· 75
공동정범 ··· 76
합동범 ··· 80
간접정범 ··· 81
교사범 ··· 83
종 범 ··· 85
공범과 신분 ··· 86
결과적 가중범 ··· 88
부작위범 ··· 91

제 3 장 죄수罪數와 양형 — 95

일 죄 ··· 95
수 죄 ··· 96
양 형 ··· 97

제2편 형법각론

제 1 장 생명 · 신체에 대한 죄 — 103

총론과 각론의 만남 ··· 103
살인 · 상해 · 폭행 ··· 104
업무상 과실치사상 ··· 109

낙　태 ········· 109
유기 · 학대 ········· 112

제 2 장　자유에 대한 죄 ——— 114
협박 · 강요 ········· 114
체포 · 감금 ········· 116
약취 · 유인 · 인신매매 ········· 117
강간 · 추행 ········· 118

제 3 장　명예와 신용에 관한 죄 ——— 123
명예훼손 · 모욕 ········· 123
신용 · 업무 · 경매 ········· 127

제 4 장　사생활의 평온에 대한 죄 ——— 129
비밀침해 · 주거침입 ········· 129

제 5 장　재산에 대한 죄 ——— 132
절　도 ········· 132
강　도 ········· 135
사　기 ········· 139
공　갈 ········· 142
횡　령 ········· 144
배　임 ········· 147
장　물 ········· 152
손　괴 ········· 153
권리행사방해 ········· 155

제 6 장　공공 안전과 평온에 대한 죄 ——— 158
범죄단체조직 · 폭발물사용 등 ········· 159
방화와 실화 ········· 160
통화 · 유가증권 등 ········· 162
문　서 ········· 163

제 7 장 사회도덕에 대한 죄 — 169

제 8 장 국가존립에 대한 죄 — 172

내란죄 ······ 173
외환죄 등 ······ 175

제 9 장 국가기능에 대한 죄 — 177

직무유기 ······ 177
뇌 물 ······ 178
공무방해 ······ 184
도주와 범인은닉 ······ 186
위증과 증거인멸 ······ 189
무 고 ······ 191

제3편 형사소송법

제 1 장 기 초 — 197

형사소송법의 시작 ······ 197
소송은 절차기술 ······ 200
실체적 진실발견과 적법절차 ······ 203
규문주의와 탄핵주의 ······ 209
직권주의와 당사자주의 ······ 209

제 2 장 형사절차 참여자 — 212

법 원 ······ 212
검 사 ······ 217
피고인 ······ 220
변호인 ······ 224

제 3 장 수 사 — 230

일반론 ······ 230

수사 단서 233
임의수사 235
대인 강제수사 238
대물 강제수사 245

제 4 장 공소제기 ——— 252
수사종결 252
공소제기 256

제 5 장 공 판 ——— 265
공판의 기초 265
공판 준비 271
공판절차 진행 274
증거조사절차 278

제 6 장 증 거 ——— 283
위법수집증거배제법칙 290
자백배제법칙 292
전문법칙 293
자유심증주의 304
자백보강법칙 306
공판조서 증명력 307

제 7 장 재 판 ——— 310
실체재판 310
형식재판 311
재판 확정 312

제 8 장 상소와 특별절차 ——— 315
상소 일반론 315
항 소 318
상 고 320

항 고 ··· 321
재심과 비상상고 ··· 322
간이공판절차 ··· 324
국민참여재판 ··· 326

마치면서 — 329

제1편
형법총론

제1장 기 초
제2장 제도와 형식
제3장 죄수(罪數)와 양형

형법총론

제1장 기 초

형법의 시작

"A가 B를 죽였다."

이런 일이 일어나면 형법은 자기 일을 시작한다. 말하자면 형법 시작점은 이런 범죄행위가 발생한 경우다. 'A가 B를 죽였다'는 이 언명은 언뜻 보기에 매우 간단명료하다. 의문을 가질 일이 없어 보인다. 그러나 조금만 들어가 보면 사실은 의문투성이라는 것을 쉽게 확인할 수 있다. 이 의문을 하나씩 풀어가는 과정이 곧 여러분이 해야 할 형법공부다. 한번 물어보자.

① 가장 원초적 질문, 왜 시작부터 이런 끔찍한 이야기를 하는가. 공부란 '좋은 일'인데 꼭 이런 이야기부터 시작해야 하나. 형법은 그런 것인가(법의 사회적 기능).

② A가 B를 죽였다고 했는데, A는 사람인가 동물인가(행위개념).

③ 형법에는 '죽였다'는 말을 쓰지 않고 '살인' 또는 '살해'라고 하는데, 왜 그런가(법률 말 문제).

④ A 나이는 몇 살인가, A가 13살 어린이라면 어떻게 되나, 아니면 A가 80살 자기 이름도 모르는 치매 걸린 노인이라면 또 어떻게 되나(책임능력).

⑤ A는 B를 죽일 의도가 전혀 없었는데 B가 사망했다. 그러면 A는 어떻게 하나(고의, 과실).

⑥ 가해자 A는 한 사람인가 아니면 다른 사람과 함께 했나. 피해자 B도 마찬가지, 한 사람인가 여러 사람인가(공범 문제).

⑦ 이런 기발한 질문은 또 어떤가. 살인죄는 왜 처벌하나. 전쟁터에서 적군을 사살(살해)하지 않으면 자기가 죽지 않나(범죄개념과 위법성).

⑧ 형법에서 살인죄(제250조)는[1] 사형, 무기 또는 5년 이상 징역으로 매우 무거운 범죄다. 그런데 A가 스스로 B를 죽였다고 실토(자백)라도 했나. 참 이상하지 않은가. 사람은 자기보존 본능이 있어서 자신에게 불리한 말은 어린 아이도 하지 않는 법인데 A는 성인군자라도 되는가. 성인군자라면 범죄는 하지 않는다. 앞뒤가 맞지 않다(수사).

⑨ 보통사람인 A는 완강하게 범행을 부인할 텐데 그의 살인행위는 어떻게 밝히나. 명백한 증거라도 있으면 또 모르겠는데 가능성이 반반인 정황만 있으면 어떻게 범행을 확정하나. 판사가 신이 아니기 때문에 드는 의문이다. 이런 경우 A는 틀림없이 자기가 죽이지 않았다고 끝까지 부인할 것이다(공판).

---

1) 아래에서 다른 명칭이 없는 조문은 형법을 뜻한다.

⑩ 실제로, 신이 봤을 때, A가 범인이 아니라면, 그래도 감옥에는 보내겠지만 무슨 다른 방법은 없는가. 그렇다면 '정의'는 너무 초라하다(재심).

이상이 대강 살펴본 형법 공부 목록이다. 이 의문을 하나씩 풀어가는 과정이 곧 형법공부다. 우선 이런 문제를 보고 어떤 느낌이 드는지 궁금하다. 흥미를 느끼는가 아니면 살인, 강도, 사기, 강간 등 – 이런 끔찍한 이야기를 반복하는 것이 영 불편한가. 이보다 더 흥미 있는 일이 있을 것 같은가. 만일 후자라면 여러분은 이 일(법 공부)을 잘 못 선택한 것일지도 모른다. 적성에 맞지 않는 일을 하면 과정이 힘들뿐만 아니라 바라는 결과를 얻기도 어렵다. 흥미와 일 간격이 너무 벌어지면 사람은 행복하기 힘들다.

법과 하수처리

글 시작부터 '죽이는' 이야기를 하는 이유부터 살펴보자. 가장 압축적으로 형법 범죄를 나타낼 수 있기 때문에 이 예를 들었다. 앞으로 하는 설명도 이 보기를 활용하도록 하겠다. 형법이 대상으로 하는 행위는 모두 사회의 어두운 면을 나타내는 좋지 않은 행위, 해서는 안 되는 행위, 우리 모두 원치 않는 행위다. 죽이는 행위뿐만 아니라 훔치고, 강간하고, 사기치고, 강도하는 행위 등이다. 입에 올리는 것조차 꺼리는 행위들인데, 형법에는 좋은 이야기가 없다고 보면 틀림없다. 형법뿐만 아니라 모든 법이 그렇다. 법은 맑고 깨끗한 상수도에 관한 일이 아니고 사회 하수를 처리하는 곳이다. 정도 차이는 있지만 형법이 가장 더러운 하수를 처리하고 민법, 행정법 등은 그 정도가 덜하다. 그래서 벌 가운데 형벌이 가장 무겁다. 형벌보다 강한 제재수단이 없어서 가장 큰 분쟁을 마지막으로 처리하는 곳이 형법이다(형법의 보충성, 형벌의 최후수단성).

상수와 하수는 한 짝이다. 하수가 없는 상수는 무모하고 상수가 없는 하수는 맹목적이다. 하수시설을 아무리 잘 해도 깨끗한 상수가 공급되는 것은 다른 차원이다. 법이 좋은 사회를 만들기 위한 조건이 되지만 사회를 선도하는 새로운 가치나 목표를 제공하는 곳은 아니다. 쉽게 말하면, 범죄자를 아무리 철저하게 잡아서 처벌하더라도 그것으로 사회가 '발전'하지는 않는다. 국민이 잘 살고 행복한 그런 사회가 되지는 않는다. 법이 '선진국'을 만들지는 못한다. 그런 적극적이고 긍정적인 가치를 실현하는 것은 법이 아니라 정치, 경제, 사회, 문화 등에서 해야 할 일이다. 이런 상징적 표현을 써보자. 법에 돈이 되는 일은 있다(판사, 검사, 변호사의 일). 그러나 법은 쌀 한 톨도 만들지 못한다. 법이 지나치게 강조되는 사회는 맨날 땅속에 들어가 하수시설만 하는 것처럼 결코 좋은 사회는 아니다.

법률과 말

"A가 B를 살해했다."

이것이 형법말이다(제250조). 법률이나 판결에는 '죽였다'는 말을 쓰지 않는다. '죽이다'의 법률 말은 '살인', '살해'다. 죄명은 '살인죄'고 행위는 '살해'다. '죽이다'는 고유말이고 살인, 살해는 한자말이다. 한자를 한글로 표기한 것에 지나지 않는다. 이렇게 한자 개념을 쓰면서도 표기만 한글로 한다고 해서 그 말이 세종대왕이 의도한 우리말이 되는 것은 아니다. '사람을 살해한 자는'이라고 하지 않고 '사람을 죽인 자는'으로 해도 잘 못될 것은 없다. 얼마든지 그렇게 쓸 수 있고, 그것이 바람직한 일인지도 모르겠다. 한자말 '음용수'가 **'먹는 물'**(제192조), '현저한 개전의 정'이 **'뚜렷한 뉘우침'**(제72조)으로 바뀌듯이 말이다(2021년 개정). 그러나 이건 특별한 예외다. 형법뿐만 아니라 대부분 법률 말이 한자말로 도배가 되어 있는 것을 인정한다. 이것은 조금 지나치기도 하고 때로는 필요하기도 하다. '필요악'이라고 할까.

우선 우리 낱말 가운데 한자말 비중이 매우 높다. 세종대왕이 한글을 만들기 이전에는 말할 것도 없고 조선시대 옛글 대부분 한자말로 기록되어 있다. 우리 법률이 들어온 중간 경유지 일본은 독일 법학을 수입하면서 법률용어를 중국 고전개념이나 어려운 한자말로 만들었다. 그것이 그대로 우리나라에 이어져서 뿌리를 내렸다. 나아가서 한자말은 표의문자, 뜻글자여서 나타내고자 하는 내용을 응축해서 개념을 만드는 데 탁월한 장점이 있다. 법률 개념은 법적 안정성 때문에 생명이 길어야 하므로 일반성, 보편성을 가져야 한다. 말하자면 약간의 추상성은 피할 수 없다. 그리고 나중에 해석 과정을 거쳐 현실에 적응시킨다. 이런 전문술어 기능을 수행하는 데는 아무래도 고유말보다는 한자말이 조금 더 적합한 것은 사실이다. 위 '먹는 물' 말고도 '방화'를 '불을 놓아'로 바꾸듯이(제164조 이하) 고유말이라고 해서 형법말이 안 되는 것은 아니다. 다만 한계가 있을 뿐이다.

법률말 이야기가 나왔으니 형법과 형사소송법의 말 다듬기 개정을 짚고 넘어가야겠다. 2021. 12월 형법과 형사소송법은 일부 조문 말을 다듬는 개정을 단행하였다.[1] 형법은 전체 조문 가운데 17%, 형사소송법은 7.9% 법률 용어와 문장을 다듬었으니 극히 일부분만 한 셈이다. 나머지는 제정 때 모습 그대로 있다. 1950대 말과 문장이다. 앞으로 해야 할 숙제가 얼마나 많은지, 답답한 심정이지만 시작하였으니 시간이 해결해 줄 것으로 믿는다. 형법과 형사소송법 샘플(본보기) 개정은 미래 법률말과 법률글을 위한 지침이다. 미래 법률가도 이렇게 말하고 써야 하니 그 내용을 숙지하고 있어야 한다. 몇 가지 보기만 든다.[2]

[형법총칙 다듬은 말]

법률에 **의한다**–법률에 **따른다**/변경에 **의하여**–변경되어/**경한** 때에는–**가벼워진** 경우에는/**단**–**다만**/정상의 주의를 **태만함으로 인하여**–정상적으로 기울여야 할 주의를 **게을리 하여**/경우에 **한하여**–경우에만/결과로 **인하여**–결과 **때문에**/기타–그 밖의/당황으로 **인한 때에는**–당황하였기 **때문에**/**감경 또는** 면제–**감경하거나** 면제/신분관계로 **인하여**–신분관계가 **있어야**/**간주하여**–보아/**수개**–여러 개/범인**이외의**–범인**외의**/**정을** 알면서–**사정을** 알면서/**의한 외에는**

---

1) '말을 다듬다'는 국립국어원이 '언어순화'를 두고 하는 말이다. '언어순화'도 한자말이기 때문에 이렇게 바꾸어 부른다.

2) 자세한 것은 형법총각론과 형사소송법에 들어 있는 "법률 말과 글 다듬기 I, II", "형사소송법 다듬은 말"을 참조하기 바란다.

-을 제외하고는/범정에 의하여-범정을 고려하여/죄를 범한 후-죄를 지은 후/죄에 있어서-범죄의 경우에는/작량감경-정상참작감경/작량하여-(삭제)/본조에 의한-조문에 따른/참작하여-고려하여/개정의 정상이 현저한 때에는-뉘우치는 정상이 뚜렷할 때에는/자에 대하여는-사람에 대해서는/상당하는-해당하는/개전의 정이 현저한-뉘우침이 뚜렷한/가석방에 있어서-가석방을 하는 경우/시효의 완성으로 인하여-시효가 완성되면/받음이 없이-받지 아니하고/

[형법각칙 다듬은 말]

국토를 참절하거나-대한민국 영토의 전부 또는 일부에서 국가권력을 배제하거나/구별에 의하여 처단한다-구분에 따라 처벌한다/약탈의 행위-약탈 행위/기타 공안을 문란한-그 밖의 공공의 안전을 문란하게 한/죄를 범한-죄를 지은/가혹행위를 가한 때-가혹행위를 한 경우/지득한-알게 된/제129조 내지 제132조-제129조부터 제132조까지/정을 알면서-사정을 알면서/법률에 의하여-법률에 따라/사체-시체/변사의 의심 있는 사체-변사로 의심되는 시체/은닉 또는 변경하거나-은닉하거나 변경하거나/현주건조물등에의 방화-현주건조물 등 방화/광갱을 소훼한-지하채굴시설을 불태운/자기소유에 속하는-자기소유인/소훼하여-불태워/자기의 소유에 속한 때-자기 소유인 경우/과실로 인하여-과실로/타인의 소유-타인 소유/음용수-먹는 물/수도에 의하여-수도를 통해/촉탁 또는 승낙을 받어-촉탁이나 승낙을 받아/교사 또는 방조하여-교사하거나 방조하여/사정으로 인하여-사정으로/생명에 대한 위험-생명에 위험/**죄적**－범죄의 흔적/**협박을 가한** 때에도－**협박한** 때에도/2인－2명/**재산상의** 이익－**재산상** 이익/**궁박한**－곤궁하고 절박한/**정을 아는**－사정을 아는

[형사소송법 다듬은 말]

토지관할을 **달리 하는**－토지관할이 다른/**동일** 사건이－**같은** 사건이/**단**－다만/**신청하는** 때에는－**신청할** 때에는(*일본말은 하는 때와 한 때 구별, 우리말은 할 때와 하였을 때 구별)/**심신장애의 의심이 있는 때**－심신장애가 있는 것으로 의심되는 때(*일본말은 소유격 조사 の를 주격으로 씀, '되는 때'는 '될 때'가 정확)/**피고인의 청구가 있는 때에는**－피고인이 청구하면(*마찬가지 주격으로 쓰인 の)/**연령**－나이/**인정하는 때에는**－인정하면/**범위 안에서**－범위에서/**변호인 또는**－변호인이나/**신체구속을 당한**－신체가 구속된/필요한 경우에는－**필요하면**/**정확 여부**－정확한지/**조서의 기재의**－조서 기재 내용의(*주격으로 쓰인 の)/구속된 **피고인과의**－구속된 **피고인의**(*の 삭제)/**보증금 상당의**－보증금에 해당하는/**피고인 외의** 자가－피고인 아닌 자가/**정함에 있어서**－정할 때/**집행에 있어서는**－집행할 때에는/수색영장을 **집행함에는**－수색영장을 **집행하려면**/**검사를 당하는**－검사를 받는/**경우에 한하여**－경우에만(*한문 외글자 限 다듬기)/선서서에 **의하여야**－선서서에 **따라 하여야**(依－따라서)/증인으로 **하여금**－증인에게/**인정하는** 때에는－**인정할** 때에는(*할 때와 하였을 때 구별)/**진술하는** 경우－**진술할** 경우(*하는－할)/**인정함에 충분한**－인정하기에 충분한/수사방해의 **목적임이**－수사방해를 **목적으로 하고 있음이**(*주격으로 쓰인 の)/**대하여**

는－대해서는/**항고하지 못한다**－항고할 수 없다/**제33조의 규정을**－제33조를/조치를 **취하여야**－조치를 하여야/적용에 **있어서는**－적용할 때에는/규정에 **의한**－규정에 **따른**(*依 다듬기)－/피의자에 **대하여**－피의자**에게**(*對 다듬기)/**죄를 논할 수 없는**－공소를 제기할 수 없는/**의사표시의 철회에** 관하여도－의사표시를 철회한 경우에도(*주격으로 쓰인 の)/**공소효력의 범위**－공소의 효력 범위/**규정에 위반하여**－규정을 위반하여/**무효인 때**－무효일 때/의사표시가 **철회되었을** 때－의사표시를 **철회하였을** 때(*능동형 문장)/내지－부터/사유로 **인하여**－사유로(*因 다듬기)/**상당한** 기간－**해당하는** 기간/**기초된**－기초가 된/**공소의 제기가** 있는－공소가 제기된(*주격으로 쓰인 の)/**한한다**－한정한다(*한문 외글자)/형집행의－형 집행의(*띄어쓰기)/**상태에 있거나**－상태이거나/전항의 규정에 **의하여**－제1항에 **따라**(*依 다듬기)

앞으로 모든 법률가는 **다듬기 이전 법률 말을** 사용해서는 안 된다. 그것은 이제 **법률 말이** 아니기 때문이다. 그러니 위 몇 개 안 되는 다듬은 형법 말은 다듬지 않은 다른 조문에서도 '훈독'해야 한다. **'의하여', '인하여', '때', '있어서', '에의', '범하는', '내지', '개전의 정', '현저한', '작량감경', '정으로', '중한', '경한' 등을** 음이 아니라 뜻으로 바꾸어 읽고 써야 한다. 법률이 바뀌면 법률가 말은 당연히 바뀐다.

범죄개념

"A가 B를 살해한 행위는 왜 범죄인가?"

A가 B를 살해했기 때문에 처벌된다는 말은 동어반복이다. 형법이 살해행위를 처벌하는 이유를 묻고 있다. 정확한 대답은 형법이 살해행위를 처벌하도록 규정하고 있기 때문이다(상대적 범죄개념). 시간과 공간을 초월해서 타당할 수 있는, 일정한 국가 법질서와 무관한 자연적 범죄개념은 없다(절대적 · 자연적 범죄개념 부존재). 범죄개념은 각국의 문화 · 전통 · 가치를 반영하여 범죄로 규정하여 처벌하는 실정법 범죄개념이 존재할 뿐이다. 그래서 각국의 범죄기준목록은 다르고 전 세계에 공통으로 통용되는 이른바 **국제형법**이 존재할 수 없는 이유도 여기에 있다. 국제형사재판소(ICC)를 출범시킨 로마규정(1998)은 다자조약이다. 조약은 각 나라 국회가 비준하여 가입한 국가에만 적용된다. 세계 초강대국들 미국, 소련, 중국만 하더라도 국제형사재판소에 관한 로마규정에 가입하지 않고 있다. 국제형사재판소는 인류전체에 대한 공통 범죄, 집단살해죄, 인도에 관한 죄, 전쟁범죄, 침략범죄에 대해 관할권을 갖는다(로마규정 제5조 1항).

그러면 어떤 행위든 법률이 범죄로 규정하기만 하면 범죄가 되는가? 형식적으로는 그렇다. 다만 잠정적으로 그러할 뿐이다. '잠정적'이라고 하는 것은 해당 법률이 헌법재판소 위헌법률 심사를 받아 합헌결정을 받기 전까지는 그 법률미래가 불투명하기 때문이다. 일단 헌법재판소 합헌 결정을 받았다면 **정법성**正法性은 확보되었다고 할 수 있다. 그러나 다른 경로로 다시 위헌법률심사를 받을 수 있기 때문에 '절대적' 보장을 받은 것은 아니다(낙태죄는 2019년 헌법불합치결정을 받았지만 2012년에는 합헌결정이 있었다. 사형제도는 1996년과 2010년 위헌법률심판을 받았고, 이 논쟁은 지금도 진행 중이다).

위헌법률심사가 형법의 옳고 그름을 판단하는 기준이라면 헌법이 곧 정의 기준이란 말인가? 헌법도 움직일 수 있는 것 아닌가(헌법개정)? 꼭 불교 시각이 아니더라도 법에서도 **무상**無常(무상 뜻은 '항상함'이 없는 것, 즉 모든 만물은 변한다는 뜻이다)하지 않은 것은 없다(법은 무상하다. 예를 들면, 헌법과 법률은 개정되고, 헌법재판소 결정과 대법원 판결도 판례변경이라는 이름으로 바뀐다. 두 기관 모두 이견이 있을 때 다수결로 결정한다. 정의가 다수결로 결정될 수 있는가에 대한 의문은 무상이 답변이다). 법도 사람이 만든 것, 사람이 만든 것 중에서 변치 않는 것을 찾는 것은 신기루와 같다. 우선 사람 자체가 무상하다. 법률에 헌법이 정의의 우산 역할을 한다면, 헌법 내용의 옳고 그름은 또 어디서 판단하나? 헌법 가치는 누가 만든 것인가? 이 논의를 하는 분야가 **법철학**이다. 철학은 원래 사물의 근본을 탐구하는 분야인데, 법 가치 근본을 천착하는 곳이 법철학이다. 그 위는 없다(법 단계설). 법에서 가장 높은 가치를 알고 싶으면 법철학으로 들어가면 된다. 그래서 법철학은 철학의 한 분과이지 법학이라는 좁은 범위에 머무르지 않는다. 그렇게 되면 철학이 아니라 법학이 된다. 법철학은 비록 법이라는 이름이 붙어 있으나 법학은 아니다. 헌법가치뿐만 아니라 정의를 찾는 방법론까지 포함해서 법에서 가장 기본 되는 논의를 하는 분야가 법철학이다. 우리 헌법의 기본가치, 인간존엄, 기본권, 평등, 자유, 민주주의 등은 주로 서구 사상, 정치 투쟁, 철학의 산물이고 부분적으로 우리가 역사적으로 이룩한 사람과 제도를 위한 가치 투쟁 역사가 함께 녹아 있다. 우리 고유한 가치는 오히려 헌법의 넓은 법 개념을 현실에 맞게 해석할 때 기준으로 큰 역할을 한다.

범죄체계론

"A가 B를 살해한 행위는 구성요건에 해당하고 위법, 유책한가?"

이것은 살인행위에 대한 처벌규정(제250조)를 전제로 A행위가 '살인행위'에 해당한다는 결론을 내리기 위한 조건을 묻고 있다. 그러기 위해서는 A행위가 제250조 구성요건에 해당하고 예외적으로 위법성을 배제하는 사유(위법성조각사유)가 없으며 책임도 또한 갖추고 있다(책임능력과 위법성인식)는 확인을 단계를 나누어 검토한다. 위에서 예로 설명한 '군인의 적군 사살행위'는 위법성과 관련 있고, '7살 어린이, 80살 치매 걸린 노인'은 책임과 관련하는 문제다. 이 질문을 단계별로 일정한 체계를 지어 하므로 **범죄체계론**이라고 한다. 이렇게 판단하는 범죄는 법률을 전제한다는 점에서 '**형식적 범죄개념**'과 관련을 맺는다.

범죄체계는 보통 행위, 구성요건해당성, 위법성, 책임, 기타 객관적 처벌조건(적극적 처벌조건－사전수뢰죄의 '공무원 또는 중재인이 된 사실', 소극적 처벌조건은 인적 처벌조각사유－친족상도례) 단계로 논의한다. 그 밖에 소추조건도 있다(친고죄, 반의사불벌죄). 이것은 순서가 있지만,

그러나 그것은 강학상으로 그러할 뿐이고 **실무상으로는 동시에 통합해서** 검토한다. 예를 들면 14미만자의 범죄행위를 심사할 때 앞단계를 먼저 심사하고 책임에 이르러 비로소 책임능력이 없다고 가벌성 심사를 중단하지는 않는다. 수사기관에 어린아이가 범죄자로 오면 가장 먼저 나이를 묻지 않겠는가. 그리고 친고죄에서 피해자를 비롯한 고소권자의 고소가 없거나 반의사불벌죄에서 피해자가 처벌불원의사를 명시적으로 밝혔으면 누가 실체법의 범죄체계심사를 하겠는가.

행위단계는 위 예에서 A가 사람이 아니라 동물, 자연재해 등인 경우다. 형법에서는 '사람'만 범죄주체가 될 수 있으므로 아무리 중대한 구성요건결과가 발행하더라도 사람의 행위에 따른 것이 아니면 형법심사 대상이 되지 않는다. 그러면 '법인'은 형법 사람인가 아닌가. 현행법에 따르면 법인도 양벌규정이라고 하여 '형벌'을 받는다. 형법 사람에는 자연인과 법인이 있는가. 이 문제가 바로 '법인 형사책임'이다. 양벌규정이 있으면 법인도 벌금형을 받는다. 그러나 거기까지다. 법인에게 명예형, 자유형, 사형은 현실적으로 불가능하다. 형법에서는 **자연인**만이 형법의 의미 있는 행위를 할 수 있다는 것이 대전제다. 형법에 '법인'이라는 사람은 없다. 그것은 민법이 만든 인위적 사람이다. 민법이 만든 사람이니 형법에도 통용되지 않는가라고 생각하면 '**형법 보충성, 형벌 최후수단성**' 원칙에 어긋난다. 민법이 만든 기준을 형법이 차용해서 쓸 수는 있지만, 그것은 어디까지나 형법 스스로 결정할 문제이지 민법에 있다는 이유만으로 당연히 그렇게 되지는 않는다.

현실적으로 법인에 대한 형사 처벌필요성을 인정하더라도 형법 원칙과 어떻게 조화를 이룰 것인가, 법률에 많이 규정되어 있는 '양벌규정'을 어떻게 '설명'할 것인가 – 이것이 양벌규정 쟁점이다. 헌법재판소는 법인에 대한 형벌도 법치주의와 죄형법정주의로부터 나오는 책임원칙을 준수해야 한다고 한다. 따라서 법인이 종업원 등 위반행위와 관련하여 **선임 · 감독 주의의무**를 다하여 과실(선임 · 감독 과실)이 없는 경우까지 법인에게 형벌을 부과하는 것은 책임원칙에 반하여 헌법위반이라고 선언한다.[1] 이 결정 이후 헌법재판소는 과실이 없는 양벌규정에 대한 위헌결정을 계속 내리고 있고, 법무부도 책임원칙에 부합하는 양벌규정 개정 작업을 하고 있다.

행위론은 크게 인과적 행위론, 목적적 행위론, 사회적 행위론이 있다. 각각 '인과성 · 목적성 · 사회성'을 핵심표지로 한다. 법률에 규정된 바는 없고 형법이론이 발전시킨 것이다. 그러니 실무적으로 큰 의미는 없고, 우리나라에는 행위개념에 대한 판례도 없다.

구성요건해당성

구성요건해당성은 행위론에 이어 가벌성 심사 두 번째 단계인데, 구성요건이란 형법과 특별형법의 범죄구성요건을 말한다. 이 구성요건 어느 하나에 해당하면 구성요건해당성이 있다고 말한다. 우리의 예에서 A가 B를 살해한 행위는 제250조 1항 살인죄 구성요건에 해당한다. 구성요건 해당성은 외형적으로 구성요건해당 행위가 있고

1) 헌재 2009. 7. 30. 2008헌가16 전원재판부.

결과가 발생하면 인정되므로 앞서 말한 전쟁터에서 적군을 사살하는 행위도 살인죄 구성요건해당성은 인정된다. 여기에는 객관적 구성요건 요소와 주관적 구성요건 요소가 있다. 전자에는 범죄주체와 관련하여 법인이 그 자격이 있는가 하는 점에서 법인의 범죄능력, 인과관계, 객관적 귀속론이 있다. 후자에는 행위자 내부 심리상태를 기술하는 구성요건 요소로서 고의와 과실이 있다.

인과관계는 중요한 구성요건요소다. 인과관계는 결과범(결과발생이 필요한 범죄)에서 행위와 발생한 결과 사이에 일정한 인과관련(제17조 "죄의 요소되는 위험발생에 대한 연결")이 있어야 객관적 구성요건해당성이 인정될 수 있다는 것을 의미한다. 우리 예에서 보자면 A의 살해행위와 B의 사망결과 사이에 일정한 인과관련이 있어야 한다. 만일 이것이 인정되지 않으면 기수범으로 처벌하지 못한다. A의 행위는 살인미수가 된다. 인과관계의 출발은 **조건설**이다. 조건설은 **절대적 제약공식**(그것이 없었다면 결과가 발생하지 않았으리라고 생각되는 모든 조건은 결과에 대한 원인이 됨, 우리 예로 하자면 A의 행위가 없었다면 B의 사망결과가 발생하지 않았으리라고 생각되는 모든 조건 – **조건설, 등가설**)을 내용으로 한다. 그러나 그 범위가 너무 넓어서 수정을 받아야 하는데, 그 방법에 차이가 있다. 하나는 **상당인과관계설**(조건설 가운데 결과발생에 '상당'한 것만 인과관계로 인정, '상당'은 규범적 · 평가적 개념)이다. 둘은 **합법칙적 조건설**(합법칙성을 수정 기준으로 함. 합법칙성은 '결과가 행위에 시간적으로 뒤따르면서 합법칙적으로 연결되어 있을 때'를 의미)을 거쳐 **객관적 귀속론**으로 수정하는 방법이 있다. 지금까지 제시된 객관적 귀속기준으로는 **지배가능성이론**(행위자에게 행위과정이 지배 가능하지 않으면 귀속 부정), **의무위반 또는 위법성관련이론**(결과발생에 행위자 의무위반행위가 없으면 귀속 부정), **보호목적관련이론**(규범 보호목적으로 저지할 수 없는 결과는 귀속 부정), **위험창출과 증대이론**(법익에 사실적으로 중요한 위험을 만들지 않는 경우는 귀속 부정) 등이 있다. 객관적 귀속론이 다수가 따르는 수정방법인데, 법적 근거가 없고 사람이 만든 이론이라는 점, 인과관계를 인정하는 긍정기준이 아니라 배제하는 부정기준으로 일관하는 점은 한계로 지적된다. 인과관계에서 비로소 의미 있는 판례가 많이 등장한다. 판례는 **상당인과관계설** 견해(이럴 때 '입장'이라는 말을 흔히 쓰는데 그건 일본말이다. '처지', '관점'이 순화어다)를 가지고 있다. 판례를 보자. 자동차 운전자가 통상 예견되는 상황에 대비하여 결과를 회피할 수 있는 정도의 주의의무를 다하지 못한 것이 교통사고 발생의 직접적인 원인이 되었다면, 비록 자동차가 보행자를 직접 충격한 것이 아니고 **보행자가 자동차의 급정거에** 놀라 도로에 넘어져 상해를 입은 경우라고 할지라도, 업무상 주의의무 위반과 교통사고 발생 사이에 **상당인과관계**를 인정할 수 있다.[1)]*업무상 과실치상에 대한 인과관계. 이 사건에서는 행위자가 구호 등 조치를 취하지 않고 그대로 도주하여 특가법(제5조의 3, 도로교통법에 대한 가중처벌규정) 도주치상죄에 해당. 주의의무라는 말이 나오면 과실범죄. 바로 뒤에서 설명함.

고의와 과실은 주관적 구성요건 요소다. 고의 또는 과실이 없으면 주관적 구성요건 탈락으로 구성요건해당성이 인정되지 않으므로

1) 대판 2022. 6. 16. 2022도1401.

형법상 범죄가 성립하지 않는다. 우리 예에서 보자면 A행위가 살인죄가 되기 위해서는 A에게 살인고의가 있어야 한다. 만일 살인고의가 없으면 A행위는 과실치사에 해당한다. 과실도 없다면 A행위는 불가벌이다(어떤 경우가 있을까?). 고의에 대해 형법은 "죄의 성립요소인 사실의 인식"으로 규정하지만 보통 '구성요건 실현에 대한 **인식과 의욕**'으로 정의한다. 인식과 의욕은 인간 내심 의사인데(성향개념), 이것을 어떻게 확인할 수 있을까? 인간 내심은 직접 관찰이 불가능하므로 그 존재(또는 부존재)를 뒷받침하는 **간접사실**(판단인자)를 모아 우회적으로 추론하여 확인하는 방법 밖에 없다(우리 예에서 A가 B를 살해한다는 사실을 몰랐다고 주장하는 경우를 상상해 보자). 이러한 간접 확인방법은 그만큼 실패가능성이 높고, 그 부담, 즉 인간인식 한계에 대한 부담은 국가가 지는 것이 맞다(in dubio pro reo – 의심스러울 경우는 피고인 이익으로, 이 라틴어 법언 앞으로 자주 나온다. 기억해 두길). 이것을 개인에게 부담시키는 것은 **법치국가형법**(뒤에서 설명)에 어긋난다.

고의에는 **의도적 고의**(가장 높은 의욕단계), **지정고의**(가장 높은 인식단계), **미필 고의**(매우 낮은 정도 인식과 의욕)가 있다. 미필 고의는 과실범인 인식 있는 과실과 경계를 이룬다. 고의범과 과실범의 운명을 결정하는 기준은 법률에 규정이 없으므로 학설로 해결하는데, 우리나라 다수설, 판례는 **인용설** 관점(**"결과가 발생할지도 몰라, 하지만 그래도 할 수 없지"**라고 생각했으면 미필고의, **"결과가 발생할지도 몰라, 그러나 괜찮을 거야"**는 인식 있는 과실, 반면에 **인식 없는 과실은** 주의의무를 다하지 않아 결과발생 가능성을 인식하지 못한 경우다. 무엇인가 인식해야 할 규범요청은 있지만 현실에서 행위자는 까마득히 모른 경우, 사실 '마른하늘에 날벼락'과 같다)이다.

판례는 '인용'을 이렇게 표현한다. 미필적 고의는 범죄사실이 발생할 위험을 **용인하는 내심의 의사가** 있어야 한다. 행위자가 범죄사실이 발생할 가능성을 용인하고 있었는지는, 행위자의 진술에 의존하지 않고 외부에 나타난 행위형태와 행위상황 등 구체적 사정을 기초로, 일반인이라면 범죄사실이 발생할 가능성을 어떻게 평가할 것인지를 고려하면서 행위자의 입장에서 그 **심리상태를 추인해야** 한다.[1]

과실은 "정상의 주의를 게을리 하여 죄 성립요소인 사실을 인식하지 못한 경우"(제14조)다. 따라서 과실 핵심표지는 '**주의의무위반**'이다. 그 내용은 **예견가능성과 회피가능성**이 채운다.

주의의무를 다했으면 결과발생을 예견하고 그에 따라 회피할 수 있었는데 그렇게 하지 않았다는 규범 평가다. 그러니 과실은 가정법(~했더라면)에 터 잡은 규범적 결과귀속이라고 할 수 있다('규범적'은 '평가적'과 같은 뜻이다). 이 가정법의 포섭범위는 매우 넓어서 그것을 벗어나기란 쉽지 않다. 따라서 행위자 처지에서는 얼마든지 억울한 부분도 있을 것이다.

객관적 주의의무위반과 객관적 예견가능성은 과실범 객관적 구성요건해당성에 속하고, 주관적 주의의무위반은 주관적 구성요건해당성에 속한다. 문제 핵심은 객관적 주의의무위반 판단기준이다. **객관설**(일반인 표준설, 평균인 표준설), **주관설**(행위자 표준설)이 있는데, 사실 후자는 과실범 책임단계에서 고려하면 될 일이다. 판례는 평균인 표준설 견해다. 임차인이 이사를 가면서 가스설비의 휴즈콕크를 아

---

1) 대판 2017. 1. 12. 2016도15470.

무런 조치 없이 제거함으로써 주밸브가 열려 가스가 유입해 폭발사고가 발생하였다. 휴즈콕크 주밸브가 열리는 경우 가스 유출로 인한 대형사고로 이어질 수 있다는 것은 **평균인 관점에서** 충분히 예견할 수 있다. 임차인의 과실과 가스폭발사고 사이에는 상당인과관계가 인정된다.1)

신뢰원칙과 허용된 위험이론은 과실범의 객관적 주의의무를 제한하는 원리다. 인식 없는 과실까지 포함하면 과거에 터 잡은 가정법, '그랬어야지', '그렇게 하면 되나', '조심했어야지'라고 말할 수 있는 범위는 너무 넓다. 거의 모든 결과에 '~했어야지'를 붙일 수 있다. 이 말은 과실범에서 객관적 주의의무 범위가 거의 무한으로 확대될 수 있음을 의미한다. 이 주의의무를 제한하지 않으면 과실범죄가 너무 많아진다. 이를 위해 등장한 기준이 신뢰원칙과 허용된 위험 이론이다.

"A는 중앙선을 넘어 마주오던 B 자동차를 충격하였다. 그런데 A가 사망하였다. A 사망에 대해 B에게 과실치사 책임이 있는가?"

결론은 '없다'이다. B는 자신이 교통법규를 준수하는 만큼 다른 교통참여자도 그렇게 할 것을 신뢰해도 되고, 그 신뢰 결과 법익침해가 발생하더라도 그것에 대해 과실책임을 지지 않는다는 것이 **신뢰원칙**이다. 주로 도로교통에서 문제가 된다. 판례는 도로교통 경우에

---

1) 대판 2001. 6. 1. 99도5086.

는 어느 정도 인정하지만(자동차전용 도로, 자전거 출입 금지 도로, 육교 밑 운행 차량, 통행 후순위 차량, 좌회전 금지구역 등), 다른 협업 직역, 예컨대 의사와 보조의사, 간호사 관계 등에는 매우 조심스럽다. 그만큼 과실범 영역은 넓어진다.

"매년 교통사고로 목숨을 잃는 사람은 약 3만 명, 부상을 당하는 사람은 약 30만 명이다. 자동차를 전면적으로 금지하면 이 소중한 인명을 살릴 수 있을 텐데 국가는 왜 그렇게 하지 않는가?"

자동차를 금지하지 않는 이유는, 그것이 '**허용된 위험**'이기 때문이라는 것이다. 질문 자체부터 조금 이상하다고 느끼지 않는가? 누구도 묻지 않은 질문을 자문하고 자답하는 모양새다. 자동차, 항공기, 원자력 발전소 등 허용은 형법이 정하지 않는다. 이미 우리 생활일부가 되었거나 정치적으로 결단해야 할 문제이지 형법하고는 아무 상관이 없다. 자동차 등이 허용되는 것은, 형법적으로 보면 허용된 위험에 속하기 때문이라고 말하는 것은 실무적으로는 의미가 없다. 판례도 없다. 허용된 위험 이론이 과실범 객관적 주의의무를 제한하는 기능은 이론적으로만 있다.

위법성

"A가 B를 살해했다. 그런데 A는 전쟁터에서 교전하는 군인이었다."

적군을 사살한 아군을 처벌하지 않는 이유(매우 의아하게 들리겠지만), 똑 같이 살인죄 구성요건에 해당하는 데도 가벌성심사를 더 계속하지 않는 이유를 설명하는 곳이 위법성이다. A행위는 살인죄 구성요건에는 해당하지만 정당행위(제20조)에 해당하므로 위법성이 탈락하고 궁극적으로 불법행위가 되지 않는다(불법은 구성요건해당성과 위법성을 합친 개념). 우리 형법에 위법성조각사유는 제20~24조 5가지가 있다('조각阻却'이라는 이상한 말은 일본에서 건너 왔다. '배제'로 이해하면 된다. 위법성배제사유라고도 한다). 정당행위, 정당방위, 긴급피난, 자구행위, 피해자 승낙이다. 각각 내용은 뒤에서 살펴본다. 이 가운데, 판례가 가장 많고 논쟁도 많은 것은 정당행위의 **'기타 사회상규'**다. '기타', '사회상규' 모두 일반조항인데 둘이 합쳤으니 그 추상성, 일반성은 두 배로 높다(일반조항은 법률요건이 추상적, 일반적으로 규정된 조항을 말함). 이런 법률요건은 갖다 붙이는 곳이 모두 자기 집이 될 공산이 크다('귀걸이 코걸이'). 실제로도 그렇다. '기타 사회상규'는 우리 형법 위법성조각사유의 블랙홀이다. 실무에서 구체적 설명(논증)을 생략하는 요술방망이처럼 사용된다. 살짝 그 맛만 보면, "형법 제20조 소정의 '사회상규에 위배되지 아니하는 행위'라 함은 **법질서 전체의 정신**이나 그 배후에 놓여 있는 **사회윤리 내지 사회통념**에 비추어 용인될 수 있는 행위를 말한다."[1] 이런 말에 포섭하지 못할 사안이 얼마나 있을까. 법적용자가 미리 정해 놓은 결론을 포장하는 데 제동을 걸 수 있는 수단은 보이지 않는다.

---

1) 대판 2010. 5. 27.2010도2680.

책 임

"B를 살해한 A 나이는 12살이었다. 아니면 A는 80살 자기 이름도 모르는 치매 걸린 노인이었다."

이런 문제는 '책임'과 관련한다. A행위가 구성요건에 해당하고 정당행위를 비롯한 특별한 위법성조각사유가 없어도 A가 책임이 없으면 가벌성심사는 끝난다(책임원칙). 형법이 규정하는 책임 관련 사항으로는 책임능력(제9, 10조), 위법성 인식 또는 법률 착오(제16조) 그리고 기대가능성 셋이 중요하다.

14세 미만자는 형사미성년자이고, 심신상실자는 책임무능력자로서 처벌하지 못한다(제9조, 제10조 1항). 심신미약자와 청각 및 언어장애인은 한정책임능력자다(제10조 2항, 제11조). 전자는 임의적, 후자는 필요적 감경사유다. "자기 행위가 죄가 되지 않는 것으로 오인한 행위"(제16조)는 달리 말하면 자기 행위가 위법함을 알아야 처벌할 수 있다는 **위법성 인식** 규정이다. 동시에 그 오인행위가 "정당한 이유"가 있으면 벌하지 않는다는 것은 **법률 착오를** 규정한 것이다. '정당한 이유'가 가벌성 경계가 되기 때문에 핵심 쟁점이다. 무엇이 '정당한' 이유일까?(이것은 찾아보라는 뜻이다. 공부가 재미있다는 경험을 해야 한다). **기대가능성**은 책임의 세 번째 중요 표지이기는 하지만, 이에 대한 일반규정은 없다. 강요된 행위(제12조), 과잉방위(제21조 3항), 과잉피난(제22조 3항), 과잉자구행위(제23조 2항)가 기대가능성의 간접적인 법 근거가 될 뿐이다. 여기서는 기대가능성이 '**초법규적 책임조각**

사유'인지 이론적 논의가 있으나 실무적으로 큰 문제는 아니다. 오히려 이 논의가 사회상규의 일반조항 성격과 결합하면서 '잘 모르겠으면 사회상규로' 하여 정당행위 외 나머지 4가지 위법성조각사유를 '빈껍데기'로 만드는 데 일조한 면이 없지 않다.

형법이론과 형법도그마틱

형법이론과 형법도그마틱은 적어도 형법을 공부하는 사람이라면 꼭 구별해야 할 개념이다. 실무나 이론분야에서 두 가지를 섞어 쓰는 경우가 많아서 더욱 그렇다.

형법이론은 '형법'과 '이론' 두 말이 결합한 개념이라는 사실을 주목할 필요가 있다. '형법'의 '**법**(ius)'은 '**법률**(lex)'과 구별되는 개념으로서 자체 정당성을 내포한다. 법률은 입법자가 제정한 실정법을 의미한다. 말하자면 전자는 실정형법과 상관없이 '항상 올바른 법正法'이고, 후자는 '올바름'과 상관없이 입법자가 만든 법을 의미한다. 그러면 당연히 물어야 한다. '법'은 어디 있는가? 그리고 입법자가 만든 '법률'에는 올바르지 않은 법(이른바 '惡法')도 있겠네, 하는 의문이다. '법'은 우리 앞에 그 실체를 완전히 드러낸 적이 없다. 역사적으로도 그랬고 앞으로도 그럴 것이다. '법'은 우리가 영원히 탐구하고 찾아야 할 과제, 목표일뿐이다. 실정 헌법과 법률에 그 모습 일부가 들어 있겠지만 그것은 전부도 아니고 확실한 것도 없다. 사람이 만든 상대적 가치 밖에 없다. 결국 '법' 한계는 상대적 존재인 인간의 인식 한계에 그 원인이 있는 것으로 볼 수 있다. 죽었다 깨어나도 사람은

'신'이 될 수 없으니 차라리 신을 포기하자고 하면 누가 더 좋아할까. 두려움이 없는 세상은 악마가 지배한다.

'법률'은 당연히 올바르지 않은 내용을 담고 있다. 위헌법률을 심사하는 헌법재판제도가 이 사실을 뒷받침한다. 전부 올바른 내용의 법률로 되어 있다면 헌법심사는 필요 없다. 다만 우리가 가지고 있는 법률 가운데 위헌결정을 받는 법 규정이 그렇게 많이 나오지 않는 것을 봐서는 그래도 올바른 내용이 옳지 않는 것 보다 많을 것으로 추측한다. 바로 그 부분을 믿고 준법을 강조한다. 하지만 법률이 다 옳을 것이라는 생각(법 만능주의)은 무서운 착각이다. '내가 틀릴 수도 있다'는 생각을 하지 않는 법률이나 법률가는, 아무리 요란스럽게 포장해도 결국 우리에게 해를 끼치는 '양의 탈을 쓴 이리'가 될 공산이 크다.

그러면 보이지 않는 '법'과 완전한 믿음에 한계가 있는 '법률' 사이에서 우리는 어떻게 해야 할까? 양자 사이에 다리를 놓아야겠는데, 그 역할을 하는 것이 '**이론**'이다. '옳다고 생각하는 것에 관한 모든 통찰'은 이론이다. 그러니 이 '이론'이라는 말에 담을 수 있는 내용은 무한에 가깝다. 진짜를 가장한 사이비까지 가세하니 더욱 복잡하다. 한 가지만 보면 된다. 올바른 이론은 전제를 두지 않으며, 자유로운 성찰을 토대로 한다. 앞과 뒤 말은 같은 내용이다. '법이론'은 '법에 관한 하나의 이론'으로서 '법을 찾아 나선 자유로운 영혼(Freethinker)'쯤 이라고 할까. 그렇다면 형법이론은 '**올바른 형법을 목표로 실정형법의 내용과 해석을 고쳐나가는 학문이론**'으로 정의할 수 있다.

이에 반해 **형법도그마틱**은 앞에 형법이라는 말이 붙어 있지만 그것은 '법률'만 의미한다. 실정형법에 관한 이론을 형법도그마틱이라고 한다. '도그마教義'라는 약간 생뚱맞은 말이 붙은 이유는 형법 법률이 마치 종교적 도그마처럼 대전제로 되어 있기 때문에 그렇다. 따라서 형법 도그마틱은 '**실정형법의 해석과 적용을 탐구하는 학문이론**'인데, 그냥 '**형법해석론**'이라고 해도 무방하다. 어떤 이름을 쓰든 형법도그마틱은 '현행 법률에 관한 학문'이므로 어느 경우에도 실정법률 자체가 비판 대상으로 등장하지는 않는다(전제에 대한 비판 금지).

이렇게 큰 차이가 있는 '형법이론'과 '형법도그마틱'을 제대로 구별하지 못하면 괜히 내 형법공부 수준을 내보이는 결과가 될지도 모르니 주의할 일이다. 변호사 업무와 별 상관이 없다고? 여러분이 대법관이 될지는 아무도 모르는 일.

보장목적과 보호목적

형법이 다른 법 분야와 다른 가장 큰 특징은 무엇일까? 헌법을 비롯해서 민법, 상법, 행정법 등 다른 법 분야 소송에도 원고와 피고가 있다. 여기서 원고는 자신이 피해자라고 주장하는 사람이고 피고는 원고가 가해자라고 지목한 사람이다. 실제로 그런지는 소송 결과를 보아야 한다. 원고와 피고는 주장하는 사람에 따라 갈릴 뿐이다. 그러나 형법에서 원고는 늘 검사가 맡는다. 피고는 당연히 범죄자(정확하게는 범죄 의심자)다. 검사는 범죄 피해자가 아니지만 **공형벌**公刑罰, 즉 **국가 형벌권**을 대리하는 사람으로서 원고 역할을 맡는다. 사실 검사는 해당 범죄와 아무 상관없는 사람이다. 내부적으로 그 사건을 수사하고 기소하는 등 역할을 배당받았을 뿐이다. 인사이동으로 그 자리에 다른 검사가 오면 그 역할은 그 사람에게 승계된다. 형법에는 형사소송에 드러나지 않는 존재인 피해자가 논의 중심에 등장한다. 이 점을 이해하는 것이 형법 포인트다. 실체형법에는 범죄자와 피해자, 형사소송에는 범죄자를 대리하는 변호사와 공형벌을 대리하는 검사가 대립 당사자로 등장한다. 검사는 피해자를 대리하는 사람이 아니다. 피해자는 검사 유죄 주장을 증명하는 수단이 될 뿐, 검사가 피해자를 '위해' 하는 역할은 없다. 벌금형은 피해자에게 보상금으로 가지 않고 국고에 귀속된다. 형사보상금은 필요할 경우 국가가 별도로 지급한다(형사보상법).

이처럼 형사소송에서는 마치 '얼굴 없는 사람'처럼 보이지 않는 피해자가 실체형법에서는 형법이론의 한 중심축으로 등장하는데, 다만 그 모습은 실제 범죄 피해자가 아니라 일반화된 피해자(국민 일반, 보통 '일반인'이라고 함, 잠재적 피해자도 같은 의미)로서 다르다. 어쨌거나 실체형법의 양대 축은 범죄자와 피해자다. 이 양자 사이에서 **균형을 잡는 것이** 형법의 궁극 목적이다(균형이론). 그래서 범죄자를 위한 부분을 '**보장 목적**'이라 하고 피해자를 위한 부분을 '**보호 목적**'이라고 한다. 형사소송 피해자는 과거 피해자(실제 피해자)지만 실체형법에서 피해자는 **미래 피해자**, 앞으로 있을 피해자를 의미한다. 실체형법의 모든 이론은 결국 장래에 범죄를 얼마나 줄일 수 있을 것인가로 모아지기 때문이다. 예를 들어 과거 범죄자(실제 범죄자)를 '정의롭게' 처벌하는 것도, 그것이 장래 범죄예방을 위해 필요하기 때문이다.

물론 형벌론에서 과거 범죄행위에 대한 '응징' 그 자체만으로 형벌은 정당성을 갖는다는 주장이 없는 것은 아니다(절대적 형벌이론, 응보이론) 그러나 우리가 원하는 미래 결과로써 오늘 행위 정당성을 찾는 것은 이 시대 포기하기 힘든 **합리성 일부**라고 할 수 있다. 어떤 경우에도 공형벌은 개인(현실 피해자)을 위해 활동하지는 않는다.

'보호'라는 말은 일반 국민, **'일반인' 법익**(법익은 법률이 보호하는 이익, 형법이면 형법법익)**을 보호**한다는 의미에서 나왔다. '보장'은 범죄자의 **법치국가 인권**, 즉 헌법의 **기본인권 '보장'**에서 나오는 권리를 지켜준다는 의미에서 사용하는 말이다. 범죄인도 엄연히 국민의 한 사람이고 헌법 기본인권보장 대상이 되기 때문에 그렇다. 범죄인은 단지 범죄를 하였다는 이유로 헌법이 정한 범위 안에서 일정한 자유와 재산권이 제한될 뿐, 그 밖의 점에서는 일반 국민과 같은 기본권 주체가 된다.

보호목적과 보장목적 사이의 '**균형 잡기**'가 형법의 궁극 목표라고 할 수 있다. 구체적으로는 '**일반인과 범죄인 사이 균형 잡기**'다. 형사소송법도 마찬가지, 일반인 이익은 검사가 대변하고 범죄인(피의자, 피고인) 이익은 변호인이 챙긴다. 형법의 보호와 보장이 연장된 모습이다. 형법과 형사소송법은 내용과 절차로서 형사법으로서 작용 통일성을 갖기 때문에 그렇다. 따라서 모든 형사소송법 이론의 궁극 목표도 '**검사와 변호인 사이 균형 잡기**'라고 할 수 있다. 그러나 변호인은 선택사항이고 당사자 지위는 없기 때문에 '**검사와 피고인 사이 균형잡기**'라는 말이 더 정확하다. 나중에 형사소송법 부분에서 살펴보겠지만, 형사소송법 모든 이론은 검사와 피고인 권한 사이를 마치 시계추처럼 왔다 갔다 한다는 사실을 확인하게 될 것이다. 실체형법과 절차형법 모두 이 지점이 **형법전문가와 형법문외한**을 나누는 기준점이 된다. 형법공부는 평생 이것을 위한 싸움이라고 해도 지나친 말은 아니다. 형법과 형사소송법의 모든 이론, 논쟁이 수렴하는 곳도 바로 이 **균형점**이다. 이 균형 내용이 곧 형법의 정의, 올바름, 인간상이고 목표인 동시에 과제다. 여러분은 형법전문가가 되기 위해 나섰고, 그 처지(다시 '입장'은 일본말이다. '관점'이라는 말을 써도 좋겠다)에서 이 과제를 충족해야 한다는 점을 한시도 잊으면 안 된다. 문외한과 다를 바 없는, 이름만 전문가인 사람은 우리 사회에 도움이 되지 않는다.

다시 실체형법으로 돌아와서, 일반인과 범죄인 사이 균형 잡기에 대해 의문을 제기해야 한다. 범죄인은 '나쁜 사람'이고 잠재 피해자인 일반인은 범죄 불안에 떠는 '선량한' 사람들인데, 무슨 균형이냐, 보호를 보장보다 조금이라도 우선해야 옳지 않나(보호목적의 상대적 우위), 의심해야 한다. 그러면 왜 보호를 보장 보다 앞세우면 안 될까? 보호에 대한 약간의 무게 추 이동도 안 되고, 왜 꼭 균형을 맞춰야 할까? 인간의 보호 '욕심'에는 끝이 없어서 그렇다('바다는 채워도 인간 욕심은 못 채운다'). A가 B를 아주 끔찍한 방법으로 살해했을 때 시민(일반인)이 보이는 반응은 어떤가. 금방이라도 '내가' 그런 일을 당할 것 같은 두려움이 사회를 지배한다. 사형집행을 재개해야 한다는 여론은 찬성이 70%를 넘는다. 아동 대상 성범죄자가 출소한 후 자기가 살던 집에 돌아간다고 했을 때, 그 지역 주민은 말할 것도 없고 국민과 언론이 보인 반응은 어떤 것이었나. 일반인은 범죄가 사회에서 사라지기를 원하고, 범죄자는 과거건 현재건 모두 '지구에서 떠나

줬으면' 한다. 실제로 그런 달콤한 유혹을 현실로 옮긴 세력이 역사적으로 있었으니, 그게 바로 **전체주의**다. 나치즘, 파시즘, 군국주의 잔재나 그 아류는 역사와 함께 오늘도 지구 곳곳에서 활개를 치고 있다. 우리나라도 이 악몽을 벗어난 게 그렇게 오래 되지 않았다. 범죄자를 시원하게 '청소'하면 모두 행복할 줄 알았는데 현실은 그 반대가 되었다. 오히려 공포가 지배하는 세상이 찾아왔다. 거듭 명심해야 한다. "**형법의 적은 쉬운 결론이다.**"

입문이니 간단히 명제만 간추린다. 이유도 어렵지 않다. **범죄기준은 상대적이다.** 그 범죄기준을 누가 정하나? 그 기준은 옳은가? 만약 옳지 않은 기준으로 '청소'를 당했다면 어떻게 될까? 그 다음, 범죄자는 태어나는가? 범죄자와 일반인 구별은 고정되어 있나? 범죄자는 늘 범죄자이고 피해자(일반인)는 늘 피해자이기만 한가? 범죄자는 어느 집단에서 나오고 형기를 마친 범죄자는 또 어디로 가는가? **범죄자와 일반인 구별은 상대적**이고 늘 움직인다. 가변적이라는 말이다. 즉 일반인인 오늘의 나는 내일 얼마든지 범죄자 집단에 속할 수 있다. 오늘 범죄자 문제가 남의 일이 아니고 내일 내 일이 될 수 있다는 데 문제 핵심이 있다. 다시 말하면 보호와 보장은 동전 양면과 같아서 보장은 보호를 위한 수단일 뿐 범죄자에 대한 은사가 아니다. 범죄자를 '위해서' 보장을 외치는 것이 아니라 '나'를 위해서 그렇게 할 뿐이다. 일반인은 모르더라도 전문가는 이 사실을 알아야 한다. 이것을 '확신'에 이르게 하는 과정이 곧 형법 공부다. 여러분은 모두 전문가를 지향하는 사람들이다.

보호에 대한 보장의 '**조금 양보**', 보호목적의 상대적 우위는 곧 테러형법 첫걸음이 된다. 말한 대로 일반인 보호욕심에는 끝이 없어서 그렇다. 욕심은 언제나 일정한 선(한계 또는 제한)을 넘도록 유혹하고, 그리하여 한 번 넘으면 반복하여 넘게 된다. 이 반복은 곧 일상이 되어 처음에 존재했던 선 그 자체를 아예 없애버리는 결과를 가져온다. 이 말은 일반인보호를 위해 범죄인 보장측면을 '바늘도둑'만큼 훔치겠다는 생각은 결국 그 자체를 완전히 무시하는 '소도둑'으로 발전한다는 의미다. 오늘의 우선 보호는 내일 일반인(잠재적 범죄자로서 일반인)에 대한 그만한 침해위험성을 대가로 해서만 가능하다는 점을 명심해야 한다('풍선효과'). 오늘 범죄인이 당해야 하는 것만큼 내일 일반인이 동일하게 당해야 한다. 만일 사회적으로 지탄받는 범죄자를 '오늘' 법적 절차를 무시하고 사형에 처하는 것에 동의하면, 나나 내 자식 또는 내 부모 등이 '내일' 그 상황에 처하게 되었을 때 같은 방식으로 사형집행을 당하더라도 어떤 항변도 하지 못한다. 보호목적 상대 우위는 곧 보장목적에 대한 상대적 손실을 가져온다.

법의 이와 같은 **모순 성격**(보장이 보호 수단이 되는 성격)은 형법이 형벌이라는 법익침해수단을 가지고 법익을 보호하고자 하는 모순에서 나온다("양 날의 칼"－리스트). 재산을 보호하기 위한 목적이라고 하면서 재산을 박탈하고(벌금 · 과료 · 몰수 등 재산형), 자유와 생명을 보호한다면서 자유를 빼앗고(징역형) 사람을 죽이기까지 하는 것(사형)이 형법이다. 국가가 국민에 대해 "살인하지 말라"(형법 제250조)는 금지규범을 명령해 놓고 결과적으로 자신은 지키지 않는 모양새다. 이 의미에서 "**좋은 형법**"은 있을 수 없다(라드브루흐). 법익을 침해하지 않는, 즉 오늘날 형벌과 다른 수단을 찾거나 아니면 형벌을 폐지하고도 법익을 보호할 수 있을 때까지 '좋은 형법'은 불가능하다.

가벌성과 학설

가벌성은 '형벌로써 처벌할 수 있는 가능성'을 의미한다. 형법과 특별형법 등이 금지한 행위는 가벌성이 있는 행위들이다. '가능성'이라고 말하는 이유는 확실한 처벌은 재판 결과가 나와야 판단할 수 있기 때문이다. 형법의 모든 이론은 이 가벌성 범위를 결정하는 문제와 관련을 맺는다. 즉 어떤 이론을 취하여 가벌성 범위가 넓어지면 반대 이론은 틀림없이 이 범위를 좁힌다. 가벌성 범위와 관련 없는 형법 논의도 있지만 대부분 실무적으로 큰 의미가 없는 순수 이론논의가 대부분이다.

학설은 주목받는 학문적 주장이다. 형법 외 다른 법 분야는 말할 것도 없고 모든 학문에서 형법만큼 학설이 많은 곳은 없을 것이다. 형법 도그마틱은 학설에서 시작해서 학설로 끝난다고 해도 결코 지나친 말은 아니다. 일정한 추상성을 가질 수 밖에 없는 형법개념은 해석이 필요한 데, 해석은 가벌성 범위를 결정한다. 그러니 가벌성을 넓게 잡는 견해(보호 목적), 좁게 잡는 견해(보장 목적)는 언제나 등장하기 마련이다. 가장 흔한 것이 **객관설, 주관설, 절충설**이고, 그 밖에 명칭은 논쟁 내용에 따라 주장하는 사람이 임의로 붙인다. 객관설은 '**일반인을 기준**'으로 판단하니 보호적 관심을 대변하는 학설이라고 보면 된다. '**행위자를 기준**'으로 판단하는 주관설은 그 반대다(형법에서 행위자는 범죄자를 일컫는다). 절충설은 양자 사이에 '절충'을 추구한다. 완전 대립하는 두 극단 사이에서 장점은 취하고 단점은 버리겠다는 학설이다. 양자의 좋은 내용만 들어 있으니 이론적인 비판은 가장 적게 받겠지만 실무적 실현가능성은 회의적인 경우가 많다. '말로만' 하는 절충이 대부분이라는 뜻이다. 말과 현실은 다르다는 의미도 있다.

어떤 쟁점을 만났을 때 우선 그것이 가벌성 범위와 관련 있는 내용인지 살피고 다음에는 그 범위를 확대하는 것인지 아니면 축소하는 것인지 보면 각 주장의 실체를 벗길 수 있다. 일반 시민들이 형법에 관해 하는 이야기도 이 분석틀을 그대로 사용할 수 있다. 나아가 그 사람의 정치성향을 가늠하는 것도 가능하다. 물론 판례도 이 사이에 있다. 우리 판례는 보호와 보장 어느 쪽에 힘을 주고 있다고 생각하는가? 그러면 이런 현실에서 내가 취할 자세는 어때야 할 것 같은가? 그것이 곧 **균형과 정의 내용**이다. 판단 자료가 되는 핵심 단어 몇 개를 들어보자. '범죄와 전쟁', '범죄 척결', '정당한 죄 값', '폭증하는 범죄', '강한 형법', '약한 형벌', '흑영웅', '악은 악으로 폭력은 폭력으로(탈리오 법칙)', '사형집행 부활', '강력한 검찰권' 등이 한 축을 이룬다. 다른 한 축으로는 '사법 살인', '기울어진 사회(운동장)', '변호인 권한 강화', '완전한 사형 폐지', '유전무죄 무전유죄', '유검무죄 무검유죄', '범죄자도 사람', '사회적 갑', '수사와 기소 분리', '피고인 인권', '피의자 권리' 등 말이 진영을 가른다. 형사 법률가는 이 사이에서 어느 한쪽 편을 들지 않고 '균형'을 잡아야 한다. 문제는, 그 **균형점**(정각 '12시')이 보이지 않기 때문에 형법은 말이 많고(학설) 복잡하다. 그만큼 숙제는 어렵다. 하기는 형법 대상인 '사람'은 그 실체를 알 수 없으니 민법 '물건'과 어떻게 비교할 수 있을까.

행위시법주의와 동기설

얼마 전 대법원 전원합의체는 형법의 시간적 효력에 관한 **'동기설'을 폐지했다.**[1] 이것은 매우 큰 사건으로서 법률과 마찬가지로 형법 해석 또한 움직이고('無常') 그 움직이는 내용이 잠정적으로 오늘 형법의 정의 내용, 보호와 보장 균형점을 이루는 좋은 사례다. 저울 무게추가 움직인 방향을 주목하면 매우 흥미 있을 것이다. 판례에 '동기설'이 처음 등장한 것은 1963년이다.[2] 1953년에 형법이 제정되었으니 사실은 형법이 만들어지고 지금까지 **'부동不動의 학설'**이었다고 보면 된다. 그것이 70여 년 만에 깨졌으니 '사건'이라는 표현이 어울린다.

행위시법주의는 "범죄의 성립과 처벌은 행위시 법률에 따른다"는 형법의 시간적 적용범위와 관련된 원칙이다(헌법 제13조 1항, 형법 제1조 1항). 죄형법정주의 소급효금지원칙이 형법의 시간적 효력에서는 이런 모습으로 나타난다. 행위자가 행위 당시에 알 수 없었던 재판시법으로 처벌하면 안 된다는 원칙이니 '피고인에게 유리한' 규정이다(법치국가 규정, 보장목적 규정). 그래서 만일 "범죄 후 법률이 변경되어 그 행위가 범죄를 구성하지 않게 되거나 형이 구법보다 가벼워

---

1) 대판 2022. 12. 22. 2020도16420 전원합의체.
2) 대판 1963. 1. 31. 62도257.

진 경우에는 신법에 따른다"(형법 제1조 2항)고 하여 일관된 자세를 유지한다(가벼운 신법 적용원칙). 그런데 대법원은 지금까지 법령 변경이, 구법이 잘 못 되었다는 **'반성적 고려'**(그런 '반성적 동기'가 있어야 한다는 의미에서 '동기설' 이름이 붙었다)에서 나온 경우에만 가벼운 신법을 적용할 수 있다는 태도였다. 즉 가벼운 신법 적용원칙에 '반성적 고려'라는 조건을 붙인 것이다. 이것은 그만큼 가벼운 처벌을 받을 수 있는 피고인 권리를 제한하기 때문에 균형의 무게중심을 보호 쪽으로 옮긴 견해라고 할 수 있다. 그런데 이번에 이 '동기 꼬리표'를 떼어버렸다. "범죄 성립과 처벌에 관해 규정한 형벌법규 자체 또는 그로부터 수권이나 위임을 받은 법령 변경에 따라 범죄를 구성하지 않거나 형이 가벼워진 경우는 **반성적 고려에 따라 변경된 것인지** 따지지 않고 원칙적으로 형법 제1조 제2항과 형사소송법 제326조 제4호(면소 규정)가 적용된다."[1)]

이제는 법률 변경 동기를 따지지 않고 가벼운 신법이 조건 없이 적용된다. 만일 입법자가 법령이 변경된 뒤에도 종전 법령 위반행위에 대한 형사처벌을 유지하고 싶으면 경과규정을 두라고 한다. 옳은 말이고 문제될 것은 없다. 이제 형법의 시간적 적용범위 **균형추**가 '11시에서 12시로 돌아왔다'고 표현할 수 있겠다. 이럴 때 '피고인의 법치국가 권리가 강화 되었다' 또는 '법치국가 형법이 강화되었다'고 말한다(보장목적 강화). 균형추가 돌아온 그 '1시간 거리만큼', 피고인을 더 처벌할 수 있었던 형벌권은 축소되었다(풍선효과, 가벌성 범위 축

---

1) 대판 2022. 12. 22. 2020도16420 전원합의체.

소, 보호목적 양보). 그러면 판례의 이런 태도 변화가 바람직하며 옳다고 생각하는가? 이것은 차원이 다른 문제로서 여러분이 판단해야 할 몫이다. 그리고 그 판단에는 다른 사람이 이해할 수 있는 **합당한 이유**가 있어야 한다. 법학 논증은 그렇게 하는 것이다. 판사, 검사, 변호인, 학자 모두 그렇게 자신의 주장을 편다.

법치국가원칙과 법치국가 형법

법치국가원칙, 법치주의는 헌법원칙(제12조)으로 '**법의 지배**(rule of law)'를 뜻한다. 국가의 모든 입법, 행정, 사법행위는 엄격한 법의 지배를 받아야 한다는 원칙이다(헌법은 '법률이 정하는 바에 따라서' 또는 '법률에 의하여'라는 표현을 조문 곳곳에 쓴다). **국가권력의 헌법과 법률에 대한 구속 이념**인데, 구속대상은 권력자의 자의적 행위이고 그 수혜자는 국민이다. 중세시대 절대적 권력을 삼권으로 나누고(권력 분산), 국가권력을 **올바른 절차와 내용으로 제정된 법률**(실질적 법치주의)에 따라 행사하게 함으로써 국민은 자신의 행위 결과를 예측할 수 있다. 이것은 절대자의 말이 곧 법이었던 시기와 비교하면 무게추를 거의 180도 이동시킨 것으로 평가할 수 있다. 민주주의 역사는 곧 절대권력을 제약하는 역사와 같은 길을 걸어왔다.

헌법에 보면, 모든 국민은 법률에 따르지 않으면 체포 · 구속 · 압수 · 수색 · 심문을 받지 않고, 법률과 적법절차를 거치지 않으면 처벌 · 보안처분 · 강제노역을 받지 않는다고 선언한다(제12조 1항). 이것이 법치국가형법이다. 형법 내용을 헌법원칙으로 격상시키고 행위시법주의를 형법과 헌법에 중복 규정한 것은 형법 법치국가원칙이 그만큼 중요한 것으로 판단하기 때문이다. 형벌은 국가가 가진 가장 강력한 통제수단으로서(사회통제 최후수단) 국민의 신체자유를 직접 침해한다. 따라서 그만큼 예민하고 조심스럽게 형벌권을 행사해야 한다(愼刑主義 ↔ 嚴刑主義). 기회 있을 때마다 법치국가 형법을 상기시키는 이유다.

헌법에서 기본권 주체는 국민이다. 그래서 법치주의 수혜자는 국민이라고 했는데, 형법 법치주의에서 한 축은 국가 형벌권, 다른 축은 형법의 눈으로 본 국민이다. 여기 국민에는 보호목적의 '일반인'과 **잠재적 범죄자**로서 보장대상이 되는 국민이 함께 포함되어 있다. 잠재적 범죄자라는 말에 거부감을 가질 필요는 없다. 범죄자는 모두 일반 국민 가운데서 나오기 때문에 쓰는 표현이다. 헌법의 법치국가 원칙도 '일반인과 범죄인 사이 균형 잡기' 구도 가운데 있음을 확인할 수 있다. 국민을 위한 국가권력의 헌법과 법률에 대한 구속이념은, 형법적으로 보면 범죄자를 위한 형벌권 제약 이념으로 나타난다.

형법 법치국가원칙(규범원칙)의 대표는 **죄형법정주의**다. '법률 없으면 범죄도 형벌도 없다'는 선언이니 형법에서 '**법치**'를 가장 직접 표현한다. 죄형법정주의 부속원칙인 명확성원칙, 관습형법금지원칙, 유추적용금지원칙, 소급효금지원칙, 그 밖에도 앞에서 설명한 행위시법주의, 책임원칙, 비례성원칙, in dubio pro libertate(의심스러우면 시민자유 이익으로), 이것이 절차법으로 오면 in dubio pro reo(의심스러우면 피고인에게 유리하게)가 된다. 그 밖에도 소송법에서는 재판공개원칙, 적법절차원칙, 변호권, 상소권, 증거제출권, 묵비권, 증언거부권 등이 모두 형벌권을 정형화(통제)해서 국민(잠재 범죄자)의 자유를 극대화하기 위한 규범원칙(보장목적 원칙)에 속한다. 여기에는 예외가 없다. 모두 시민을 위한 원칙이지 국가형벌권을 위한 원칙은 없다. 이 가운데 비례성원칙은 그 중요성이 헌법과 형법에 겹쳐 있기 때문에 별도로 설명해야 할 만큼 중요하다.

비례성원칙

비례성원칙은 헌법원칙이다. 따라서 하위법인 형법은 물론 민법, 행정법 등 모든 법분야에 타당한 원칙이다. 헌법에서 **입법원칙** 또는 위헌법률 심사원칙으로 적용할 때는 보통 '**과잉금지원칙**'으로 부른다. 내용은 같고 심사방법의 적극성('비례적이어야 한다')과 소극성('반비례, 과잉이 아니면'이라는 이중부정)에 차이가 있다. 적극적 '비례' 범위는 좁지만 과잉금지의 이중부정 범위는 상대적으로 넓다. 그만큼 판단재량 범위가 넓어서 판단이 쉬운 장점이 있다. 마치 '좋다'와 '나쁘지 않다'의 차이와 같다.

둘이 같은 의미긴 하지만 내용은 꼭 같다고 하긴 힘들다. 가장 단순한 형식으로 비례성원칙을 말할 때, 보통 '**목적과 수단의 사고**思考'라고 한다. 일정한 목적을 실현하기 위해 투입한 국가수단은 그 목적달성에 적합하고 필요하며 균형을 이루어야 한다는 것을 내용으로 한다. 따라서 **적합성 · 필요성**(최소침해 수단, 최소침해원칙) · **균형성원칙은** 비례성원칙 내용이 되는 부분원칙에 속한다.

형법에서 비례성원칙은 정당방위, 긴급피난, 자구행위의 '상당성'을 해석하는 내용으로 나온다. 그 밖에도 책임개념 내용, 보안처분 제한원칙으로 다시 등장한다. 소송법에서는 적법절차원칙, 수사 원칙, 압수와 수색, 증거조사 등에 나온다. 공권력 행사가 있는 곳에는 마치 '약방에 감초처럼' 회초리를 들고 나타난다고 해도 지나친 말은 아니다. 지금 행사하고자 하는 일정한 공권력 행사 목적을 대입하고 그것을 실현하기 위해 투입하는 수단을 목적—수단 관계에 대입하여 그 목적을 달성하는 데 해당 수단이 적합 · 필요 · 균형을 이루는지 심사하면 된다. 이것은 심사순서이면서 단계이기도 한데, 결국 핵심은 최종이면서 가장 엄격한 심사인 **균형성 판단**으로 모아진다. 말하자면 무엇을 균형점으로 볼 것인지 문제다. 이것도 궁극적으로는 **정의, 인간상, 올바름**과 관련을 맺는다.

헌법재판소의 과잉금지 결정을 보자. "형법 제311조(모욕죄)는 모든 모욕적 표현행위를 금지하는 것이 아니라 불특정 또는 다수인이 인식할 수 있는 상태에서 행한 모욕적 표현만을 제한한다. 피해자 고소가 있어야 형사처벌이 가능하고, 법정형도 비교적 낮다. 집행유예나 선고유예 판결을 선고할 수도 있다. 이러한 점에 비추어 보면 **필요최소한 범위** 안에서 표현 자유를 제한하고 있다. 결국 심판대상 조항은 **과잉금지원칙**에 위배되지 않는다."[1]

대법원은 비례성이라는 말을 쓰지 않으면서 같은 내용을 서술한다. "어떤 행위가 정당행위로 인정되려면 첫째 행위 동기나 **목적의 정당성**, 둘째 행위 수단이나 **방법의 상당성**, 셋째 보호법익과 침해법익의 **법익균형성**, 넷째 **긴급성**, 다섯째 그 행위 이외 다른 수단이나

1) 헌재 2022. 5. 26. 2021헌바342.

방법이 없다는 **보충성 요건**을 모두 갖추어야 한다."[1]

형벌과 보안처분

형사제재에는 형벌과 보안처분 두 가지가 있다(형사제재 이원주의). 형벌은 과거의 범죄행위에 대한 일정한 반작용이고 보안처분은 미래의 범죄위험성에 대한 일정한 조치다. 형벌 의미를 과거 범죄행위에 대한 '**응징**'으로 보느냐, 아니면 미래지향의 '**재사회화 교육**'으로 보는가에 따라 **절대적 형벌이론과 상대적 형벌이론**이 나뉜다. 전자는 악을 악으로 갚는다는 현실적 설득력, 책임범위 안에서만 부과한다는 장점이 있다. 후자는 범죄예방과 범죄자에 대한 인도성이라는 장점이 있다. 양자 사이에 절충 견해도 있다(합일적 형벌이론). 사물을 대하는 세계관 차이가 반영된 것으로 보면 된다. 결론은 여러분 몫이다. 보안처분은 특별예방을 위한 목적처분이라는 점에 이의가 없다. 다만 우리나라는 보안처분 필요성만 있고 법치국가 제한장치인 **비례성원칙**을 두고 있지 않는 것이 흠이다.

현행 형벌에는 사형, 징역, 금고, 자격상실, 자격정지, 벌금, 구류, 과료, 몰수 9종류가 있다. 사형은 선고는 하지만 1998년 이후 지금까지 집행은 하지 않고 있다(상대적 폐지국). 사형제도의 위헌성 문제는 현재 진행형인데, 헌법재판소가 결단을 내리기는 쉬워 보이지 않고 결국 정치권의 진지한 논의와 여론의 성숙이 가늠쇠가 될 것이다.

보안처분은 형법에 규정되지 않고 특별법에 있다. 소년법 보호

---

1) 대판 2018. 12. 27. 2017도15226.

처분, 치료감호법 치료감호, 보호관찰법 보호관찰처분, 보안관찰법 보안관찰처분이 있다. '재범위험성' 판단이 쉽지 않다. 필요할 경우 전문가 감정을 받을 수 있으나, 그것은 어디까지나 참고자료일 뿐 궁극적으로는 사법판단이다. **'사상범'**에 대한 보안관찰, 아동 대상 성범죄자에 대한 **'화학적 거세'**(성충동 약물치료), **전자장치 부착제도, 신상공개제도** 등은 법치국가 문제와 함께 실효성 면에서도 의문을 제기하는 사람이 많다.

특별형법

우리 형법을 이해하는 데 특별형법 문제를 빼놓을 수 없다. 전체 범죄 약 40%가 특별형법으로 만들어지기 때문이다. 제1심 형사공판 사건을 기준으로 했을 때 형법각칙이 적용된 형법범이 40종 정도인데 반해 특별형법은 그 법률 종류만 해도 300종이 넘는다(예를 들면, 민사집행법, 호적법, 근로기준법, 기초연금법, 농지법, 문화재수리법, 수도법, 자동차관리법 등에도 형벌이 있다. 주로 벌금형이다. 같은 수단인 '과태료'가 있는데 굳이 형벌을 쓰는 이유는 무엇일까?). 일반법인 형법에 대해 특별형법은 일종의 예외인데, 예외가 이렇게 많은 것은 정상이라고 보기 어렵다. '특별형법 난무', '특별형법 왕국', **'특별형법 비대화'**, '형법각칙 공동화 또는 사문화' 등이 이런 현상을 나타내는 말이다. 이렇게 된 원인과 대책은 **형법정책**에 속하는 문제로서 많이 어렵다. 법은 곧 우리나라 문화(사람과 역사)의 표현이니 체념해야 할 부분도 없지 않다. 일반법인 형법각칙에 비해 특별형법은 법정형이 매우 높을 뿐만 아니라 구성요건도 세분화되어 있다(예를 들면, 특수강도강간 그리고 강도상해나 강도강간범이 3년 안에 재범하면 사형, 무기 또는 10년 이상 징역으로 법정형이 살인죄보다 높다). 그리고 특별법은 언제나 일반법보다 우선 적용된다(특별법우선적용 원칙). 두 말할 필요 없이 '보호'를 위한 극단적 입법조치라고 할 수 있다. 사회적으로 큰 파장을 일으킨 범죄가 발생하면 어김없이 해당 행위에 대한 특별법이 만들어진다고 보면 된다(정치수단이 된 형법). 그래서 우리나라에는 공식명칭은 아니면서도 별칭으로 '누구누구 법' 하는 식으로 사람 이름(주로 피해자 이름)이 붙은 특별형법이 많이 있다(민식이법, 태완이법, 윤창호법, 구하라법 등, 청원자 이름이 붙은 것으로는 김영란법이 있다). 그리고 이렇게 한 번 만들어진 특별형법은, 헌법재판소가 극소수 위헌결정을 내린 것을 빼놓고는, 입법주체가 스스로 폐지하는 일은 거의 없다.

그럼에도 형사실무가가 되기 위해서는 몇 가지 특별형법은 충분히 숙지하고 있어야 한다. 실무에서 '40%' 적용되는 법률을 모르면 실무를 할 수 없다. 실무가에게는 형법적용이 먼저고 형법비판은 다른 영역에 맡기는 것이 현실적이고 현명한 방법이다. 중요 등급에 따라 3그룹으로 나누려고 한다.

1그룹에 속하는 것은 특별형법 가운데 양대 산맥으로, 특정범죄가중처벌 등에 관한 법률(약칭 특정범죄가중법), 성폭력범죄의 처벌 등에 관한 특례법(성폭력처벌법)이 있다. 전자는 성폭력범죄를 제외한 일반범죄의 가중 특별형법이고, 후자는 성범죄만 겨냥한 것이다. 그러니 다른 특별형법은 이 양자의 각론에 해당한다고 할 수 있다. 실무가가 만나는 중요한 특별형법은 이 양자가 주류를 이룬다고 보면 틀림없다. 적용건수로는 도로교통법이 압도적으로 많지만(1년에 5만여 건이지만 대부분 가벼운 사건, 특정범죄가중법은 1만여 건이지만 거의 무거운 사건) 법정형의 가중 정도와 그 밖의 실질적 중요성에서 보면 위 두 법률에 비교할 바는 못 된다.

다음 2그룹에 속하는 것으로는 아동 · 청소년의 성보호에 관한 법률(청소년성보호법), 교통사고처리특례법(교통사고처리법), 특정경제범죄 가중처벌 등에 관한 법률(특정경제범죄법) 그리고 도로교통법이다. 참고로 법률 약칭은 법제처 국가법령정보센터에 공식약칭이 있으니 그것을 사용하는 것이 좋다. 사람마다 임의로(특가법, 특경법, 아청법 하는 식으로) 만들어 붙이는 경우가 있는데 통일되지 않아 일반성을 갖기 어렵다. 청소년성보호법은 1그룹의 성폭력 가운데 그 대상을 아동, 청소년으로 한정하여 특화한 각론이다. 나머지는 특정범죄가중법에 빠지거나 특별히 강조해야 할 부분을 별도로 모은 것으로 보면 된다. 1, 2그룹의 각 법률 특징을 간단히 살펴본다.

1그룹의 **특정범죄가중법**은 형법에 규정된 범죄를 가중 처벌하는 경우가 대부분이다(뇌물, 알선수재, 상습강절도 등). 그 밖에 도주차량(뺑소니), 보복범죄, 운전자폭행, 어린이 보호구역 치사상도 가중 처벌한다. **성폭력처벌법**은 성폭력범죄, 예컨대 특수강도강간, 특수강간, 친족관계 · 장애인 · 13세 미만자 강간, 강간상해 · 치사, 강간살인 · 치사의 특례를 규정한다. 공중밀집장소 추행, 카메라촬영, 영상물 촬영과 유포도 들어 있다. 피의자 얼굴 공개, 신상정보 등록, 공소시효 연장 등에 관한 규정도 있다.

2그룹의 **청소년성보호법**은 원조교제, 청소년이용 호객행위, 청소년 자발적 성매매, 아동 성착취물 등 아동, 청소년을 성범죄로부터 보호하기 위한 법률이다. 말한 대로 위 성폭력처벌법 각론이다. **교통사고처리법**은 형법 과실치사상에 대한 특칙을 담고 있고 가장 많이 적용되는 특별형법이다. 특정범죄가중법에 들어 갈 성질은 아니기 때문에 별도 법률을 제정했다. 과실범죄 대부분은 교통사고로 발생하는 데 전부 범죄화하면 과실범이 너무 많아질 염려가 있다. 운전자가 업무상 과실 · 중과실 치사상죄를 범하고(치사는 제외하여 언제나 형사범죄가 됨) 도주한 경우와 그 밖에 교통신호나 경찰관 지시위반 등 이른바 12개항(중과실조항)에 해당하지 않고 해당 자동차가 보험이나 공제회 보험에 가입되어 있으면 피해자의사와 상관없이 기소하지 못한다(일종의 반의사불벌죄). 즉 형사범죄에서 제외된다. 교통 과실범죄를 **비범죄화**하는 방법인데 보험이 형법을 껍데기로(공동화, 형해화) 만든다는 비판이 거세다. **특정경제범죄법**은 형법의 사기, 공갈, 횡령, 배임을 피해금액에 따라 가중 처벌하는 내용을 담고 있다. 특정범죄가중법에 들어갈 수도 있으나 시기적으로 나중에 제정되면서 별도 법률이 되었다. 특별히 금융기관 임직원 배임수재를 수수액에 차등을 두어 가중 처벌하는 내용을 두고 있다. **도로교통법**은 특별한 가중규정이 있는 것은 아니지만 적용범위가 워낙 넓어서 특별형법의 토대가 된다고 할 수 있다. 예컨대 도로와 자동차 등 이동수단에 대한 정의, 어린이 보호구역, 운행방법, 무면허운전, 음주운전 등 사고가 발생했을 때 구호의무 · 신고의무 등에 관한 규정이 중요하다.

다음 3그룹에 속하는 특별형법으로는(어디까지나 내 주관적 분류), 마약류관리에 관한 법률(마약류관리법), 보험사기방지 특별법(보험사기

방지법), 정보통신망 이용촉진 및 정보보호 등에 관한 법률(정보통신망법), 국가보안법, 군형법, 성매매알선 등 행위의 처벌에 관한 법률(성매매처벌법) 등을 들 수 있다. '주관적'이라고는 했지만 국가보안법, 군형법을 제외하면 사법통계에 잡힌 사건빈도를 기준으로 분류한 것이다. 국가보안법과 군형법은 특별형법으로 상징의미가 있다. 국가보안법은 1심 기준 10건 내외 유죄선고(유기징역과 벌금형 반반 정도)가 있는, 거의 '죽은 법'이지만 가끔 '힘차게' 살아나기도 하기 때문에 무시할 수 없다. 우리나라에서 이 법이 갖는 상징성은 현실적으로 매우 크다. 여러분은 이 법이 앞으로 어떻게 될 것 같은가? 군형법은 실무적으로도 적잖게 적용되는 법률이다. 하지만 그 내용은 군대라는 특수 성격 때문에 시대적으로 상당히 낙후된 모습을 보인다.

[요점 정리]

1. 범죄가 있는 곳에서 형법은 자기 일을 시작한다.
2. 법이 사회의 새로운 가치를 선도하지는 않는다.
3. 형법 말은 개혁의 시동을 걸었다. 법률의 바뀐 말을 놓치면 시대에 뒤떨어진 사람이 된다.
4. 절대적 범죄개념은 없고 위헌법률심사가 정법을 심사하는 유일한 제도다.
5. 범죄체계론은 형식적 범죄개념과 관련 맺는다.
6. 구성요건해당성에서는 인과관계, 고의 · 과실을 다룬다.
7. 상당인과관계설은 조건설 가운데 결과발생에 상당한 것만 인과관계로 인정한다.
8. 고의의 인식과 의욕은 인간 내심을 기술하는 성향개념이다.

9. 과실의 핵심표지는 주의의무위반이고, 그 내용은 예견가능성과 회피가능성이다.
10. 신뢰원칙과 허용된 위험이론은 과실범의 객관적 주의의무를 제한하는 이론이다.
11. 위법성에서는 정당행위, 정당방위, 긴급피난, 자구행위, 피해자승낙에 의한 행위를 다룬다.
12. 책임에서는 책임능력, 법률착오, 기대가능성을 다룬다.
13. 형법이론은 올바른 형법을 탐구하는 이론이고, 형법도그마틱은 실정형법을 탐구하는 이론이다.
14. 형법의 궁극 목적은 보호와 보장의 균형잡기, 일반인과 범죄인 사이 균형잡기이다.
15. 형법의 중요한 학설은 가벌성 범위와 관련을 맺는다.
16. 대법원의 동기설 폐지는 보장목적을 강화한다.
17. 형법의 법치국가원칙은 예외 없이 형벌권을 제한한다.
18. 비례성원칙은 목적과 수단의 관계에 대한 헌법, 형법원칙이다.
19. 형벌은 과거 범죄행위에 대한 반작용이고 보안처분은 미래의 범죄위험성을 겨냥한다.
20. 우리나라는 특별형법이 형법을 좌우한다.

제2장 제도와 형식

여기서는 형법총칙이 규정한 주요 제도를 설명하는 데, 철저하게 타픽(문제) 중심으로 한다. 우선 일반 교과서에 사용하는 체계적, 이론 중심 설명을 피하고 실무적 의미를 토대로 굵직한 쟁점만 다룬다(체계는 이론을 위해서 존재하고 복잡하다. 체계보다는 내용이다). 사소한 내용은 여러분 스스로 채워야 할 몫으로 남겨둔다. 여기서 필요한 것은 형법이라는 근간(뼈대)과 그것을 둘러싼 현실 쟁점을 알려주는 것이다. 유사한 제도는 묶어서 설명한다. 두 개를 비교하면 각각 특징은 훨씬 쉽게 이해할 수 있다. 교과서에 들어갈 수 없는 형법이라는 '숲'을 보여주는 데 주력하고 싶다. 세세한 '나무'까지 그리면 교과서와 차이가 없다. 그것은 여러분 몫을 빼앗는 일이고 여러분을 타율적 존재, 미성숙 존재, 의존적 존재로 만드는 일과 같다. '숲'을 그리되, 이야기가 있는 내용이길 원한다. 필요한 기본개념을 익히면서 형법을 공부하고 싶다는 흥미가 샘물처럼 솟아나면 좋겠다. 공부하다가도 길이 흐리다고 생각될 때, 무슨 문제가 중요한지 분간할 수 없을 때, 빽빽한 나무 사이로 파란 하늘이 그리울 때, 마치 드론을 탄 것처럼 높은 곳에서 한 눈으로 숲에 난 길을 내려다보고 싶을 때 또는 내가 걸어 온 길을 점검하고 싶을 때가 왜 없겠는가. 그럴 때 큰 힘 들이지 않고 내 좌표를 찍을 수 있으면 그것도 금상첨화다. 무엇보다도 이 책을 보면서 궁금한 것이 많이 생겼으면 좋겠다. 교과서에서 상세한 설명을 찾아보고 싶은 열망이 넘치기를 희망한다. '떠 먹여주는 밥'은 '내가 먹는 밥'이 아니다. 그것은 환자가 먹는 밥이다.

죄형법정주의 현실적 의미

죄형법정주의는 헌법원칙이면서 가장 중요한 형법 법치국가원칙에 속한다. 따라서 위헌법률심사기준이면서 동시에 형법해석 으뜸 원칙이다. 법 근거는, 헌법은 "누구든지 **법률에 의하지 아니하고는**~"(제12조 1항), "모든 국민은 **행위시의 법률에 의하여**~"(제13조 1항) 규정이다. 같은 내용이 형법 제1조 1항에도 나온다. 형사소송법에도 나오는 데, "**범죄의 성립과 처벌은** 행위시의 법률에 따른다"(제323조 1항)이다. "**법률 없으면 범죄도 형벌도 없다**"(nullum crimen, nulla poena sine lege)는 법언이 죄형법정주의의 가장 상징이 되는 깃발이다.

죄형법정주의 내용이 되는 부분 원칙으로는, 명확성원칙, 소급효금지원칙, 관습형법금지원칙, 유추해석금지원칙, 적정성원칙이 있다. 요란한 잔치에 먹을 것 없다고 했는가. 헌법과 형법을 넘나드는 최고 원칙이지만 내용은 거의 상식수준이기 때문에 선언적 의미 말고 실무적 의미는 매우 제한적이다. 중세도 아니고 오늘날 민주국가에서 법도 없이 처벌하는 나라가 어디 있는가. 형법에서 실무적 의미가 있는 죄형법정주의 원칙은 유추해석금지 정도다. 하나씩 살펴보자.

명확성원칙은 불명확한 구성요건은 형법으로 인정할 수 없다는 것인데, "통상적 판단능력을 가진 사람의 이해가능성"을 기준으로 삼는다.[1] 주로 헌법 위헌법률심사에서 문제가 된다. 헌법재판소 결정을 본다. 미성년자보호법 조항의 불량만화에 대한 정의 중 "**잔인성을 조장할 우려**", "**범죄의 충동을** 일으킬 수 있게", "**아동의 덕성을** 심히 해할 우려" 등의 구성요건은 법관의 보충적인 해석을 통해서도 그 규범내용이 확정될 수 없는 모호하고 막연한 개념으로서 그 적용범위를 법집행 기관의 자의적 판단에 맡길 수 있으므로 죄형법정주의에서 파생된 **명확성원칙에** 위배된다.[2]

소급효금지원칙은, 보안처분은 형벌이 아니기 때문에 소급효가 인정된다는 판례가 있다. 소송법 변경, 공소시효 연장, 판례 변경도 소급효 금지와 무관하다는 게 판례 견해다. **관습형법금지**는 피고인에게 유리한 관습법을 허용할 수 있을 것인지 순전히 이론적 문제만 있다. 형법 법원法源으로 관습법이 있는지부터 물어야 한다. **적정성원칙**은 법률 내용의 적정, 올바름, 정법을 문제 삼는다. 이를 두고 '실질적 법치주의', '실질적 죄형법정주의', '현대적 의미 죄형법정주의' 등으로 부르는데, 이미 죄형법정주의에 전제된 내용이다. 법치의 '법'이 올바르지 않으면 법치는 의미가 없다. 법치가 생긴 기원은 불법한

1) 헌재 1992. 9. 25.89헌가104.
2) 헌재 2002. 2. 28. 99헌가8.

국가권력을 법에 구속하기 위해서다. 불법한 법은 이미 법이 될 수 없다. 올바른 법을 제도적으로 심사하는 위헌법률심사가 있기 때문에 법률 적정성은 사실 형법이 고민할 부분은 아니다.

유추해석금지는 이론, 실무적으로 의미가 크다. 문제는 '허용되는 해석'과 '금지되는 유추' 사이 경계다. 판례 포함 '**언어의 가능한 의미**'를 기준으로 제시하기도 한다. 죄형법정주의가 '해석'을 금지하는 것은 아니다. 모든 해석은 일종의 유추과정이므로 형벌법규를 피고인에게 불리하게 지나치게 확장해석하거나 유추 해석하는 것은 허용되지 않는다는 의미다(**엄격해석원칙**). 대법원 유추해석은 이렇게 쓰인다. 아파트 단지 안에 있는 지하주차장은 아파트 주민이나 그와 관련된 용건이 있는 사람만 이용할 수 있고 경비원 등이 자체적으로 관리하는 곳이다. 이는 도로교통법 제2조 제1호에서 말하는 "도로"에 해당하지 않을 수 있다. 도로에서 운전하지 않았는데도 무면허운전으로 처벌하는 것은 **유추해석이나 확장해석**에 해당된다.[1]

사실의 착오

모든 범죄는 주관적 구성요건요소로 고의 또는 과실이 있어야 한다. 고의가 성립하기 위해서는 '죄의 성립요소인 사실'에 대한 인식이 있어야 한다(제13조). 그런데 행위자가 인식한 사실과 발생한 결과가 일치하지 않을 때 생기는 문제가 사실착오(다른 이름 **구성요건착오**)다. 사실착오는 이론적으로 매우 복잡하고 논란이 많지만 실무적으

1) 대판 2017. 12. 28. 2017도17762.

로 큰 의미는 없어 보인다. 판례는 별로 없고, 그것도 아주 옛날 것밖에 없다. 두 가지 유형이 있다.

① "A가 B라고 생각하고 총을 쏘았는데 실은 C가 맞았다(객체착오)."

② "A가 B를 쏜다는 것이 조준 미숙으로 옆에 있던 C가 맞았다(방법착오, 타격착오)."

우선 구체적 사실착오와 추상적 사실착오를 구별해야 한다. 인식사실과 발생결과가 동일한 구성요건에 속할 때는 구체적 사실 착오, 다른 구성요건에 해당하는 경우는 추상적 사실착오다. 위 예는 둘 다 인식사실과 발생결과가 살인죄라는 동일구성요건에 속하기 때문에 **구체적 사실착오**가 된다.

"A는 손괴의사로 돌을 던졌는데 B가 맞아 사망했다."

이것이 **추상적 사실착오**다. 이에 대해서는 형법에 직접 규정이 있다. "특별히 무거운 죄가 되는 사실을 인식하지 못한 행위는 무거운 죄로 벌하지 않는다"(제15조 1항). '무거운 죄'는 '가벼운 죄'를 전제한 개념이기 때문에 추상적 사실착오는 객체, 방법 착오를 불문하고 인식사실 미수와 발생결과에 대한 과실의 상상적 경합이 해결공식이다. "소는 대에 포함되므로" 무거운 사실 인식으로 가벼운 결과가 발생한 경우도 마찬가지다.

문제는 **구체적 사실착오**에 대한 형법규정이 없기 때문에 학설이 등장한다. **구체적 부합설**은, 객체착오는 인식사실과 발생결과가 '구체적으로' 부합하므로 고의 기수 인정, 방법착오는 인식한 대로 결과가 발생하지 않았으므로 인식 사실 미수와 발생 결과 과실의 상상적 경합을 결론으로 제시한다(다수설). **법정적 부합설**은 인식사실과 발생결과가 같은 구성요건, 같은 죄질에 속하면 고의를 인정하는 견해다(판례). 여기서는 방법착오도 고의가 인정되므로 가벌성 범위가 구체적 부합설보다 넓어진다. '일반인과 범죄자 사이 균형 잡기'를 떠올리기 바란다. **추상적 부합설**이라는 것도 있는데, 설명할 필요를 느끼지 않는다. 실무적으로 객체착오와 방법의 착오 구별이 많이 어렵다. 인식사실은 행위자 내심에 속하는 내용이다(성향개념). 이 불안정한 토대 위에 수단 잘못과 대상 오인을 구별해야 한다. 두 가지 요소가 다 개입한 경우도 있다. 행위자 주관적 의사 가운데 들어있지 않던 결과 발생은 방법착오로 보는 것이 이론적으로는 맞다. 그러나 다시 원점, 인식사실은 어떻게 확인하나? 변호인 조력을 받으면 다 '몰랐다'(방법착오)고 할 텐데? 대법원은 간접사실로써 내심의 사실을 증명할 것이라고 한다. "고의는 내심적 사실이므로 피고인이 이를 부정하는 경우에는 사물의 성질상 고의와 상당한 관련성이 있는 **간접사실을 증명하는 방법에** 의하여 입증할 수밖에 없다. 이때 무엇이 상당한 관련성이 있는 간접사실에 해당할 것인지는 정상적인 경험칙에 바탕을 두고, 치밀한 관찰력이나 분석력에 의해 사실의 연결상태를 합리적으로 판단하는 외에 다른 방법은 없다."[1)]

'착오는 착오를 유발한다'는 말을 아는가. 사실착오와 함께 인과관계착오, 법률착오에 모두 해당되는 말이다. 그만큼 복잡하다는 뜻일 텐데, 비록 실무적으로 큰 의미는 없더라도 '사례형 문제'를 만드는 데 아주 유용한 수단이라는 점은 알다두면 좋을 것이다. 문제를 복잡하게 만들어 변별력을 높이는 데는 이만한 수단이 없다. 말이 좋아 변별력이지 사실 '수험생 착오'가 목표다. 사례형에서는 현실적으로 이런 사건이 있을 가능성 따위는 따지지 않는다. 약간의 판례 기초에 나머지는 모두 픽션으로 각색한다(교과서 범죄). '착오'는 모두 행위자의 내심의사와 관련 맺는데, 내심의사는 밖으로 드러나지 않는다. 그러니 사건을 서술한 뒤 마지막에 '그런데 나중에 알고 보니 다른 사람이 죽었다'(행위자도 많이 놀랐다 또는 그런 척 한다) 또는 '행위자는 그런 사실을 몰랐다'(알았으면 당연히 그렇게 하지 않았을 것이라고 주장하겠지)고 하면 대반전이 일어난다. 그야말로 지진이 일어난다. 진짜 핵심은 나중에 사족처럼 붙인 이 몇 마디에 있으니.

인과관계 착오

"A는 B를 살해하기 위해 목을 졸랐는데, B가 의식을 잃자 죽은 것으로 생각하고 B를 강에 내다버렸다. 나중에 B는 익사하였다는 사실이 밝혀졌다."

고의가 성립하기 위해서는 인과관계에 대한 행위자 인식이 있어

1) 대판 2012. 6. 28. 2012도2628.

야 한다. 그러나 행위자가 행위와 결과 사이 인과진행을 정확히 파악하는 것은 불가능하고 '**일반인이 인식할 수 있는 소박한 평가**(일반 생활경험)'이면 된다. 이렇게 행위자가 인식한 내용과 발생한 인과과정이 '**본질적 차이**'가 있으면 발생한 결과에 대한 고의책임을 지울 수 없고 사실착오로 해결해야 한다. 이것을 인과관계착오(인과과정착오)라고 한다(**인과관계착오설, 다수설**). 일반 생활경험으로 볼 때 발생결과가 예견할 수 있는 범위 안에 있으면('본질적 차이가 없으면') 고의기수가 인정 된다(위 사례에서 고의살인 인정). 이에 대해 결과는 같지만 규범판단을 생략하고 가벌성을 조금 더 쉽게 확대하는 견해가 있으니 **개괄고의설**이다(판례).[1] 개괄고의는 행위결과가 제1행위와 제2행위라는 두 개 행위로 결합되어 있을 때, 제1행위 고의가 제2행위 인과관계를 포함하는 것으로 이해하여 양자를 '개괄하여' 하나의 고의 기수범으로 취급해야 한다는 견해다. 구체적 행위대상을 전제하지 않고 '개괄적으로' 고의를 인정하는 것이 가능할 수 있을까? 결론은 같고 논증차이가 있을 뿐인데, '본질성'이라는 규범판단이 들어가는 것이 바람직하다. 다시 강조, 인과관계 착오는 판례는 별로 없지만 사례로써 '**수험생 착오**'를 시험하는 데는 더할 나위 없이 좋은 소재다.

정당행위와 사회상규

다섯 가지 위법성조각사유에 관한 총평부터 시작하자면 우리 형법에서 실무적으로 가장 의미 있는 것은 정당행위의 '**사회상규**'다. 정

1) 대판 1988. 6. 28. 88도650.

당방위와 긴급피난은 이론적으로 매우 중요하고 논란이 많지만 인정한 판례는 극소수다. '해당되지 않는다'는 판결이 대부분이고, 위법성 배제 결론을 내리더라도 정당행위의 사회상규로 하니 정당방위와 긴급피난이 왜 있나 싶다. 개인에 대한 권리의식이 발달한 서구에서는 매우 활발하게 적용되는 제도지만, 우리는 형벌권 행사를 개인 손에 맡기는 것에 거부감이 큰 것으로 보인다. 자구행위와 피해자 승낙도 비슷한 경우다. 개인보다는 국가가 주관하는 형벌이 익숙하고, 나아가서 위법성이 조각되어 가벌성이 축소되는 것에 대한 태생적 불편함이 배경에 깔려 있다. 질문 하나 해볼까? 우리 대법원은 '일반인과 범죄자 사이 균형 잡기' 가운데 어느 쪽으로 기울었다고 생각하나요? 다르게 질문하면, 일반 국민('일반인')을 위한 엄격한 처벌과 법치국가 형법 사이에서 어느 쪽에 무게를 두고 있다고 생각합니까?

정당행위(제20조)에는 법령에 따른 행위, 업무 행위, 기타 사회상규에 위배되지 않는 행위, 셋이 있다. 법령이 할 수 있다고 규정한 행위를 형법이 처벌할 수는 없다. 상식이다. 의사나 변호사의 일정한 행위가 형법 구성요건에 형식적으로 해당하더라도 어떻게 그것을 처벌하나. 의사, 변호사 하지 말라는 이야기니 이것도 상식이기는 마찬가지다(하기는 법은 늘 '**상식의 표현**'이다). 쟁의행위는 합법과 불법 사이에서 항상 논란이 된다. 의사의 **설명의무**는 의료사고가 관심을 끌면서 자주 등장한다(**환자 수술동의서**만으로 면책되지 않고 추가적으로 더 필요한 요건이다. 그만큼 환자 권익은 신장되고 의사가 해야 할 일은 많아졌다).

다음, '**기타 사회상규**'는 앞 두 요건에 해당하지 않으면서 정당행위로 위법성을 조각해야 할 필요가 있는 사례를 규율하기 위해 있다. 그만큼 정당행위에 해당하는 행위범위를 확대한다. 문제는 '사회상규' 내용이다. 사회상규라는 규범은 없다. 실체가 없기 때문에 사회상규 내용을 직접 설명하는 것은 매우 어렵고 동어반복이 될 가능성이 높다. 예컨대 '사회통념', '사회적 상당성', '법질서 전체 정신' 등이 그렇다. 설명한 내용이 사회상규 만큼이나 일반적이고 추상적이다. 판례는, '사회상규에 위배되지 아니하는 행위라 함은 **법질서 전체의 정신**이나 그 배후에 놓여있는 **사회윤리 내지 사회통념**에 비추어 용인될 수 있는 행위'라고 한다.[1] 그러면서 행위나 동기의 목적 정당성, 수단의 상당성, 보호이익과 침해이익 법익균형성, 긴급성, 수단 보충성 등 요건을 갖추어야 한다고 한다. 비례성원칙의 변형된 내용이 들어 있다.

판례는 '사회상규에 위배되는 행위'(위법성 인정 행위)와 '사회상규에 위배되지 않는 행위'(위법성 배제 행위)를 나누는데, 결론은 있지만 이에 대한 논증(설명)은 없는 것이 특징이다. 그냥 결론만 있거나 "사회통념에 비추어"가 들어가면 친절한 편이다. 결국 위법성을 인정할 가치와 인정하지 않을 가치 사이의 비교 · 교량이 관건인데 그 섬세한 내용을 말로 쓰는 것이 어려운 건 사실이다. 하지만 주권자 한 사람으로서 적어도 그런 노력은 보고 싶은 것 또한 숨기기 어렵다. '결론을 주면 됐지 무슨 설명이 더 필요해' 또는 '스스로 알아들으면 됐지 내가 무슨 말을 더 해'하는 느낌은 왠지 조선시대 원님재판이 자꾸 떠오른다. 내가 지나치게 민감해서 그랬으면 좋겠다.

1) 대판 2010. 5. 27. 2010도2680.

또 하나, 사회상규가 **초법규적 위법성조각사유라**는 논의가 있다. 일반조항 성격이 강하기 때문에 적용범위를 마구 넓힌 결과다. 이렇게 되면 사회상규가 제20조 세 가지 정당행위 조건에서 튀어나와 위법성조각사유의 머리원칙으로 올라간다. 결과는 법령에 의한 행위, 정당방위 등도 자체 요건을 충족해야 할 뿐만 아니라 동시에 사회상규에도 위반돼서는 안 된다는 이상한 해석을 하게 된다. 이 문제는 기대가능성에서 '**초법규적 책임조각사유**'와 연결된다.

사회상규 내용에 관한 설명 없이 판단만 있는 판례를 보자. ① 피고인이 찜질방 내에서 **부항과 부항침을** 놓고 일정한 금원을 받은 행위는 사회상규에 위배되지 않는 행위로 보기 어렵다.[1]

② 피해자에 대해 금전채권을 갖고 있는 자가 **사회통념상 용인되기** 어려운 협박 수단을 이용하여 재물의 교부 또는 재산상의 이익을 받은 경우는 공갈죄에 해당된다.[2]

③ 집회의 신고내용에 포함되지 않은 **삼보일배 행진을** 한 것은, 신고제도의 목적 달성을 심히 곤란하게 하는 정도에 이른다고 볼 수 없으므로 사회상규에 반하지 않는 행위로서 위법성이 조각된다.[3]

④ 피고인이 페이스북에 "**철면피, 파렴치, 양두구육, 극우부패세력**" 등의 표현을 쓴 것은 공적 활동과 관련한 자신 의견을 담은 것으로서 사회상규에 위배되지 않는 행위로 위법성이 조각된다고 볼 여지가 크다.[4]

---

1) 대판 2004. 10. 28. 2004도3405.
2) 대판 2000. 2. 25. 99도4305
3) 대판 2010. 4. 8. 2009도11395.
4) 대판 2022. 8. 25. 2020도16897.

정당방위와 긴급피난

① "경찰관 A는 시민 B를 현행범인이라고 함부로 체포하려고 하자 B는 반항하는 과정에서 A에게 상해를 입혔다(정당방위)."

② "B는 강도 A에게 쫓기면서 급한 나머지 C의 집으로 들어갔다(긴급피난)."

가정해서, 누군가 나를 때리기 위해 몽둥이를 들고 쫓아오고 있다면 내가 할 수 있는 방법은 두 가지다. 내가 그 사람을 반격해서 나를 지키든가(정당방위) 아니면 내가 피하는 방법이다(긴급피난). 이 과정에서 내가 그 사람이나 다른 사람의 (형법)법익을 침해했을 때 형법문제가 발생한다. 법익침해가 없으면 형법문제는 발생하지 않는다. 이에 대해 형법은 다음과 같이 규정한다. (참고로 민사문제<**손해배상**>는 모든 형법문제와 형법 외 문제에 대해 발생할 수 있다. 그것은 완전히 개인의사에 종속한다<**사적자치원칙**>. 그러나 형법문제는 친고죄, 반의사불벌죄 등 일부를 제외하고는 개인의사에 좌우되지 않는다. 개인이 아무리 범죄로 만들고 싶어도 경찰과 검찰에서 범죄로 만들어 주지 않으면<**수사와 기소**> 방법은 없다. 공형벌이기 때문에 그렇다.)

정당방위는 현재의 부당한 침해로부터 자기 또는 타인 법익을 방위하기 위한 행위로서 상당성이 있으면 벌하지 않는다(제21조 1항). **긴급피난은** 자기 또는 타인 법익에 대한 현재 위난을 피하기 위한 행위로서 상당성이 있을 때 벌하지 않는다(제22조 1항). 실무상황을 보면 정당방위는 그래도 인정사안이 몇 개는 되지만 긴급피난은 거의 없다는 표현이 어울린다. 그런데 이론은 긴급피난이 훨씬 복잡하다. 당연히 무엇을 위한 복잡함인지 물어야 한다. 우선 양자를 비교해 보면 둘은 닮은 듯 다르다.

'자기 또는 타인 법익'으로 보호법익에 차이가 없다. 주관적 정당화요소로서 방위의사와 피난의사가 있어야 하는 점도 같다. 법적 효과로서 위법성이 조각되는 효과, 오상방위, 오상피난의 책임이 조각된다는 점도 동일하다(제한책임설). 형식적으로는 '상당성'이 공통 성립요건이지만 두 제도의 성격에서 오는 내용 차이가 있다.

긴급피난은 공격자(방어적 긴급피난) 뿐만 아니라 위난과 무관한 제3자(공격적 긴급피난)를 대상으로 할 수도 있다는 점이 정당방위와 다르다. 정당방위는 직접 위법한 공격자(또는 그 도구)를 행위대상으로 한다. 그러므로 긴급피난은 정당방위 보다 법치국가적 통제(정형화)가 더 필요하다. 상당성 심사에서 적합성, 필요성을 넘어 엄격한 균형성 심사를 요구한다. 내 이익을 위해 무고한 제3자 법익을 침해하는 것이 정당화 되려면 이 정도 요건은 갖추어야 한다. 즉 보호법익이 침해이익보다 '**본질적으로 우월**'해야 한다. 그러나 정당방위는 충돌하는 두 이익을 저울질하여 행동할 수 있는 **여유 있는 상황이** 아니기 때문에(정당방위상황 특수성) 엄격한 균형성을 요구할 수 없다(느슨한 균형성). 그렇게 하면 정당방위는 불가능하다. 이 부분에 대한 법치국가 손실은 다른 요건을 긴급피난보다 더 강화함으로써(엄격한 현재성) 보상을 받는다. 정당방위와 긴급피난 모두 '**현재성**'이 있어야 한다. 정당방위 현재성은 "법익에 대한 침해가 긴박한 상태에 있거나 바로 발생하였거나 또는 아직 계속되고 있는 상태"를 의미한다(엄격한 현재성). 긴급피난 현재성 범위는 "위험상태가 오랫동안 계속 · 반복되어 앞으로도 같은 침해가 예상되는 **계속위난** 경우"까지 포함한다(유연한 현재성). 말한 대로, 대신 긴급피난의 유연한 현재성은 상당성의 엄격한 균형성 심사로 보상된다. 이렇게 하면 두 제도의 '**법치국가적 합**'(보호와 보장 균형 잡기)은 같아진다. 다음이 유일한 긴급피난 인정 판례다. "태풍에 대비한 선박안전을 위해 선박닻줄을 늘여 피조개양식장 재물을 손괴한 행위는 미필고의가 인정되더라도 갑자기 위급 상황을 만나 선박과 선원 안전을 위해 **사회통념상 필요한 조치**였다면 긴급피난에 해당된다."[1]

정당방위 개별 문제로 '**정당방위의 사회윤리적 제한**'이라는 주제가 있다. 예컨대 책임무능력자, 부부 사이, 도발한 침해에 대한 정당방위는 '사회윤리적으로' 제한된다는 이론이다. 정당방위가 제한되면 그만큼 가벌성 범위는 확대된다. 우리나라는 정당방위가 '아사 직전'인데 여기에 이런 제한까지 두면 어떻게 될까. 정당방위가 일상이 된 서구에서는 모를까 우리나라는 해당사항이 없는 순수한 이론적 논의다. 당연히 판례도 없다. **싸움**은 특별한 상황이다. 싸움을 하면서 격투를 하는 자 중 한사람의 공격이 그 격투에서 **당연히 예상할 수 있는 정도를** 초과하여 살인 흉기 등을 사용하였다면, 이는 '부당한 침해'에 해당하므로 이에 대해서는 정당방위를 할 수 있다.[2]

---

1) 대판 1987. 1. 20. 85도221.
2) 대판 1968. 5. 7. 68도370.

과잉방위(제21조 2,3항), **과잉피난**(제22조 3항)은 형을 감경 또는 면제하는 책임제한사유다. 과잉방위는 그래도 인정 판례가 1~2개 눈에 띄는데, 과잉피난은 없다. **오상방위**(허용상황착오, 위법성조각사유의 객관적 전제사실에 관한 착오)와 **오상피난**(허용상황착오)은 둘 다 판례가 없다. 여기에 '오상'에 '과잉'이 추가된 **오상과잉방위, 오상과잉피난**도 이론적으로는 상상해 볼 수 있다. **'오상**誤想**'**은 **'착오하여'**라는 말과 동의어다(한자말 誤想의 뜻은 '잘못 생각하여'라는 의미다). 착오는 착오를 즐기는 사람들의 좋은 먹잇감이라고 했다. 이 점은 판례가 없다고 방심할 일은 아니라는 의미다.

피해자승낙 행위와 자구행위

① "A는 B의 집에 불이 나자 그 집 문을 부수고 들어가 진화하였다(피해자 승낙행위)."

② "A는 B가 도난당한 자신의 물건을 가지고 출국하려는 것을 발견하고 그 물건을 빼앗았다(자구행위)."

이 둘은 위법성조각사유라는 것 외에 다른 공통점은 없다. 큰 주제가 아니기 때문에 하나로 묶었다.

피해자승낙 행위는, 처분할 수 있는 자가 승낙하여 그 법익을 훼손한 행위는 법률에 특별한 규정이 없는 한 처벌하지 않는다(제24조). **자구행위**는, 법이 정한 절차로 청구권을 보전하기 불가능할 때 그 청구권의 실행불능 또는 현저한 실행곤란을 피하기 위한 행위는 상당한 이유가 있을 때 벌하지 않는다(형법 제23조 1항).

피해자승낙은 피해자 개인이 자신의 법익을 포기하는 것을 허용하는 약간 예외적 제도지만(피해자 지향, 형법의 민사화 현상), 시민 자율 영역을 확대하는 장점이 있다. 형법 법치국가성을 높여야 할 필요가 있는데, 예컨대 추정적 승낙에서 승낙의 객관적 추정은 '**양심에 따른 심사**'로 제한하는 것이 옳다. 현실적인 승낙 불가능을 '**추정적 승낙 보충성**'이라고 한다. 형법에 '보충적'이라는 말이 자주 등장하는데, 주된 피해자승낙을 추정적 승낙은 단지 '보충하는' 제도라는 의미다. 승낙이 가능하면 어디까지나 피해자승낙이 되고, 그것이 불가능해야 비로소 추정적 승낙이 개입할 수 있다. 승낙능력은 **자연적 통찰능력**이고, **자유의사**에 따른 승낙이어야 한다. 생명은 승낙할 수 있는 법익이 아니며, 신체에 대한 승낙은 위법한 의도가 있으면 제한된다(승낙의 상당성). 판례로는 '안수기도 사건'이 눈에 띈다. "피해자승낙은 개인적 법익을 훼손하는 경우에 법률상 이를 처분할 수 있는 사람의 승낙을 말할 뿐만 아니라 그 승낙이 윤리적 도덕적으로 사회상규에 반하는 것이 아니어야 한다."1)

자구행위는 청구권에 대한 불법한 (과거) 침해를 전제한다. 위 보기처럼 장소 · 시간 관계로 법정구제를 기다릴 수 없는 급박한 사정이 있을 경우에 허용된다(자구행위 보충성). 단순히 권리행사를 위해 폭행 · 협박하는 행위는 자구행위가 아니다. 또한 청구권보전 이익보다 훨씬 큰 손해를 입히는 자구행위는 허용될 수 없다(자구행위 필요성).

---

1) 대판 1985. 12. 10. 85도1892.

규범적 책임론

책임단계에서 비로소 행위자에 대한 정보를 체계적으로 수집한다. 위법성까지 심사한 불법행위를 행위자에게 귀속시킬 수 있는지, 그에게 책임을 물을 수 있는지 불법의 주관적 귀속을 논의하고 결정한다. 이렇게 중요한데도 책임에 관한 형법 규정은 없다. **책임원칙**('책임이 있어야 처벌할 수 있다')은 인간의 의사자유와 관련하여 **비결정주의**에 근거를 둔다(너는 자유의사로 범죄를 선택했다는 것에 대한 책임). 그러나 결정주의와 비결정주의 사이의 철학논쟁은 매우 중요하지만 결론은 내리기 힘들다. 이제 철학역사가 된 느낌이다. 여기에서 책임을 어떻게 볼 것인지, 등장하는 이론이 책임본질(책임내용) 논의다. 심리적 책임론이 있고 핵심은 규범적 책임론이다.

규범적 책임론은 행위에 대한 행위자의 심리적 사실관계(심리적 책임론)에 대한 평가, **'행위자에 대한 무가치판단'**, 적법행위를 할 수 있었는데도(**'타행위가능성'**) 하지 않았다는 비난(**사실관계에 대한 평가**, '규범적'은 '평가적'이라고 한 말 기억하지요)을 책임내용으로 본다. 이렇게 되면 형법 책임은 **'비난가능성'**이 된다. 이것은 책임을 규범화한 것을 의미한다(규범은 원래 평가적이다). 가공의 **평균인**을 내세워 규범화된 기준 **'일반적 타행위가능성'**(다른 사람은 불법을 선택하지 않을 수 있었는데)으로 행위자의 **'개인적 타행위가능성'**을 무시하고 책임을 덮어씌운다. 처음부터 여러분 머리가 너무 복잡해지는 것을 피하기 위해 한 가지만 말한다. 이 세상에 **'평균인'**이라는 사람은 없다(대학생 평균인, 근로자 평균인, 청소년 평균인 등). 그것은 판단자(법관) 머릿속에 있는 가

공 기준이다. 이 허상의 평균인을 등장시키면 필요한 곳에서는 언제 어디서나 비난을 퍼부을 수 있다(법정 비난). 그리고 '비난'이라는 부정 개념이 중립적이어야 할 국가 형벌의 책임내용이 된다는 것도 문제다. 비난가능성이 형법내용이 될 수 없다면 이제 형법 책임에 남는 것은 무엇일까? 이상은 사실 매우 이론적인 논의지만 형법을 공부하는 사람이라면 알아두는 것이 좋다.

원인에서 자유로운 행위

① "A는 의도적으로 만취한 상태에서 B를 살해하였다(고의의 원인에서 자유로운 행위)."

② "A는 자동차를 가지고 술집에 가서 만취한 후 운전하여 귀가하다가 행위 B가 사망하는 교통사고를 일으켰다(과실의 원인에서 자유로운 행위)."

'술에 취해 기억나지 않는다'는 말은 흔하게 듣는 변명이다. '기억나지 않는다'는(만일 이 말이 사실이라면) 행위자는 행위 당시 사물 변별 능력이 없거나 의사결정능력이 없는 심신상실 상태 또는 그것이 미약한 상태에 있었다는 말이 된다. 그러면 제10조에 따라 심신상실자나 심신미약자가 되어 형벌 면제 또는 임의적 감경을 받는다. 문제는 범죄 하기 위해 일부러 이런 상태를 만든 사람까지 그런 혜택을 주는 것은 옳은 일이 아니기 때문에 만든 규정이 '원인에서 자유로운 행위'다(원인에 '있어서'라고 쓰지 않기 바란다. 법제처가 다른 법률에서 '있어서'라는 일본말을 전부 '에서'로 바꾸었다). 따라서 위험발생을 예견하고 자의로 심신장애를 야기한 사람의 행위는 심신상실과 심신미약 규정을 적용하지 않는다(제10조 3항).

원인에서 자유로운 행위는 원인행위와 구성요건해당행위 두 부분으로 구성된다. 실행착수는 책임능력흠결상태에서 구성요건 해당 행위를 하였을 때에 인정 된다(**구성요건행위시설**, 가벌성 근거가 원인행위와 실행행위 결합에 있다고 보는 견해).

고의의 원인에서 자유로운 행위는 결과발생을 예견하고 의식적으로 자신을 심신장애상태에 빠뜨리고 구성요건을 실현한 경우다. **과실의 원인에서 자유로운 행위**는 심신장애상태를 야기하고 과실범 구성요건을 실현한 경우다(**예견가능성과 회피가능성**). '원인행위의 과실'을 말하는 경우가 있으나, 이것은 '자의의 심신장애 야기'에 포함시키기 어려울 뿐만 아니라 '술을 과실로 마신다'는 것은 이상한 논리구성이다. 과실은 실행행위에 붙을 수 있는 개념이다.

원인에서 자유로운 행위는 음주 관련 사고가 많기 때문에 실무적으로 중요한 제도다. 행위자가 술을 마셔 기억이 나지 않는다는 변명도 매우 흔해서 사례도 현실감 있게 만들 수 있는 장점이 있다. 판례를 보자. "피고인들은 피해자들을 살해할 의사를 가지고 범행을 공모한 후 대마초를 흡연하고 범행을 하였다. 대마초 흡연 시에 이미 **범행을 예견하고 자의로** 심신장애를 야기하였으므로 형법 제10조 제3항의 심신장애로 인한 감경을 할 수 없다."[1)]

---

1) 대판 1996. 6. 11. 96도857.

법률의 착오

"농촌에 사는 노인 A는 가정상비약으로 사용할 목적으로 양귀비 1그루를 재배하다가 적발되었다. 그는 소량재배는 괜찮은 줄 알았다고 발뺌하였다."

'**위법성에 관한 착오**', '**금지착오**'도 같은 이름이다. 이 가운데 중요한 문제로 '위법성조각사유의 객관적 전제사실에 관한 착오'가 있다. '처벌 되는 줄 몰랐다'는 변명이 가장 일반적이고 또 흔하다. 자신이 무슨 행위를 하는지는 알았지만(사실인식), 그것이 금지되었는지 몰랐던 상황(금지인식 부재), 즉 허용하는 것으로 잘못 생각한 경우를 말한다. 이것이 반전된 경우, 허용되는 행위를 금지된 것으로 잘못 안 경우는 '**반전된 금지착오**'다(환각범). 행위자의 위법성 착오에 그럴 만한 '**정당한 이유**'가 있으면 처벌할 수 없다(제16조). 법률착오의 특별한 유형으로 위법성조각사유에 해당하는 행위상황이 아닌데도 착각하여 그런 줄 알고 행위한 경우가 **위법성조각사유의 객관적 전제사실에 관한 착오**(허용상황착오)다. 오상방위, 오상피난, 오상자구행위가 여기에 해당된다. '상황'을 착오한 것은 사실착오, 위법성이 없는 것으로 착오한 것은 법률착오 성격이기 때문에 둘 중 어느 하나로 해결할 수 없는 어려움이 있다. **법효과제한책임설**이 다수설 견해다. 두 착오 성격을 고려해서 구성요건고의는 인정하지만 고의 형벌은 배제하여(고의는 그대로 있음) 사실착오와 법효과만 같이 한다. 착오에 과실이 있으면 과실범으로 처벌 가능하다. 이렇게 되면 과실범으로 처벌

받지 않는 경우도 공범성립 제한종속형식에 따라 교사범, 종범은 성립할 수 있다. 이해가 쉽지 않을 것이다(궁금하면 찾아보기). 이론이 복잡한 만큼 실무 의미가 있다고 보기는 어렵다. 직접 적용한 판례도 보이지 않는다. 하지만 워낙 유명한 논쟁이라 '착오는 착오를 유발한다'는 말, 새기기 바란다.

법률착오 핵심은 '**정당한 이유**'다. 보통 '**회피가능성**'으로 해석한다. 회피가능성은 과실행위 요소인데, 우리 판례가 오인에 '**과실이 없을 때**'라고 해석하는 것과 연결 가능하다. 회피가능성 판단은 어디까지나 행위자 '**개인의 지적 인식능력**'을 토대로 한다. 일반인, 평균인, 건전한 상식인 등으로 규범적으로 판단할 문제는 아니다(법률착오는 책임에 속하는 문제).

법률착오에 관한 판례는 무척 많다. 착오의 정당한 이유가 인정되면 가벌성이 탈락하므로 '일반인 범죄자 균형 잡기'의 균형추를 범죄자로 돌리는 법치국가 규정이다. 판례는 지금까지 그 반대 경향이 강했다고 말했는데, 여기서도 제동을 건다. 즉 **단순한 법률부지**로는 부족하고('내 행위가 금지되는 줄 몰랐다') 자신 행위를 법령이 허용하는 것으로 '**적극적으로 오인**'한 경우만 정당한 이유를 인정할 수 있다고 한다. 거기다가 '**심사숙고**', '**책임 있는 기관에 조회**' 등 착오를 피하기 위한 '**진지한 노력**'이 있어야만 법률착오가 될 수 있다고 한다. 이렇게 되면 법률착오는 거의 작동 불능상태에 빠진다. '**노력**'이 부족했다는 가정법은('더 노력했어야지') 행위자가 행위 당시 실제로 채울 수 있는 가능성이 아니라 사후적으로 결과 책임을 묻고 싶은 사람이 생각한 규범적 가능성이다. 마치 인식 없는 과실을 처벌하는 구조와 비숫하다. 이런 식으로 처벌하지 못할 행위는 없다. 판례도 이상하면 이상하다고 말해야 한다. 그렇지 않으면 '판례변경'은 불가능하다('소는 누가 키우나'). 나는 솔직히 왜 이렇게 특별히 엄격해야 하는지 그 이유를 찾기는 어렵다. 예를 들면, 이런 '알량한' 변명으로 법망을 빠져나가는 사람이 많아서 그것이 큰 사회문제라도 되고 있는지(형사정책 이유). 판례를 보자. "형법 제16조의 "**정당한 이유**"는, 행위자에게 자기 행위의 위법 가능성에 대해 **심사숙고하거나 조회**할 수 있는 계기가 있었고, 자신의 지적 능력을 다해 이를 회피하기 위한 **진지한 노력**을 하였더라면, 자신의 행위에 대해 위법성을 인식할 수 있는 가능성이 있어야 한다. 그럼에도 이를 다하지 못한 결과 자기 행위의 위법성을 인식하지 못한 것인지에 따라 판단해야 한다."[1]

기대가능성

이 주제를 여기 제한된 지면에 넣어야 할지 한참 생각했다. 실무와 이론이 이 말을 쓰고 있고 이론 논쟁 또한 적잖게 있으니 일단 넣기로 했다. 그 이유는 아래에서 확인할 수 있다.

우선 우리 형법에 '적법행위에 대한 기대가능성이 없으면 벌하지 않는다'는 식으로 '**기대가능성**'을 직접 규정한 조문은 없다(일반 법원리). 대신 적법행위에 대한 기대불가능을 이유로 면책을 규정한 개별 조문은 있다. 강요된 행위(제12조), 과잉방위(제21조 3항), 과잉피난(제22조 3항), 과잉자구행위(제23조 2항)가 그것이다. 이 내용이 일반적

1) 대판 2017. 3. 15. 2014도12773.

기대가능성에 대한 간접적인 법 근거로 작용한다.

기대가능성(정확하게는 기대불가능성)이 **초법규적 면책사유**라고 주장하는 학자들이 제법 많이 있다. 사회상규의 초법규성과 같은 차원 문제다. 형벌 근거가 명확해야 하듯이 그것을 면제해 주는 것도 마찬가지로 명확성원칙 지배를 받는다. 형벌배제가 자유로워도 된다면 법관의 헌법과 법률 구속이념은 물거품이 된다. 대법원은 기대불가능성의 초법규적 면책사유를 인정하지 않는다. 하급심에서 변호인이 적법행위 기대불가능을 주장하면 그것에 대한 답변으로 '기대가능성이 없지 않다'는 식으로 부정한다. 판례가 기대가능성이라는 말을 쓰는 맥락을 잘 이해해야 한다.

강요된 행위에서는 **위법명령에 따른 행위**가 작은 쟁점이다. '박종철 고문치사 사건'이 여기 등장한다. 적법한 명령은 복종의무가 있지만 명백히 위법한 명령은 직무상 지시명령이 될 수 없기 때문에 복종의무가 없다.

장애미수 · 중지미수 · 불능미수

① "소매치기 A는 금품을 절취할 목적으로 B 주머니에 손을 넣었으나 그 안에 아무 것도 없어서 목적을 달성하지 못하고 체포되었다(장애미수)."

② "A가 B를 강간하려고 폭행하자 B는 나중에 친해지면 하자고 달래니 A는 B를 집에 바래다주었다(중지미수)."

③ "A는 B가 심신상실 또는 항거불능상태에 있다고 인식하고

간음하였으나, B는 실제로는 심신상실 또는 항거불능 상태에 있지 않았다(불능미수).”

범죄실행에 착수하여 행위를 종료하지 못하거나 결과가 발생하지 않으면 미수범으로 처벌한다(제25조 1항). 이 미수가 **장애미수**다. **중지미수**는 범죄실행에 착수한 사람이 범죄완성 전에 자의로 범행을 중지하거나 결과발생을 방지한 때 성립한다(제26조). 장애미수는 임의적 감경, 중지미수는 필요적 감면사유다. **불능미수**는 실행 수단 또는 대상의 착오로 결과발생이 불가능하더라도 위험성이 있으면 처벌한다(제27조).

세 가지 미수의 공통요건은 **실행착수와 범죄미완성**(결과불발생 또는 결과발생 불가능)이다. 즉 실행착수는 예비와 미수를 구별하는 기준이 된다(예비는 원칙적 불가벌, 예외적 처벌). 장애미수 앞부분은 **착수미수**, 뒷부분은 **실행미수**라고 한다. 실행착수는 '**범행의 직접 개시**'를 뜻하는데, 그 개시시기를 둘러싸고 실행행위를 기준으로 하는 객관설, 행위자 의사를 기준으로 하는 주관설이 있다. 양자를 종합한 **절충설**이 통설 · 판례 견해다. 그 내용은, 구성요건해당행위 또는 그 행위 일부가 시작되는 경우뿐만 아니라 그것과 직접 연결되는(직접성) 전 단계 행위도 실행착수가 인정된다. '**시간적 · 장소적 근접성**'은 직접성의 좋은 판단자료가 된다.

실행착수를 인정한 판례다. “소매치기의 경우, 피해자의 양복상의 주머니로부터 금품을 절취하려고 그 호주머니에 손을 뻗쳐 **그 겉을 더듬은 때에는**, 절도 범행은 예비단계를 지나 실행에 착수하였다고 봄이 상당하다."[1]

실행착수를 부정한 판례다. "야간이 아닌 주간에 절도목적으로 타인 주거에 침입하였더라도, 아직 절취할 물건의 **물색행위를 시작하기 전이라면** 주거침입죄만 성립하고 절도죄 실행에 착수한 것으로 볼 수 없어 절도미수죄는 성립하지 않는다."[2]

중지미수가 관대한 처벌을 받는 것은 자의적으로 실행을 중지하고 결과발생을 방지했기 때문이다. 따라서 '**자의성**'이 핵심이다. 자의성 판단의 구체적 척도는 '**자율적 동기**'인데, 이것은 **외부상황 변화가 없는데도** 스스로 실행에 착수한 행위를 그만 두었다는 것을 의미한다(절충설). 만일 '타율적 동기'로 범행을 중지하면 장애미수가 성립한다. 이것으로 부족하고 '**합법성으로 회귀**'해야 한다고 추가요건을 붙이면(규범설) 중지미수 성립범위가 축소되고 그만큼 가벌성은 확대된다. '**균형 잡기**' 기준을 한 쪽으로 기울이는 이유를 제시해야 한다. 착수미수의 실행중지가 '**종국적**'일 필요도 없다. 중지미수가 다른 나라처럼 불가벌도 아니고 필요적 감면일 뿐인데 너무 많은 것을 요구하는 건 마찬가지로 법치국가 문제를 발생시킨다. 실행미수의 결과방지 행위는 인과진행을 **적극적으로 중단시키는 진지한 행위**가 있어야 한다. 우연히 결과가 발생하지 않은 것을 제외하기 위한 해석이다. 공동정범이 중지미수 혜택을 받기 위해서는 공범자 전원의 실행행위를 중지시키거나 모든 결과발생을 완전히 방지해야 한다.

불능미수 핵심은 '**위험성**'이다. 위험성 판단을 어떻게 잡는가에

---

1) 대판 1984. 12. 11. 84도2524.
2) 대판 1992. 9. 8. 92도1650.

따라 불능미수 가벌성 범위가 달라진다. 선택은 크게 두 가지, 행위자 기준(주관설)과 일반인 기준(객관설)이 있고, 양자 종합하는 절충설이 있다. 행위자가 인식한 사정을 토대로 일반인 관점에서 위험성을 판단한다는 게 그 내용이다. 절충설 가운데는 일반인 관점을 추상적 위험과 구체적 위험으로 보는 견해가 있는데, 후자가 옳아 보인다. 사실 불능미수는 '설탕물 살해', '치사량 미달 독약', '시체 살해'처럼 약간 해프닝 성격이 강하면서 형사불법 경계에 놓인 것들이 대부분이다. 이런 행위까지 '균형추'를 돌려야 하는지 생각하면 가벌성범위를 조금이라도 좁게 잡을 수 있는 **구체적 위험설**이 타당해 보인다.

불능미수를 인정한 판례는 많지 않다. 도입부에서 소개한 사건이 비교적 최근 사건이면서 그것도 전원합의체판결이라는 점이 매우 흥미롭다.[1] 재판부 견해도 아주 치열하게 갈렸다. 다수의견은 준강간 결과가 발생할 위험성을 인정한 반면, 반대의견은 실행수단 내지 대상 착오 자체를 부정하였다. 여러분이라면 어떻게 판단하겠는가? 꼭 판례원문을 찾아서 자세히 읽어보기 바란다(판례번호를 구글에 입력하면 바로 뜬다). 서술방식도 좋고 글도 좋다. 한 편의 논문을 읽는 기분이 들 것이다.

나는 다른 각도에서 이 사건에 접근해 보고 싶다. 강간 장애미수부터 불가벌까지 그 스펙트럼이 매우 넓은데, 눈을 크게 떠서 보면 사건은 다음 내용을 가지고 있다.

피해자가 나중에 어떤 문제제기도 하지 않았으면 완벽한 준강간 사안이거나 그냥 화간이다. 전자는 피해자가 사후에 간음을 원치 않

1) 대판 2019. 3. 28. 2018도16002 전원합의체.

았고 행위자가 생각한 것처럼 기억이 나지 않는다고 했을 경우다. 후자는 간음행위를 알았지만 반항하고 싶지 않았다고 했을 경우다. 그런데 피해자는 간음은 원치 않았지만 기억은 난다고 했다. 이 '기억'이 가벌성에 미치는 영향에 대한 평가 차이가 문제 핵심이다. 만일 **형 면제**로 결론을 낸다면 간음과 기억 모두 무시한다. **불가벌**로 하면 원치 않은 간음행위를 화간으로 만든다. 중간 해결방법이 **감경**인데, 원치 않은 간음과 기억의 결합에 대한 내세울 수 있는 해결방법이라고 판단한다. 그것이 불능미수 인정이다.

불능미수는 임의적 감면으로서 중지미수의 필요적 감면, 장애미수 임의적 감경의 중간 위치에 있다. 실행에 착수한 행위를 스스로 그만 두거나 결과발생을 방지한 중지미수가 가장 관대한 처벌을 받는다(중지미수 < 불능미수 < 장애미수).

예비죄

실행착수가 불가벌적 예비와 가벌적 미수를 가르는 경계라고 하였다. 그렇다면 미수 전단계인 가벌적 예비가 어떤 내용인지 살펴보아야 한다. 형법은 범죄의 음모 또는 예비행위가 실행착수에 이르지 않으면 법률에 **특별한 규정이 없는 한** 처벌하지 않는다고 규정한다(제28조). 각칙이나 특별형법의 개별 구성요건이 특별히 처벌한다는 규정을 두어야 처벌할 수 있다는 의미다. 원칙적 불가벌 예외적 처벌이다.

음모는 예비와 늘 함께 다니는데 범죄공모에 대한 심리적 준비

행위를 뜻한다. 예비죄의 범죄구성요건은 "~죄를 범할 목적으로 예비한 자는"이라고 하여 언제나 일정한 기본범죄를 전제한다. 그러면서 형벌구성요건은 미수범과 달리 독자적 규정을 한다. 예비죄 고의는 준비행위에 대한 고의를 의미하고(예비고의설) 기본범죄에 대한 고의는 법문의 '기본범죄를 범할 목적' 가운데 포함된다. 대부분 범죄의 주관요건은 '미필인식'으로써 충분하나, 여기서는 기본범죄에 대한 확실한 인식이 필요하다(확실한 인식설). 예비죄 '목적'은 기본범죄 실현에 대한 미필인식으로는 부족하다(판례는 미필인식설). 관련 문제로 예비의 중지, 예비죄 공범(공동정범, 교사범, 종범) 문제가 있다. 중지미수는 언제나 필요적 감면인데, 예비를 중지한 자가 그 혜택에서 제외되는 것은 형평에 어긋난다. 원칙적으로 가벌적 예비의 공범을 부정할 특별한 이유는 없다. 그러나 단순한 학설 선택으로 해결할 문제는 아니고 원칙적 불가벌이라는 낮은 불법성을 고려한 결론이 바람직하다.

공 범

"A는 A1, A2와 '함께' B를 살해하였다."

범죄를 하는 것은 쉬운 일이 아니다. 행위자는 범죄 욕망과 처벌 불이익 사이에서 얼마나 많은 갈등을 하겠는가. 인간 본능은, 이익은 독점하고 짐은 나누고 싶어 한다. 지옥도 함께 간다면 위로를 받는 것이 인간이다. 그래서 단독 범행 보다는 공동범행이 쉽고 또한 많다. 이것을 규정한 것이 공범인데, 형법에는 공동정범 · 간접정범 · 교사범 · 종범이 있다. 이것은 위 "함께"의 내용 차이에서 연유한다. **공동정범은** 가장 전형적 공범으로 모의, 실행 등 범죄 전부를 같이 한 경우로서 공범의 가장 전형적 형태다. 물론 역할을 나누는 것은 얼마든지 가능하다(상징 표현, '같이 범행하는 놈'). **간법정범은** 다른 사람을 이용해서 범행하는 경우다('사람을 범죄에 이용하는 놈'). 아무나 범죄에 이용당하지는 않고 특별히 약한 연결고리를 가지고 있는 사람들이 있다. **교사범은** 다른 사람을 범행하도록 부추겨서 하는 범행이다('범죄를 시키는 놈'). 그런 부추김을 당하는 사람도 간접정범처럼 취약한 부분이 있는 사람들이다. **종범은** 다른 사람의 범행을 도와주는 사람들이다('범죄를 도와주는 사람?'). 위 셋은 다 주연인 데 반해 종범은 조연역할을 한다. 따라서 위 셋의 행위불법은 정범(공동정범은 전원이 정범, 간접정범의 피이용자, 교사범의 피교사자)과 동일하지만 **종범은** 정범보다 낮다(필요적 감경). 정범의 법정형은 모두 같지만 선고형은 개인의 범죄 관여도에 따라 다르게 나온다.

공동정범

공동정범은 공범 가운데 이론 · 실무적으로 가장 중요한 범죄유형이다. 그러나 형법은 "2인 이상이 공동하여 죄를 범한 때"라고 하여 비교적 단순하게 규정한다. 문제는 "공동하여"의 의미다. 주관적으로 '**공동 범행의사**(의사의 공동)', 객관적으로 '**공동 실행행위**(행위의 공동)'이 있어야 한다. 공동 범행의사가 공범의 어느 한 쪽에만 있는 경우가 편면적 공동정범이다.

공동범행의 어느 참가자가 공동범행계획에 없던 **초과행위**를 한 경우는 어떻게 될까? **양적 초과와 질적 초과**가 있는데, 이 문제는 교사범에서도 발생한다. 양적 초과는 초과한 내용이 구성요건을 달리 하지만 공통요소가 있는 경우다(예컨대 절도공모에 강도). 질적 초과는 공모내용과 전혀 다른 구성요건을 실현한 경우다(강도 공모에 강간). 양적 · 질적 초과행위는 다른 공범자가 책임을 지지 않는 것이 원칙이다. 다만 양적 초과행위의 경우 개별적으로 예견가능성이 인정되면 결과적 가중범이 성립할 수 있다(판례는 결과적 가중범의 공동정범 인정).

승계적 공동정범은 실행행위 도중에 뒤늦게 범행에 가담한 사람을 공동정범으로 처벌할 수 있는가 문제다. 규정이 없기 때문에 학설로 해결할 수밖에 없다. 예를 들면, A가 강간의사로 B를 폭행하여 반항을 억압하고 나중에 온 A1이 그 사정을 알면서 함께 B를 간음한 경우가 있다.

판례는, 후행자는 개입한 후 행위에 대해서만 공동정범이 성립한다는 **부정설** 견해를 가진다. 공동범행 의사 성립시기를 선행자 행위까지 포함하는 **긍정설** 견해는 가벌성 범위를 더 넓게 잡는데, 판례가 부정설을 취한 건 약간 의외다. "포괄일죄의 **범행 도중에 공동정범으로 범행에** 가담한 자는, 비록 그가 그 범행에 가담할 때 이미 이루어진 종전의 범행을 알았다 하더라도 그 가담 이후의 범행에 대해서만 공동정범으로 책임을 진다."[1]

1) 대판 2019. 8. 29. 2019도8357.

과실범 공동정범도 꽤 유명한 문제가운데 하나다. **2인 이상 공동과실**을 공동정범으로 처벌할 수 있는가 문제다. 이런 판례가 있다. 군 짚차의 **선임탑승자**가 운전병과 함께 음주하고 운전하게 하였다. 운전병은 취한 탓으로 사고를 내었다.[1] 선임탑승자 책임이 문제되는 경우다. **삼풍백화점 사건**도 잘 알려진 과실범 공동정범 판례다. "삼풍백화점 붕괴의 원인은 건축계획의 수립, 건축설계, 건축공사공정, 건물 완공 후의 유지관리 등 **과실이 복합적으로 작용**한 데 있으므로 각 단계별 관련자들은 업무상과실치사상죄의 공동정범에 해당된다."[2]

쟁점은 과실행위의 '**의사연락**'에 있다. 사실행위의 의사연락은 가능하지만 **과실행위**를 공동으로 하자는 의사연락은 구조적으로 불가능하다. 과실행위는 주의의무위반이라는 **사후 평가개념**이고, 행위결과가 발생하지 않은 행위단계에서는 과실행위인지 판단할 수 없다(부정설). **인정설**은 '주의의무위반 공동'을 공동과실 근거로 삼기도 한다(판례). 인정설은 법치국가형법의 '균형 잡기'에서 가벌성 확대로 상당히 기운 견해라고 할 수 있다. 형법 동시범 이론(제19조)이나 민법 손해배상으로 해결할 수 있는 방법도 있다.

공모공동정범 주제도 매우 뜨겁다. 이론적으로 찬성하는 학자가 전혀 없는 데도 판례는 형법 제정 이후 지금까지 보낸 지지를 철회할 생각이 없다. **범죄 공모**에만 가담하고 실행행위를 공동으로 하지 않은 사람도 공동정범으로 처벌하자는 견해가 공모공동정범 이론이다.

---

1) 대판 1979. 8. 21. 79도1249.
2) 대판 1996. 8. 23. 96도1231.

이런 판례가 있다. A는 사무실에 대기하고 실행행위를 분담한 A1, A2가 사건현장에 가서 피해자 B를 상해하여 사망케 하였다.[1] A에게 상해치사죄 공동정범이 성립하는가 문제다.

공동정범 성립의 객관적 요건을 삭제하여 **'단순 공모자'**도 공모공동정범으로 처벌한다. 조직범죄 우두머리는 현장에 나오지 않고 배후에서 범죄를 조종한다. 이런 사람은 행위불법이 더 높다고 할 수 있는데, 어떻게 객관적 요건이 없다는 이유만으로 하수인 보다 가볍게 처벌할 수 있는지 형사정책 고려를 한다. 그러나 교사범은 정범과 형이 동일하고(제31조 1항), 특수교사 · 방조 규정(제34조 2항)도 있어서 정책적 필요성은 그다지 높지 않다. 교사범과 공동정범이라는 어감 차이에 너무 집착한 견해가 아닌지 의심이 간다. 최근 들어 판례는 비판이 워낙 거세니 단순 공모 이상의 "**본질적 기여를 통한 기능적 행위지배**"라는 제한해석을 하기도 한다. "구성요건행위를 직접 분담하여 실행하지 않은 공모자가 공모공동정범으로 인정되기 위해서는 전체 범죄에서 그가 차지하는 지위 · 역할 등을 종합하여, 그가 **단순한 공모자에** 그치는 것이 아니라 **범죄에 대한 본질적 기여를 통한 기능적 행위지배가** 존재한다고 인정되어야 한다."[2]

공모한 범죄가 기수에 이르기 전에 **공모관계에서 이탈**하면 어떻게 처리해야 할까? 예를 들면 이런 판례가 있다. A는 A1, A2와 함께 택시 강도를 공모하였다. 그러나 A1, A2가 폭행에 착수하기 전에(또는 폭행하는 것을 보고) 겁을 먹고 현장에서 도주해 버렸다.[3] 특수강도

1) 대판 1991. 10. 11. 91도1755.
2) 대판 2018. 4. 19. 2017도14322 전원합의체.

의 합동범 성립이 문제되는 경우다.

공모자가 실행착수 후에는 공동정범의 중지미수 문제가 발생한다. 공모 중에 이탈한 경우는 예비 중지 문제, 공모 후 실행착수 전 이탈은 공모공동정범 문제가 등장할 수 있다. 공모관계이탈은 실제 사례도 많지만 문제를 복잡하게 만드는 아주 좋은 소재가 된다.

합동범

공동정범과 유사하지만 구별되는 개념이 합동범이다. 총칙에 규정은 없고 각칙 개별 구성요건에 "**2인 이상이 합동하여**"라는 범죄유형(특수도주, 특수절도, 특수강도)을 두고 하는 말이다. 이 "**합동**"이 공동정범의 "**공동**"과 무엇이 다른가 하는 점이 핵심이다(합동범과 공동정범의 구별). **현장설**이 통설 · 판례 견해다. 합동범을 공동정범 하위개념으로 보고, '**시간 · 장소적으로 밀접한 협동**(시간 · 장소적 현장성)'만을 합동으로 이해한다. 이렇게 되면 합동범은 "2인 이상이 현장에서 공동하여 범한 자"가 된다. 즉 공동정범 요건과 현장성을 동시에 갖추어야 하므로 공동정범보다 좁은 개념이 된다. 이 문제는 합동범에 대해 총칙 공동정범 일반이론을 적용할 수 있는지와 직접 관련을 맺는다(합동범의 공동정범 성립).

합동범의 공동정범 성립문제는, 만일 그것을 인정하면 예컨대 합동절도 현장에 없었던 사람도 기능적 행위분담이 인정되는 범위에서 합동절도의 공동정범이 성립함으로써 가중된 형벌을 받는다. 만

---

3) 대판 1985. 3. 26. 84도2956.

일 이를 부정하면 범죄현장에 행동대원을 투입하고 배후에서 이를 지배 조종한 우두머리는 단순절도 정범이나 합동절도 교사범밖에 되지 않는다. 판례를 보자. A는 A1, A2와 함께 절도를 공모하였다. A는 국도에서 대기하고 있다가 A1, A2가 절취해온 황소를 트럭에 싣고 운반하였다(황소절취사건, 판례는 합동절도 공동정범 부정).1)

대법원은 처음에 부정설이었으나 전원합의체 판례변경으로 긍정설로 바뀌었다(삐끼주점 사건).2) 그 논거는, 합동절도를 공모하고 범행현장에 나가지 않은 사람도 "그가 현장에서 절도범행을 실행한 2명 이상 범인 행위를 자기의사 수단으로 하여 **합동절도 범행을 하였다고 평가할 수 있는 정범성 표지**를 갖추고 있다고 보이는 한" 합동절도 공동정범이 성립한다는 것이다. 객관적 행위기여 없이 주관적 공모만으로 공동정범이 성립한다고 보는 것은 **공모공동정범이론**이다. 결국 합동범의 공동정범 성립 긍정 견해는 공모공동정범 이론을 배경으로 하고 있음을 알 수 있다. 여기에 대해서는 위 공모공동정범에서 행한 비판이 그대로 적용된다. 양형 불합리를 걱정할 문제는 발생하지 않는다. 우두머리는 **특수교사**로 얼마든지 가중 처벌할 수 있고, 단순 공모자는 합동범 교사 또는 방조로 처벌하면 된다.

간접정범

① A는 B를 살해할 생각으로 사정을 모르는 A1에게 치사량 독

---

1) 대판 1976. 7. 27. 75도2720.
2) 대판 1998. 5. 21. 98도321 전원합의체.

약이 들어 있는 음료를 B에게 배달하게 하였다. B는 이 음료를 마시고 사망하였다(정범과 간접정범은 누구? 두 사람 처벌은?).

② A는 의사다. B를 살해할 생각으로 '당신은 현재 말기암에 걸려 있고 3개월 밖에 살지 못한다'고 말하였다. A가 예상한 대로 B는 그 후 자살하였다.

타인을 이용하여 범행하는 간접정범에서 피이용자 범위는 어느 행위로 처벌되지 않는 자와 과실범으로 처벌되는 자이다. 전자는 구성요건해당성이나 위법성이 없는 도구(위 사례 ②는 자살이라는 타인의 구성요건에 해당하지 않는 행위 이용), 책임 없는 도구를 이용하는 경우다(고의나 신분 · 목적 없는 도구, 위 ① 사례에서 A1은 고의 없는 도구에 속함, 타인 정당행위나 정당방위, 책임무능력자를 이용하는 경우). 후자는 피이용자에게 일정한 과실이 있어 과실범구성요건을 충족하는 경우에 이용자는 간접정범이 된다. '**허위공문서작성죄 간접정범**'이 널리 알려진 주제다. "호적계장인 A는 허위내용 호적부를 작성하여 그 사정을 모르는 작성권자인 면장 B에게 제출하여 기명 · 날인케 하여 공문서를 완성하였다." 통설 · 판례는 일치하여 보조공무원인 호적계장 A **허위공문서작성죄 간접정범** 성립을 인정한다.[1]

간접정범 테마 가운데 '**정범배후의 정범이론**'이라는 것이 있다. 간접정범 피이용자 범위를 확대하는 이론인데, 우리 법률 규정하고 맞지 않는 이론이다. 독일 형법이 간접정범을 "타인을 통하여"라는 표현을 사용함으로써 피이용자가 고의 정범으로 처벌되는 경우도 이

1) 대판 1990. 10. 30. 90도1912.

용자를 간접정범으로 처벌할 수 있는 여지가 있다. **스타신스키 사건**(Staschynskij-Urteil)이라는 아주 유명한 판결도 있다. 그러나 우리 형법 제34조는 "어느 행위로 처벌되지 않는 자 또는 과실범으로 처벌되는 자"를 이용한 경우 간접정범이 성립한다고 함으로써 고의 정범이나 공범은 간접정범 피이용자에 포함될 여지가 없다. 그래도 관심 있는 사람은 한 번 찾아봐도 좋을 듯.

자수범은 행위자가 직접 실행행위를 해야 성립하는 범죄를 말한다(위증죄, 허위공문서작성죄 등). 따라서 자수범은 타인을 이용하는 간접정범이 불가능하다.

교사범

① A는 A1에게 B를 살해하도록 교사하였고 A1은 그대로 실행하였다(교사범과 정범은 누구? 양자 형벌은?).

② A는 A1에게 B를 살해하도록 교사 하였다. 그러나 A1은 자기는 그런 일 할 수 없다고 거절하였다(실패한 교사). 다음 가능성, A의 제안을 받은 A1은 처음에 그러겠다고 승낙했지만 실제로 행동에 옮기지는 않았다(효과 없는 교사).

교사범은 타인에게 범죄를 결심하게 하여 실행하도록 하는 자를 말한다. 교사범은 범죄를 직접 실행한 정범과 행위불법에 차이가 없기 때문에 양자를 동일하게 처벌한다(제31조 1항). 범죄 하도록 부추겼는데 승낙하고 실행행위에 나가지 않았으면 '**효과 없는 교사**'가 된다(제31조 2항). 범죄실행을 승낙조차 하지 않은 경우는 **'실패한 교사'**인데 효과 없는 교사와 마찬가지로 예비, 음모에 준하여 처벌한다(제31조 3항). 교사범은 교사 행위 자체 고의와 교사한 범죄 기수에 대한 고의를 가져야 한다(교사범 이중고의). 그러므로 미수의 교사, 과실에 의한 교사는 처벌할 수 없다. 교사는 '타인에 대한 고의적 범행결의 야기'를 의미한다. 따라서 이미 구체적 범행결의를 하고 있는 사람에게는 방조와 교사미수가 가능할 뿐이다.

아무래도 교사범에는 **피교사자의 초과행위**에 대한 교사범(교사자)의 책임 문제가 중요 쟁점이다. 교사자가 인식한 고의내용에 잘못이 있다는 점에서 **교사범이 착오**한 경우에 속한다. 예를 들면 이런 경우가 있다. A는 A1에게 B를 정신 차릴 정도로 때려주라고 지시했고, 이에 A1은 B를 폭행하다가 살해하였다(또는 A1은 B를 폭행하여 강간하였다).[1)]

피교사자가 교사내용보다 **적게 실행한** 경우는 그 실행행위 범위 안에서 교사범 책임을 진다. 예컨대 특수강도 교사에 피교사자가 강도 실행행위를 한 경우 교사자는 강도죄 교사에 대한 책임만 부담한다. 피교사자가 **교사 받은 이상**으로 실행한 경우 교사자는 초과부분에 대해 원칙적으로 책임을 부담하지 않는다. 교사자는 피교사자 실행행위가 그의 고의와 일치하는 범위 안에서만 책임을 부담한다. **양적 초과** 경우는 그대로 적용된다. 절도 교사에 강도를 했으면 절도교사만 성립한다. 다만 결과적가중범에서는 중한 결과에 대한 예견가능성이 있으면 중한 죄 교사범이 성립한다. **질적 초과** 경우 교사자는

1) 대판 1997. 6. 24. 97도1075.

초과 부분에 대한 책임을 지지 않는다. 다만 '효과 없는 교사'에 대한 책임으로(제31조 2항) 해당 범죄의 예비 · 음모 처벌을 받는다.

종 범

① A가 절도범 B에게 **만능열쇠**를 만들어 주었으나 B는 범행에서 그 열쇠가 필요 없기 때문에 사용하지 않았다. A의 행위는 정신적 방조로서 절도죄 방조범이 되는 게 아닌가?

② A는 이미 스스로 **입영기피**를 결심하고 집을 나서는 B에게 이별을 안타까워하는 마음에서 "잘 되겠지. 몸조심하라" 하고 악수를 나누었다. A의 행위는 B의 입영기피의사를 강화시킨 방조행위가 아닌가? 두 사례 모두 판례에 있고 결론은 다르다. 판례번호 주지 않을 테니 궁리해서 찾아보기 바란다.

교사범은 '범행결의가 없는 사람'에게 그것을 결의하게 하는 것이지만, 종범은 '**이미 범행결의를 갖고 있는 사람**'의 실행행위를 도와주거나 그 결의를 강화시켜 주는 점이 다르다. 종범은 교사범과 마찬가지로 **이중 고의**가 있어야 한다. 종범은 정범 실행행위를 방조하는 것에 대한 인식, 즉 방조 고의가 있어야 한다. 동시에 정범 실행행위가 구성요건에 해당하는 결과를 발생시키는 것에 대한 인식, 즉 정범 고의를 가져야 한다. 방조방법으로는 유형적 · 물질적 방조뿐만 아니라 **무형적 · 정신적 방조행위도** 가능하다. 방조 경우에도 양적 초과와 질적 초과가 있을 수 있다(사례를 만들어 보라). 양적 초과는 해결방법이 교사의 경우와 같다. 그러나 정범의 질적 초과는 언제나 종범이 성립하지 않는다. 종범 미수는 불가벌이기 때문에 그렇다. **'예비의 방조'**는 예비의 공동정범이 되는 경우를 제외하고는 불가능하다. 종범 규정(제32조 1항)에서 "타인의 범죄"는 정범이 실행에 착수한 경우를 말하기 때문이다.[1)]

공범과 신분

① "A는 B의 아들인 B1을 교사하여 B를 살해하도록 교사하였다."

② "상습도박자인 A는 도박의 습벽 없는 B를 교사하여 도박에 가담하도록 하였다."

신분은 범인 인적 성질, 인적 지위, 인적 상태를 말한다. 범인의 연령, 공무원 등 사회적 지위, 상습성 등이 그 보기다. 신분이 범죄구성요건이 되는 경우가 진정신분범이고(구성 신분), 신분에 따라 형벌이 가중 또는 감경되는 경우가 부진정신분범이다(가감 신분). 신분이 범죄성립이나 형벌 가감에 영향을 미칠 경우, 공범관계인 신분 있는 자와 신분 없는 자를 어떻게 취급할 것인가? 제33조 본문의 "신분관계로 성립되는 범죄"에 진정신분범만 포함되고 부진정신분범은 단서 적용을 받는다는 것이 **다수설** 견해다. **소수설 · 판례**는 진정신분범은 본문, 부진정신분범은 본문과 단서 모두 적용 받는다고 한다. 앞의

1) 대판 1976. 5. 25. 75도1549.

예에서 존속살해를 교사한 A는 비신분자인데도 범죄는 존속살해교사가 성립하고 처벌은 보통살인교사로 한다는 것이다. 비신분자에게 진정신분범이 성립한다는 게 조금 이상하다. 신분관계로 형의 경중이 있을 때 무거운 형으로 처벌하지 않는다는 결론은 둘 다 같다.

제33조 단서 해석에서 **감경신분**이 약간 문제가 있는데, 예를 들면 영아살해에 가담한 비신분자는 가벼운 죄인 영아살해죄 적용을 받는가 아니면 보통살인죄 법정형 적용을 받는가? '무거운 형으로 벌하지 않는다'를 문리 해석하여 가벼운 죄인 영아살해죄 적용을 받는다고 보는 것은 너무 경직된 논리다. 가중신분과 마찬가지로 감경신분도 신분자 일신에 한정한다고 보는 것이 일관되다.

모해위증교사는 **모해목적**이 신분이 될 수 있는지와 관련해서 아주 유명한 주제 가운데 하나다(제152조 2항). 대법원은 모해목적이 제33조 단서 적용을 받는 신분으로 파악한다. 예컨대, A가 B를 모해할 목적으로 A1에게 위증을 교사한 이상, 설사 정범인 A1에게 모해목적이 없었더라도, 형법 제33조 단서규정에 따라 A를 모해위증교사죄로 처단할 수 있다.[1]

'목적'은 특별한 주관적 불법표지로서 범인의 일시 심리상태를 의미한다(일시적 성격). 신분은 어떤 사람이 사회에서 계속해서 차지하는 일반적인 지위를 말하는 것으로서(영속적 성격) 둘은 공통점이 없다. 문법적 해석을 따르더라도 목적과 신분이 같을 수는 없다. '언어의 가능한 의미'를 넘어선 해석이다.

---

1) 대판 1994. 12. 23. 93도1002.

결과적 가중범

'결과 때문에 형이 무거워지는 죄'가 결과적 가중범이다. 이미 그 이름 가운데 그런 뜻이 들어 있고 **예견가능성**이 있어야 처벌할 수 있다(제15조 2항). 대체 무슨 사연이 있기에 무거운 처벌을 받는 것일까. 그리고 무엇과 비교해서 무거운 처벌이라는 것일까. 기본범죄가 있고 그것이 예견가능성 있는 형이 무거운 죄와 결합한 것이니, 고의의 기본범죄가 과실의 무거운 죄와 연결된 경우를 의미한다. 즉 **고의와 과실이 결합한 형태**다. 형법에서 **'치사'**나 **'치상'**으로 규정된 범죄형식에 전부 여기에 속한다(형법에서 '치致'는 과실을 의미, 致가 '이른다'는 뜻이다). 상해치사를 예로 들어보자. 상해죄는 고의범이고 치사는 과실범이다. 사람을 잘 못 때리면(상해) 피해자가 죽을 수도 있다. 상해 가운데는 늘 사망 위험이 도사리고 있다. 즉 무거운 결과발생이 기본범죄의 잠재위험에 속한다(직접성원칙). 그런데도 이것을 무시하고 무거운 결과를 발생시켰으니 가중 처벌을 받아야 한다는 것이 결과적 가중범 취지다. 그래서 결과적 가중범인 상해치사 법정형(3년 이상 징역)은 상해죄(7년 이하 징역)와 과실치사(2년 이하 금고)를 상상적 경합한 것보다 더 높다. 결과적 가중범은 형법에 규정도 많지만 실무적으로도 순수한 고의범이나 과실범 못지않게 자주 발생한다. 그만큼 중요하다는 의미다.

우선 진정결과적 가중범과 부진정결과적 가중범의 구별이 있다. 앞에 것은 '치사'로 규정된 것으로서 무거운 결과가 과실로만 가능한 경우다. 치사죄에서 사망에 대한 고의가 있으면 바로 살인죄가 성립한다. 뒤에 것은 무거운 결과가 고의, 과실 둘 다 가능한 경우다. '치상'으로 규정된 범죄형식이 여기에 속한다. 입법자가 무거운 결과에 대한 고의범을 별도로 규정한 경우는 예외다. 강간치상에서 상해에 대한 고의가 있으면 강간상해죄가 성립한다(제301조).

그러면 **현주건조물방화치사죄**는 '진정'일까? 사망에 대한 고의로는 불가능한가? 사망에 대한 고의가 있으면 이 죄가 아니고 살인죄가 성립하는 것이 정상이다. 그런데 살인죄보다 이 죄 법정형이 사형, 무기 또는 7년 이상 징역으로 더 높아서 고의범인 살인죄가 아니라 과실범인 이 죄가 성립한다. 순전히 법정형 때문에 생기는 일인데, 아무래도 이상하다. 살인을 했는데 '치사죄'가 성립하는 것은 상식에 어긋난다. 해결방법은 이 죄를 원래 자리인 진정결과적 가중범으로 돌려놓는 일이다. 살인죄보다 법정형을 낮추면 된다. 판례도 처음에는 살인죄에 대한 과실치사 선고를 두려워한 나머지 이 죄를 진정으로 본 적이 있었다(살인죄와 현주건조물방화죄의 상상적 또는 실체적 경합).[1] 그러나 그 이후 이 죄의 부진정결과적 가중범 성격을 인정한다.[2]

결과적 가중범의 공동정범은 과실범의 공동정범을 긍정하면 가능하다. 결과적 가중범이 과실범이기 때문에 그렇다. 판례는 기본범죄에 대한 공동의사만 있으면 예견가능성과 상관없이 결과적 가중범의 공동정범을 인정한다(긍정설). 예를 들면, A는 A1 외 여러 명과 함께 피해자 패와 패싸움을 하던 중, A1이 칼을 사와서 위 패거리 B,

---

1) 대판 1983. 1. 18. 82도2341.
2) 대판 1996. 4. 26. 96도485.

B1을 살인고의 없이 찔러 사망케 하였다.[1]) A와 A1에게 **상해치사의 공동정범을** 인정할 수 있는지가 쟁점이다.

치사는 과실범이므로 과실범 공동정범을 인정하면 상해치사 공동정범도 가능하다. 다수설은 부정하지만 **판례는 인정**한다. 즉 대법원은 결과적 가중범인 상해치사죄 공동정범은 죽일 의사는 없이 폭행 기타 신체침해행위를 공동으로 할 의사가 있으면 성립하고, 결과를 공동으로 할 의사는 필요 없다고 판시한다.

결과적 가중범 미수는 보통 기본범죄가 미수에 그쳤지만 무거운 결과가 발생한 경우로 이해한다. 결과적 가중범은 무거운 '결과 발생'이 있어야 한다. 따라서 '결과 불발생'을 본질로 하는 미수와 결합하기 어려워 이런 우회적 방법을 쓴다. **미수의 결과적 가중범**을 이렇게 보는 것이다. 예를 들면, 강간 의도로 피해자를 폭행하던 중 강간에 이르기 전에 폭행으로 피해자가 사망한 경우 '**강간치사 미수**'가 성립한다는 것이다(긍정설).

부정설은 강간미수와 과실치사 상상적 경합이 된다고 한다. 형법(제324조의 5)과 성폭력처벌법(제15조) 등에 결과적 가중범 미수를 처벌하는 규정이 있다. 하지만 이것은 특별법을 많이 만드는 과정에서 생긴 '의도하지 않는 일', '입법 실수'로 보는 해석이 근거가 있다. 판례는 강간행위가 미수에 그쳐도 상해결과가 발생하면 강간치상죄가 성립한다는 것이 일관된 태도다.[2])

---

1) 대판 1978. 1. 17. 77도2193.
2) 대판 2008. 4. 24. 2007도10058.

부작위범

형법 범죄는 고의 작위범이 기본 형태이고 가장 많이 발생한다. 비록 예외 현상이기는 하지만 범죄가 소극적 부작위에 따라서도 실현될 수 있는 건 당연하다. "위험발생을 방지할 의무(일반적 작위의무)가 있거나 자기행위로 인하여 위험발생 원인을 야기한 자가 그 위험발생을 방지하지 않았을 때(선행행위에 의한 작위의무) 그 발생된 결과로 처벌한다"(제18조). 작위범이 금지규범에 대한 위반행위라면 부작위범은 **명령규범**에 대한 위반행위다. 작위 · 부작위 구별이 분명치 않을 경우 먼저 작위부분을 검토하고 그것이 성립하지 않으면 부작위를 검토하는 것이 순서다. 부작위는 어디까지나 예외 현상이기 때문에 그렇다. 말하자면 부작위는 작위에 대해 보충관계에 있다고 할 수 있다(부작위 보충성).

진정부작위범은 구성요건 자체가 부작위 형식으로 규정되어 있어서(예컨대 다중불해산죄, 퇴거불응죄) 부작위로만 실현될 수 있고 크게 문제될 것은 없다. 그러나 **부진정부작위범**은 작위범 구성요건을 부작위로 실현하는 것이므로 부작위를 작위와 같은 것으로 볼 수 있는지 별도 고찰을 해야 한다.

부진정부작위범의 성립요건은 크게 두 가지다. 행위자는 **보증인 지위**가 있어야 하고, 그의 부작위 행위가 작위와 **'동가치성'**을 가지고 있어야 한다. 보증인 지위는 제18조 보증인의무, 즉 "위험발생을 방지할 의무"를 발생시키는 근거가 된다. 그런데 '위험발생을 방지할 의무가 있는 자'의 범위가 법률에 규정이 없어서 완전히 학설에 맡겨져 있다. 학설로 가벌성을 인정하는 것이므로 지나치게 확장되지 않도록 법치국가적 균형잡기를 특히 유념해야 한다. **법령, 계약, 선행행위, 밀접한 공동체 관계**에서 나오는 작위의무는 이견이 없는 보증인 의무 발생근거가 된다. 문제는 일반조항으로 '기타 위험발생 방지의무'인데 **물건**과 **사람**에 대한 것이 중요한 내용이다. 건물, 기계, 동물 등이 전자의 예이고, 친권자, 후견인, 상관 등이 후자의 예이다. 이런 것으로부터 나오는 위험은 **행정 구조정책**이 우선해야 하고 부작위를 통한 형법적 사후 통제는 최소한에 그쳐야 한다(형법 보충성원칙).

동가치성은 보증인 지위에 있는 자의 부작위가 '**작위에 따른 구성요건 실현과 같은 가치**'로 평가되는 것을 의미한다. 이 요건에 대해 이의를 제기하는 사람은 없다(부작위의 기술되지 않은 구성요건요소). 판례는 동가치성을 "**작위에 의한 법칙침해와 동등한 형법적 가치**"라고 표현한다.[1] 그 구체적 내용은 부작위행위의 '**수단 · 방법**'이 구성요건 규정하는 작위의 수단 · 방법과 동일하거나 같은 가치가 있는 것으로 평가될 때 인정된다. 이에 대해서는 '부작위 살인'을 처음으로 인정한 '**세월호 사건**'이 좋은 보기가 된다. "피고인(세월호 선장)이 퇴선조치를 이행하지 않은 것은 승객 등을 **적극적으로 물에 빠뜨려 익사시키는 행위와 다름없다고** 할 것이다. 피고의 부작위는 **작위에 의한 살인행위와 동일하게 평가**할 수 있고, 승객 등의 사망 또는 상해 결과는 작위행위에 의해 결과가 발생한 것과 규범적으로 동일한 가치가 있다."[2]

---

1) 대판 1992. 2. 11. 91도2951.
2) 대판 2015. 11. 12. 2015도6809 전원합의체.

[요점 정리]

1. 죄형법정주의 가운데 의미 있는 부속원칙은 유추해석금지다.
2. 사실착오는 구체적 사실착오가 문제이고 학설로써 해결한다.
3. 인과관계착오는 행위자가 인식한 내용과 발생한 인과과정이 '본질적 차이'가 있을 때 문제가 된다.
4. 정당행위의 핵심은 '기타 사회상규'에 있다.
5. 정당방위와 긴급피난은 상당성 내용에서 차이가 있다.
6. 피해자승낙은 형법의 민사화 현상에 속한다.
7. 자구행위 핵심은 자구행위 보충성에 있다.
8. 규범적 책임론은 행위자의 타행위가능성을 책임내용으로 본다.
9. 원인에서 자유로운 행위는 고의와 과실 두 양태로 가능하다.
10. 법률착오(금지착오)는 금지인식이 없는 경우다.
11. 허용상황착오는 오상방위, 오상피난, 오상자구행위가 해당된다.
12. 법률착오의 '정당한 이유'는 회피가능성으로 해석한다.
13. 기대가능성은 일반 법원리이지 법률 해석원리는 아니다.
14. 실행착수는 '범행의 직접 개시'이다.
15. 중지미수에 해당되지 않는 미수는 장애미수다.
16. 중지미수에서 자의성 판단기준은 '자율적 동기'이다.
17. 불능미수에서 위험성은 구체적이어야 한다.
18. 예비죄에서 '기본범죄를 범할 목적'은 미필인식으로는 부족하고 확실한 인식이 있어야 한다.
19. 공동정범이 성립하기 위해서는 의사공동, 행위공동이 있어야 한다.
20. 판례는 '주의의무위반 공동'을 과실범 공동정범 인정근거로 삼는다.
21. 공모공동정범은 단순한 공모자도 공동정범으로 처벌한다.
22. 합동범은 특수도주, 특수절도, 특수강도의 경우에 해당된다.
23. 판례는 합동범의 공동정범 성립을 인정한다.

24. 간접정범의 피이용자는 고의범으로 처벌되는 자가 아니다.
25. 피교사자의 초과행위에는 양적 초과와 질적 초과가 있다.
26. 종범도 교사범과 마찬가지로 이중 고의가 있어야 한다.
27. 공범과 신분에서 판례는 비신분자의 진정신분범 성립을 인정한다.
28. 결과적 가중범은 고의범과 과실범이 결합한 형태다.
29. 결과적 가중범의 공동정범은 과실범의 공동정범을 인정해야 가능하다.
30. 부작위범에서 문제가 되는 것은 부진정부작위범이다.
31. 부진정부작위범의 성립요건은 보증인 지위와 동가치성이다.

제3장 죄수(罪數)와 양형

죄수론은 범죄 수가 한 개인가 또는 수개(여러 개)인가를 밝히는 영역을 말한다. 죄수문제는 형적용과 형사소송법 공소효력, 기판력 범위 등과 관련하여 중요한 의미가 있다.

일 죄

일죄에는 단순일죄와 과형상 일죄(상상적 경합)이 있다. 불가벌 사전행위, 불가벌 수반행위, 불가벌 사후행위는 보충관계로 일죄에 속한다. **불가벌 사후행위**는 범죄로 획득한 위법한 이익을 확보 · 사용 · 처분하는 행위는 별개 구성요건에 해당하지만, 그 불법은 주된 범죄에서 이미 평가되었기 때문에 별도 범죄를 구성하지 않는 경우를 말한다. 예를 들어 절도범이 절취한 재물을 소비하거나 운반한 경우 횡령죄나 장물죄가 성립하지 않는다. **절취한 예금통장**으로 현금을 인출한 경우는 별도 사기죄가 성립한다(통설 · 판례). **포괄일죄**는 수개 행위가 포괄적으로 1개 구성요건에 해당하여 일죄가 되는 경우다. 포괄일죄는 실체적으로 하나의 죄이기 때문에 가장 무거운 죄에 해당하는 한 개 형벌법규만 적용된다. 그 유형을 보면, 강도강간죄는 강도죄와 강간죄 **결합범**이다. **접속범**은 절도범이 재물을 여러 차례 반출하는 것처럼 동일 기회에 같은 구성요건 행위를 여러 번 하는 경우다. **연속범**은 연속한 행위가 동종 범죄에 해당하는 것으로서, 미수와 기수가 연속한 경우 기수 처벌만 받는다. **집합범**은 상습범이 대표적으로 다수 동종 행위가 반복되지만 한 개 죄로 처벌되는 경우다.

수 죄

수죄에는 상상적 경합과 실체적 경합(경합범)이 있다. 한 개의 행위가 여러 개의 죄에 해당하는 경우를 **상상적 경합**이라고 하고, 가장 무거운 죄에 정한 형으로 처벌한다(제40조). **연결효과에 의한 상상적 경합**은 두 개 독립행위가 제3행위로 연결되어 상상적 경합 관계가 되는 경우를 의미한다. 음주운전 중에 발생한 2건 과실치상 같은 것이 여기 속한다. 다음 판례 보기도 마찬가지다. A는 술을 마신 후 차를 몰고 가다 지나가던 B 핸드백을 낚아채 가졌다. 그리고 계속 차를 몰고 가다가 길을 건너던 B1을 쳐 부상을 입힌 후 그대로 도주하였다.[1]

절도 또는 강도(B가 저항한 경우)와 특정범죄가중법의 도주차량치사죄 사이는 상상적 경합, 그리고 이것과 음주운전죄 사이에는 실체

---

1) 대판 1987. 2. 24. 86도2731.

적 경합이 된다.

실체적 경합은, 판결이 확정되지 않은 여러 개의 죄는 **동시경합범**이고(제37조 전단), 금고 이상 판결이 확정된 죄와 그 판결 전에 범한 죄 사이는 **사후경합범**이 된다(제37조 후단). 동시경합범의 처벌 예는 제38조에 세분해 나와 있다. 사후경합범은 두 죄를 동시에 판결할 경우와 형평을 고려하여 형을 감경 또는 면제할 수 있다(제39조 1항).

양 형

양형은 유죄가 인정된 후 피고인에 대한 구체적 형벌종류와 범위를 정하는 것을 말한다. 형을 정할 때 참작해야 하는 사항이 양형조건이다(제51조). 구성요건에 정해진 형벌범위가 **법정형**이고, 이것을 법률상 가중, 감경한 후 정상참작감경(제53조)을 한 것이 **처단형**이다. 이 처단형 범위 안에서 제51조 4가지 양형사유를 반영한 **선고형**을 정한다. 종래 양형에서 매우 중요한 역할을 했던 "**개전의 정**"은 "**뉘우침**"으로 말을 다듬었으니 주의하기 바란다(제59, 72조).[1] 구성요건 표지에 속하는 특별한 범행동기나 수단은 다시 양형 참작사유가 될 수 없다. 구성요건해당성 단계에서 이미 평가가 이루어졌기 때문이다(이중평가금지).

---

1) 다른 말이지만, 나는 형법이 "뉘우침"을 요구하는 이유를 잘 이해하지 못하겠다. 범죄자는 자기 행위 대가로 일정한 자유를 제한받는 것은 당연하다. 그렇다고 내면에 있는, 헌법이 보장하는 양심자유까지 침해받을 이유는 없지 않을까. 그리고 성향개념인 뉘우침의 판단기준은 무엇일까. 믿을 만한 객관 표지가 없다면 그것은 결국 법관 시혜에 의지하는 수밖에 없다.

누범은 범죄를 누적 반복하여 범하는 것을 말한다. 금고 이상 형을 선고받아 그 집행이 종료되거나 면제된 후 3년 안에 금고 이상에 해당하는 죄를 지은 사람은 누범으로 처벌한다(제35조 1항). 누범은 그 죄에 정한 형의 장기 2배까지 가중 처벌을 받는다. 50년을 초과할 수는 없다(제42조 단서). 누범은 상습범과 다른 개념이다. **상습범**은 누범의 특별한 표지로서 일정한 범죄를 반복하여 행하는 범죄성향을 가진 범죄인을 말한다. 상습범은 성격적 범죄습벽을 가진 자를 지칭하는 범죄학 개념이다.

집행유예에서는 '집행유예기간 중의 범죄행위에 대한 집행유예'가 쟁점이다. 제62조 "3년 기간"에 "금고 이상의 형"이라고 하여 실형뿐만 아니라 집행유예도 포함되는지 문제가 발생한다. **소극설**은 집행유예 범위를 좁힌다(가벌성 확대). 여죄를 가지고 형량하여 판단하는 **여죄설**(판례)은 중간 태도다.[1] 금고 이상의 '형'은 실형만 의미하고 집행유예는 포함하지 않으며, 여죄 상관없이 집행유예 기간 중이라도 집행유예를 선고할 수 있다는 **적극설**이 집행유예 범위를 가장 넓힌다(가벌성 축소).

선고유예 요건은 1년 이하 징역과 벌금형 등 가벼운 형을 선고할 경우와 뚜렷한 뉘우침이다. 일정 기간 형선고를 유예하고, 그 기간 동안 형법질서를 준수하면 면소된 것으로 간주한다(제59조).

가석방 요건은, 유기형은 형기의 3분의 1, 무기형은 20년이 경과하고 역시 뚜렷한 뉘우침과 행상이 좋아야 한다(제72조). 가석방 기간이 있는데, 무기형은 10년, 유기형은 남은 형기다. 이 기간 동안 보호

1) 대판 2007. 7. 27. 2007도768.

관찰을 받는다(제73조의2). 만일 가석방 기간 동안 고의 범죄로 금고 이상 형을 받으면 가석방은 실효되고, 보호관찰 등 준수사항을 위반하면 가석방이 취소될 수 있다(제75조).

사형을 비롯한 모든 형벌에는 **시효**가 있다. 그러나 집행을 받지 않고 일정 기간이 지나야 하기 때문에 벌금 등 재산형이나 자격정지와 같은 명예형을 제외하고는 실무적 의미가 크지 않다.

형실효법은 형벌을 받고 일정한 기간이 지나면 **수형인명표**는 폐기하고 **수형인명부**는 해당란을 삭제하도록 규정한다(형실효법 제8조). 이것을 보통 '전과기록'이 삭제되는 것으로 오해하기도 하는데, **범죄경력자료**는 그대로 남기 때문에 전과기록은 사실상 평생 남는다고 보는 것이 타당하다. 형실효법에 범죄경력자료에 관한 규정은 없다. 이 자료는 조회가 제한될 수는 있어도(신원조회) 삭제되지는 않는다. 여기에 **수사경력자료** 까지도 온전히 남는다. 형사처벌을 받아본 사람이 검찰청에 자신의 형사사건기록을 열람 · 등사해 보면 수십 년 된 사건은 물론 심지어 소년전과가 남아 있는 경우도 있다. 그렇다면 형실효법은 왜 있는 것일까?

[요점 정리]

1. 포괄일죄는 실체적으로 하나의 죄이다.
2. 상상적 경합과 실체적 경합(경합범)은 수죄이다.
3. 양형은 법정형, 처단형, 선고형 순서로 이루어진다.
4. "개전의 정"은 "뉘우침"으로 법률 말을 바꾸었다.

5. 구성요건표지에 속하는 특별한 범행동기는 양형에서 다시 고려하면 안 된다(이중평가금지).
6. 누범은 상습범과 다른 개념이다.
7. 집행유예기간 중의 범죄행위에 대해 다시 집행유예를 할 수 있는가에 대해 판례는 여죄를 가지고 판단한다(여죄설).
8. 형실효법이 전과기록을 삭제하는 것은 아니다.

제2편
형법각론

제1장 생명 · 신체에 대한 죄
제2장 자유에 대한 죄
제3장 명예와 신용에 관한 죄
제4장 사생활의 평온에 대한 죄
제5장 재산에 대한 죄
제6장 공공 안전과 평온에 대한 죄
제7장 사회도덕에 대한 죄
제8장 국가존립에 대한 죄
제9장 국가기능에 대한 죄

제1장 생명 · 신체에 대한 죄

총론과 각론의 만남

이제 모든 범죄유형에 공통인 총론 가벌성 요건을 떠나 **각론**으로 넘어왔다. 일반적으로 총론이 각론에 비해 더 중요하다고 생각하는 경향이 있는데, 맞을까 틀릴까? 맞기도 하고 틀리기도 하다. 모든 범죄유형에 전부 적용되기 때문에 그만큼 쓰임새가 많고, 그 점에서는 맞다. 그러나 총론은 하나의 형식일 뿐 그 내용은 각론이 채워야 하므로 그 점에서는 틀렸다. 결국 이런 약간 이상한 답변이 나온 것은 질문 자체가 문제가 있어서다. 총론과 각론은 나눌 수 없고 **작용통일성**을 가지고 있다. 각론이 없는 총론은 공허하고 총론이 없는 각론은 맹목적이다. 각론이 없는 총론은 불가능하지만 총론이 없는 각론은 불편하긴 해도 가능하다는 점에서 형법 본론은 각론에 있다. 우리가 총론에서 말했던 '범죄'가 이제 각론에서 비로소 그 실체를 드러낸다. 말하자면 총론에서 이야기한 범죄는 전부 각론 범죄를 빌려다 쓴 것이라고 할 수 있다.

그러면 형법이 보충적으로(보충성원칙) 지켜야 할 사람 이익(형법법익) 가운데 중요한 것은 무엇이 있을까. 으뜸은 사람 **생명**이다. 모든 인간이익의 전제가 생명이다. 여기서 살인죄가 나온다. 다음은 **신체**로서 상해 · 폭행죄 등이 보호한다. 그 다음은 **자유**인데 주거, 사생활, 명예, 신용 등 죄가 담당한다. 그리고 **재산**이다. 절도, 강도, 사기, 횡령 등 죄가 보호한다. 모두 개인의 존엄과 행복(헌법 제10조)을 위한 가장 기본이 되는 전제조건이다. 이것들이 가지를 쳐서 형법과 특별형법이 두툼해졌다. 꼭 필요한 것도 있지만 그 반대도 많다. 또 필요한 정도를 넘어선 것들은 없을까? 그들이 오히려 사람을 불행하게 만든다면, 왜 우리는 여기 있는지 떠난 곳을 되돌아봐야 한다. 형벌이 어떤 것인지, 마치 내가 감옥에 앉아 있는 것처럼 깊이 성찰하고, 끊임없이 형법 '**균형잡기**'로 내가 있는 위치를 확인, 또 확인하면서 나아가야 한다. '**법치**'는 이런 것을 두고 하는 말이다. 그 '법'은 올바른 법이어야 하니까(正法) 그렇다. 우리는 법치를 너무 쉽고 가볍게 이야기 하는 경향이 있다. 그리고 남발한다. 형벌을 남 이야기 하듯 하는 사람은 형사 법률가가 지녀야 할 첫째 덕목, **형법 예민성**을 모르는 사람이다. 나는 여러분 모두 훌륭한 형사 법률가가 되기를 간절히 바란다. 이제 각론 여정을 시작한다.

살인 · 상해 · 폭행

살인죄는 사람을 살해함으로써 그 생명을 침해하는 범죄다. 사람에게 생명은 '절대 가치'가 있다. 사람이 누리는 모든 이익은 생명을 전제해서만 의미가 있다. 그러므로 생명은 절대적으로 보호되어야 한다. 이것을 일컬어 "**생명보호절대 원칙**"이라고 한다. 그러나 우리나라는 사형규정을 두고 있어서 이 절대성에는 한계가 있다. 살인죄에서는 **사람의 시기**始期(진통설)와 종기終期가 문제된다. 종기에서 심장사설과 뇌사설 대립이 있으나 **장기이식법**이 뇌사자 장기이식을 합법화 하면서(법령에 의한 정당행위) '필요'가 '원칙'을 밀어내는 분위기다. 그러나 어디에도 일반적 사망기준으로서 뇌사에 관한 규정은 없다. 장기이식법은 뇌사자를 "살아 있는 사람" 가운데서 제외하지만(제4조 5호), '죽은 사람'으로 본다는 명시적 선언은 없다. **안락사 또는 존엄사** 문제도, 연명의료결정법의 **연명의료중단**이라는 소극적 방법은 법적으로 인정하지만 적극적인 방법(의사조력자살)은 인정하지 않는다. 외국에는 스위스, 네덜란드 등 시행하는 나라가 있지만 아직 우리는 사회적 논의가 없는 실정이다. 자기 또는 타인의 형사사건 수사 · 재판과 관련해 보복 살인한 경우는(특정범죄가중법 제5조의9 제1항) 전형적 **중살인**으로 가중 처벌을 받는다(사형, 무기 또는 10년 이상 징역). **도주차량죄**(도로교통법 제54조 1항)에서 피해자 사망 가능성을 인식 또는 인용(미필고의)한 경우도 중살인이 된다. 살인죄는 **특정강력범죄법**의 적용대상이다. 누범으로 가중할 경우 장기 · 단기 모두 2배 가중한다(형법은 장기만 2배 가중). 보통살인죄를 예로 들면, 누범 가중은 사형, 무기 또는 10년 이상 50년 이하 징역이 된다.

존속살해죄에서는 5년 이상과 7년 이상의 차이 2년이 직계비속이라는 신분을 이유로 한 차별이기 때문에 **헌법 평등원칙**에 반하는 것이 아닌지 위헌성 논의가 있다. 법이 곧 문화의 표현이라는 점을 고려하면 2년 차이가 우리 전통 가치에 배치된다고 보기는 어렵다. 문제는 이것을 논증하는 방법인데, 우리 형법이 서구 근대 형법을 계수한 터라 쉽지는 않다. 형법을 도덕화하면 안 된다는 원칙하고도 조화를 이루기 어렵다. 결론은 정당성을 주고 싶지만 그 과정이 문제다(어떤 설명이 설득력이 있을지 상상력을 발휘해 보기 바란다. 남 이야기 반복하지 말고 내 이야기를 만들어 보자). 5년 이상 가운데 7년 이상이 포함되기 때문에, 상징적 가치를 고려하지 않으면, 실제 필요성은 크다고 할 수 없다.

상해 · 폭행죄는 사람의 신체를 침해하는 범죄로서 보호법익은 **신체완전성**이다. '상해'는 생리적 기능훼손과 함께 신체외관에 중대한 변화가 있는 경우에 인정된다(절충설). 이에 미치지 못하는 가벼운 상처는 폭행으로 처리하면 된다. **2명 이상이 공동 상해**한 경우는 폭력행위처벌법(제2조 2항)에 따라 형의 2분의 1까지 가중 처벌한다. 상해를 비롯해서 이 법에 규정된 행위에 대한 정당방위는 쉬워지고(정당방위 특례), 누범도 특례가 있다. **중상해**는 상해로 생명에 대한 위험, 불구 · 난치처럼 중대한 결과를 발생시킨 경우다. **특수상해**처럼 '특수' 명칭이 붙은 죄명은 모두 단체나 다중의 위력 또는 위험한 물건을 휴대하고 범행한 경우에 성립한다(이 명칭하고 관련은 없지만 검찰에 '**특수부**'라는 게 있었다. 지금은 '**반부패수사부**'로 이름이 바뀌었지만 검찰 엘리트 코스라는 말을 듣는다. 굵직한 자체 인지사건을 수사하여 성과를 내면 이름이 남는 모양이다).

상해 동시범특례(제263조)가 논란이 있다. 제19조 **독립행위 경합**

(동시범)에 대한 예외규정이다. 상해 경우 두 사람 이상이 의사연락 없이 폭행하여 상해결과를 발생시켰으나 누구 행위로 그 결과가 발생했는지 알 수 없을 경우 제19조 원칙으로 하자면 상해미수로 처벌해야 한다. 그러나 제263조가 공동정범 예로 한다고 했으니 상해미수가 아닌 **상해기수**로 처벌한다. 특별히 상해만 이렇게 한다고 해서 상해 동시범 특례다. 당연히 그만큼 가벌성은 확대되는 데, 이럴 경우 특별히 그래야 할 이유를 엄격하게 요구하는 것이 **법치국가형법** 원칙이다. 우선 동시범 예를 들어보자. A는 B를 폭행하였다. 얼마 후 우연히 지나가던 A1이 다시 B를 폭행하였다. B에게는 상해결과가 발생하였다(서로 의사연락이 없었다는 것이 전제다. 의사연락이 있으면 공동정범이 된다).

A와 A1의 행위는 이시異時의 독립행위가 경합한 경우다. 두 사람 가운데 누구 행위에 따라서 상해결과가 발생했는지 알 수 없다는 것이 전제다. 제19조에 따르면 A, B 모두 발생된 결과의 미수, 상해미수로 처벌한다. 그런데 상해 동시범 예외를 규정한 제263조에 따르면 A, B는 발생한 결과, 상해의 공동정범으로 처벌한다. 결국 A와 B는 상해기수로 처벌된다. 그러면 입법자는 왜 이런 규정을 만들었을까? 분명히 두 사람이 때렸고 그 결과 피해자는 상해를 입었는데 (상해기수 발생, 피를 철철 흘리고 있다고 극적으로 생각해 보자) 가해자를 '상해미수'로 처벌하는 건 정의에 반한다고 생각할 수 있다. 그렇다고 거증책임이 있는 검사가 누구의 손에 의해 상해가 발생했는지 밝힐 수도 없다. 뿐만 아니라 폭행 누적으로 상해결과가 발생할 수도 있다. 그러니 이런 궁지를 해결하는 결정적인 한 방은 모두 상해기수로

처벌하면 된다고 판단한 것이다. 그러면 이제 입증부담은 검사한테서 행위자에게로 옮겨온다. 즉 A와 B가 자신 행위로 상해결과가 발생하지 않았다는 것을 증명해야 한다. 검사는 거저 가만있기만 하면 자신의 목적은 저절로 달성된다. 누구를 위한 규정이고 **법치국가 시계**가 어디로 옮아가는지 놓치지 않으면 제263조 문제점은 어렵지 않게 알 수 있다. 학계에서는 한 목소리로 이 조문 폐지를 주장한다. 그러나 판례는 한 술 더 떠서 상해동시범 특례는 **상해치사에도** 적용된다고 판시한다. 예컨대 A는 B의 머리, 어깨 등을 때려 땅에 넘어뜨렸다(폭행고의라도 상관없음. 폭행치사와 상해치사는 동일하게 처벌). 3시간 후 A1은 다시 B의 얼굴, 가슴 등을 여러 차례 때렸다. B는 그로부터 6일 수 뇌출혈을 일으켜 사망하였다.[1]

판례는 이 경우 A와 B는 **상해치사죄 공동정범**으로 처벌해야 한다고 한다. 이 결론은 과실범 공동정범을 인정하는 판례태도와 일관된다. A와 B의 개별적 예견가능성에 따라 치사에 대한 책임을 지면 될 것이(예견가능성이 없으면 폭행죄와 과실치사 상상적 경합) 자동적으로 모두 상해치사죄 공동정범이 되어버린 것이다. 다행히 판례는 제263조를 **강간치상, 강도치상**까지 확대하지는 않는다.[2]

폭행죄에서 '폭행'은 '사람 신체에 대한 유형력 행사'로 정의한다(협의 폭행개념). 상대방의 반항을 곤란하게 할 정도의 강력한 유형력 행사는(강도죄, 강간죄 등) **최협의 폭행**에 해당한다. 특수폭행의 **'특수'**

---

1) 대판 1981. 3. 10. 80도3321.
2) 대판 1984. 4. 24. 84도372.

와 관련해서 '**위험한 물건**'은 성질과 용법의 차이가 있다. 형법은 '**흉기**'라는 말도 사용하는 데, 이것은 위험한 물건의 하위개념, 예시다. 형법은 **소지**(제198, 205조 등)와 **휴대**(제261, 278조 등)도 구별한다. 휴대는 몸에 지니는 것으로 소지보다 좁은 개념이다.

업무상 과실치사상

형법 과실치사상은 대부분 **업무상 과실치사상**이라고 보면 된다. 순수한 과실치사상은 교내사고, 연탄가스사고 등 판례가 두세 개 밖에 없다.

'**업무**'는 '사람이 사회생활 지위에서 계속해서 행하는 사무'이다. 따라서 현대인이 생활 가운데 하는 행위 대부분은 여기에 포함된다. 도로교통, 의사, 간호사, 기타 관리자 업무가 자주 등장한다. '**중과실**'은 말과 달리 내용은 **경솔한 과실**이다. 조금만 주의해도 결과발생을 방지할 수 있었던 과실은 주의의무위반 정도가 크다고 보고 중과실이라고 한 것이다.

업무상 과실에는 특별형법을 빼놓을 수 없는데, 성폭력처벌법, 교통사고처리특례법, 특정범죄가중법(도주차량죄, 음주운전 등)이 중요하다.

낙 태

낙태는 '**아픈 손가락**'이다. 아파도 많이 아프다. 너무 많이 아파

이야기할 기운이 없을 정도다. 아픔이 화로 변해 우리 이야기에서 이 주제를 빼버릴까도 깊이 생각했다. 그러나 미움은 사랑의 다른 표현이기도 하니 그러지는 말자고 마음을 달랬다.

헌법재판소가 낙태죄(제269, 270조)에 관한 **헌법불합치 결정**[1]을 내리기 전까지도 낙태죄는 사실 있으나마나한 조문이었다. 1년에 2~3건 적용될까말까 했으니 그냥 이름만 있었다고 보는 것이 옳다. 한 치 앞도 내다보지 못한 '그 사람들'은 정관수술하면 예비군 훈련 면제해 주듯이 낙태를 사람 머릿수 줄이는 수단으로 사용했다. 그렇게 만든 법이 '**모자보건법**'이다. '모자보건'이 아니라 실은 합법적 '태아살해법'이 이 법 진짜 얼굴이다. 자세한 설명은 안 하니(하고 싶지 않다) 관심 있는 사람은 내 각론 책을 보기 바란다. 그런데 지금은 국민 머릿수가 너무 줄어 이미 2016년부터 인구가 자연 감소하고 있다. 통계적으로는 몇 년이 지나면 우리나라가 지구에서 사라진다나… 합계출산율은 OECD 꼴찌다(2022년 0.78명, OECD 38국 가운데 합계출산율이 '0명대'인 나라는 우리뿐이다). 다른 나라 사람들이 우리나라 인구 걱정을 한다. 방법은 없으니 이민을 열심히 받아들이라고. 걱정까지 해주니 눈물 나게 고맙다. 내 기억으로 2000년 전후까지도 위에서 말한 예비군훈련 규정이 있었다. 그 이후 화들짝 놀라서 '**저출산기본법**(저출산 · 고령사회기본법)'을 만들고 지금까지 15년 넘게 쏟아 부은 돈이 무려 380조란다(우리나라 1년 예산이 600조 원 정도). 나는 이 돈이 얼마나 많은지 상상하지 못한다. 되지도 않는 무슨 '사업'하지 말고 차라리 그 돈을 n분의 1로 나눠줬으면 지금은 집이라고 한 채씩 가지고

1) 헌재 2019. 4. 11. 2017헌바127.

있을 텐데 하는 아쉬움은 있다. 그러나 돈이 한 번 꺾인 그래프를 고치지는 못했다. 이미 구멍이 난 배는 서서히 가라앉고 있다. 모두 멍하니 지켜보고 있다. 대한민국은 노인공화국을 향한 고속열차에 몸을 실었다. 그리고 연금 걱정을 한다. 내가 그렇게 오래 살지 않아도 되는 것이 다행인가. 참 고맙네.

헌법재판소가 2019. 4월 낙태죄 헌법불합치 결정을 내리면서 준 개선입법시한이 2020. 12. 31.이었다. 이미 지나갔다. 그러고도 또 몇 년이 흘렀다. 그런데도 '이 사람들'은 도무지 움직일 기미조차 보이지 않는다. 내가 보기에는 할 생각이 없다. 들고 있는 계산서는, 긁어 부스럼 낼 필요 없고(이건 점잖은 표현이고 아마 '똥은 건드릴수록 냄새 난다'고 생각하겠지) 표를 얻는 데 도움 되지 않는다는 것이다. 잘 알듯이 우리나라는 2년, 3년에 한 번씩 총선과 대선이 번갈아 치러진다. 그러면 언제 표 걱정 안 해도 되는 시기가 올까? 선거를 안 하면 모를까, 그런 시기는 지금 헌법 아래서는 영원히 오지 않는다. 그럼 어떡해?

낙태와 관련해 누구나 pro-life든 pro-choice든 자기 생각을 가질 수 있고 그것은 언제나 정당하다. 어느 방향이든지 사회적 합의를 바탕으로 결론을 내야 한다. 모자보건법, 저출산기본법 둘 다 '**모자보건**'을 말하지만 목표는 완전히 상반된다. 하나는 죽이는 법이고 다른 하나는 살리겠다는 법이다. 둘이 버젓이 함께 국가법령정보센터에 들어있다. 이런 아무도 웃어주지 않는 코미디를 나라 법으로 언제까지 둘 건지 묻고 싶다. 불법도 아니고 그렇다고 합법도 아닌 상태를 제3 해결방법이라고 생각하고 방치하는 나라는 지구상에 우리밖에 없다. '이 사람들아, 여러분 지금 뭐하십니까? 어차피 우리는 품

위하고는 거리가 먼 나라입니까?'

유기 · 학대

다시 정신을 가다듬고 본론으로 돌아가서 우리 이야기를 계속 하자.

유기죄 행위주체가 되는 "법률 · 계약" 말고 "**관습 · 조리 · 사무관리**"까지 확대하자는 견해는 구형법 연장에서 나온 것으로 찬성하기 어렵다. 설마 그럴 리야 없겠지만 관습 · 조리 · 사무관리가 민법에 규정되어 있다는 이유로 법률상 보호의무에 포함시킨다면 그것은 형법과 민법을 혼동한 것이다. 보호의무를 명시한 법률이 있어야 한다. 다행히 판례도 같은 견해다. '유기' 개념으로는, 내다 버리는 것(적극 유기, 협의 유기), 두고 떠나는 것(소극 유기, 광의 유기) 외에 생존에 필요한 보호조치를 하지 않는 것(부작위 유기, 최광의 유기)까지 포함한다. 어린 딸이 종교적 이유로 수혈을 거부하여 사망한 경우는, 환자 본인 역시 수혈을 거부했더라도, 부작위 유기에 해당하여 유기치사죄가 성립한다.[1)]

학대죄 행위주체는 타인을 보호 · 감독하는 자이고, 보호 · 감독 근거는 유기죄와 같은 제한이 없기 때문에 법령 · 계약에 국한하지 않고 관습 · 사무관리 · 조리에 따르더라도 상관없다. 사실상 보호 · 감독지위에 있기만 하면 행위주체가 된다. 행위객체는 행위자 보호 · 감독을 받는 자다. 다만 18세 미만 아동을 학대한 경우는 **아동복**

1) 대판 1980. 9. 24. 79도1387.

지법 적용을 받는다. 형법 **아동혹사죄** 법정형 5년 이하 징역보다 낮은 형벌이 규정된 아동복지법의 금지유형은 16세 이상 18세 미만 아동에게만 적용되고, 16세 미만자는 형법 아동혹사죄가 적용된다. 특별법 법정형이 일반법보다 낮게 규정되는 경우는 예외적이다. 형법은 다른 곳에서 "**가혹행위**"(제125, 277조)를 규정한 경우가 있는데, 가혹행위는 학대보다 무거운 개념이다(법정형이 높다). 학대에서 폭행, 협박, 음란행위 등은 제외되고 정신적 고통을 주는 것은 포함한다.

[요점 정리]

1. 총론과 각론은 원래 하나다.
2. 우리나라에서는 생명보호절대 원칙이 통하지 않는다.
3. 존속살해죄는 입법적 정당성 문제가 있다.
4. 상해의 동시범특례는 상해 가벌성을 확대한다.
5. 판례는 상해의 동시범특례가 상해치사죄에도 적용된다고 본다.
6. 폭행죄의 '폭행'은 협의 폭행개념이다.
7. 현대의 과실치사상은 대부분 업무상 과실치사상이다.
8. 현재 낙태는 불법도 합법도 아니다.
9. 유기죄의 보호의무 근거는 '법률·계약'이다.
10. 학대죄 행위주체는 사실상 보호·감독 지위에 있으면 된다.

제2장 자유에 대한 죄

협박 · 강요

협박죄는 개인의 의사결정자유를 보호하는 범죄다. 협박개념은 협박죄가 위험범인지 침해범인지 결정한다. **위험범설**은 **광의 협박개념**을 토대로 한다. **일반인** 기준으로 타인에게 공포심을 불러일으킬 수 있는 해악고지를 협박으로 본다(공포심을 불러일으킬 수 있는 위험). **침해범설**은 **협의 협박개념**을 기초로 **피해자**가 현실적으로 공포심을 느낄 수 있을 정도 해악고지를 협박으로 본다(공포심을 가진 결과가 있어야 한다). 참고로 상대방이 반항할 수 없을 정도의 상당히 높은 정도 해악을 고지하는 협박(**최협의 협박**)은 강도, 강간 등 '강'자가 붙은 범죄의 협박을 의미한다.

침해범설은 현행 협박 미수처벌 규정(제286조)를 근거로 한다. 협박했지만 상대방이 현실적으로 공포심을 갖지 않은 경우가 미수가 된다는 논리다. 상대방의 담대성에 따라 협박죄 기수가 좌우되는 단점이 있다. 반대로 위험범설은 미수를 실현할 수 있는 가능성이 극히 제한된다. 둘 다 단점이 있지만 기수처벌범위를 제한하는 침해범설이 약간 돋보인다. 물론 선택은 자유다. **판례는 위험범** 견해다. "협박죄 미수범 처벌조항은 해악 고지가 현실적으로 상대방에게 도달하지 않은 경우나, 도달은 하였으나 상대방이 이를 지각하지 못하였거나, 고지된 해악 의미를 인식하지 못한 경우 등에 적용될 뿐이다."[1]

강요죄는 폭행 또는 협박으로 사람의 권리행사를 방해하거나 의무 없는 일을 하게 하는 범죄다. **정당한 목적**을 달성하기 위한 폭행·협박은 원칙적으로 강요죄가 되지 않는다. 예컨대 음주운전이나 자살을 못하게 강요하는 것 또는 합법 노동쟁의행위 수단으로 사용된 일정한 작위·부작위 강요는 강요죄를 구성하지 않는다. 투입한 수단이 상당성을 초과한 경우, 즉 과잉수단을 투입한 경우는 강요죄가 성립한다(비례성원칙). **인질강요죄의 중지미수규정**이 약간 이채롭다(제324조의6). 기수범에 대한 중지미수를 인정한 것은 인질안전을 확보하기 위한 형사정책 목적에서 나왔다. 특별한 중지미수규정이기 때문에 자의성과 같은 중지미수 일반 요건을 충족해야 할 필요는 없다. 인질을 안전한 장소로 풀어 주기만 하면 내면 동기와 상관없이 이 요건은 충족된다. 안전한 장소에 대한 석방 요건은 되도록 넓게 해석하는 것이 입법취지에 부합한다.

---

1) 대판 2007. 9. 28. 2007도606 전원합의체.

체포 · 감금

체포와 감금죄는 사람의 신체활동자유를 보호한다(장소선택 자유). 행위대상에서 '갓난아이, 만취자, 수면자' 등이 문제가 되는데, **피해자 인식**은 기술되지 않은 구성요건요소로서 기수, 미수를 구별하는 기준으로 보면 된다(광의설). 체포행위에 해당되는가 여부는 전체로 신체활동 자유가 박탈되었는가를 기준으로 판단해야 한다. 따라서 부분적인 활동자유가 있는 체포도 얼마든지 가능하다. 체포는 반드시 신체에 대한 물리적 구속일 필요도 없다. 신체에 대한 직접 구속일 경우도 순간적인 것은 체포가 아니라 폭행에 해당된다. 이것은 체포 · 감금죄가 계속범 성질을 가지고 있기 때문이다. 감금은 **상대적 감금**으로 충분하다. 탈출수단을 제거하거나 탈출이 절대적으로 불가능할 필요도 없다. 공포심을 이용한 감금도 가능하다. 감금에 따른 자유박탈이 전면적일 필요가 없으므로 감금된 특정구역 안에서 부분적 활동자유가 있는 경우도 감금죄가 성립하는 것은 체포 경우와 마찬가지다. 예컨대 판례는 피해자가 여관 등에서 8일간 있는 동안 그의 처와 만났으며 피고인 등과 같이 술을 마신 일이 있는 등 특정지역 안에서 일정한 생활 자유가 허용되었더라도, 피고인 일행이 밤마다 괴롭히고 채무불이행을 추궁하면서 여관에서 나가지 못하게 한 경우 감금으로 판시한다.[1] 이 죄는 일정한 시간계속을 필요로 하는 **계속범**이다. 이것에 미치지 못하는 경우는 미수범 또는 폭행죄가 성립할 수 있다. 따라서 이 죄 기수 요건은 일정한 시간계속과 자유

1) 대판 1984. 5. 15. 84도655.

박탈에 대한 피해자 인식 두 가지다.

체포와 감금은 같은 조문에 규정되어 있기 때문에 양자를 엄격하게 구별해야 할 실익이 있는 것은 아니다. 체포와 감금은 연계적으로 행해지는 경우가 많기 때문에 그 한계가 반드시 명확한 것도 아니다. 다만 개념으로는 감금은 신체에 대한 직접 구속이 없는 점에서 체포와 구별된다. 일정한 행위가 체포와 감금에 중첩적으로 해당될 경우는 형법 제276조 1항 단순일죄가 성립한다.

약취 · 유인 · 인신매매

약취, 유인 및 인신매매죄는 사람을 약취 · 유인('인취引取')하여 자기 또는 제3자 실력지배에 두거나 사람의 신체를 사거나 파는 행위를 함으로써 개인 자유를 침해하는 범죄다. 신체활동자유를 침해하는 점에서 체포 · 감금죄와 성질이 같지만 장소제한 없이 실력지배를 기준으로 하는 점이 다르다. 2013년 '인신매매의 죄'가 제목에 추가되고 법률 내용도 대폭 개정된 것은 UN '인신매매방지의정서'의 이행입법으로 이루어졌다.

미성년자 약취 · 유인죄에서 미성년자는 민법을 기준으로 19세 미만자이다. 그러나 민법 **성년의제** 제도(민법 제826조의2)는 형법에 타당하지 않아서 혼인한 미성년자도 얼마든지 이 죄 대상이 될 수 있다. 이 죄도 일정한 시간 계속이 필요한 계속범으로 보는 것이 타당하고, 피해자 승낙은 본인과 **보호자**(보호감독자의 감호권) 모두 승낙해야 한다. 약취는 폭행 · 협박을 수단으로 하고, 유인은 기망 · 유혹을 쓰는 점이 다르다. "기망"은 허위사실로 상대방을 착오에 빠지게 하는 것이고, "유혹"은 기망정도는 아니면서 달콤한 말로 상대방을 현혹시켜 판단력을 흐리게 하는 것을 말한다. 피인취자를 사실 지배상태에 두기 위해 **장소이전**이 필요한가 적극설과 소극설(통설)이 있다. 적극설은 피인취자 귀환불능에 따른 보호자 감독권행사방해 그리고 체포 · 감금죄와 구별되는 점도 장소이전이라는 것을 이유로 든다. 그러나 보호자를 폭행 · 협박 · 기망 등으로 떠나게 하고 피해자를 자기 실력지배에 둘 수도 있기 때문에 장소이전은 요건이 아니라고 보는 소극설이 타당하다. '**유괴범**'에 대한 가중처벌은 특정범죄가중법(제5조의2)에 규정되어 있다. 외조부가 양육하던 미성년자를 친권자가 자의 의사에 반해 자신 지배로 옮긴 경우는 미성년자 본인 이익 침해,[1] 독자적 교리를 듣고 스스로 가출한 미성년 피해자를 자신의 지배에 둔 것은 보호감독자의 감호권 침해로 위법하다.[2]

강간 · 추행

강간과 추행의 죄는 성폭력처벌법, 청소년성보호법 등의 모태가 되는 형법규정으로서 상당히 중요한 의미가 있다.

강간죄에서 객체가 부녀에서 '사람'으로 바뀌어 이제 남자, 여자 모두 대상이 될 수 있다. 부부 사이에 강간죄가 성립할 수 있는가, 폭행 · 협박으로 13세 미만자를 강간한 경우는 미성년자의제간음죄

1) 대판 2008. 1. 31. 2007도8011.
2) 대판 1982. 4. 27. 82도186.

(제305조)인가 아니면 강간죄인가, 견해가 갈린다. 어떤 논거가 가능할 수 있을까? **폭행 · 협박 정도**는 강간과 화간의 경계를 짓는다. '반항의 현저한 곤란'(반항 불가능은 당연히 여기 포함)이냐(최협의), 아니면 **'진지한 거부의사'**만 있어도 되느냐(협의), 문제다. 당연히 이 차이에 따라 강간죄 가벌성 범위가 달라진다. 법치국가 균형점이 피해자, 가해자의 어디로 옮겨가는지 눈여겨보기 바란다. 반항의 현저한 곤란도 판단이 쉽지 않은데, 순수 성향개념인 진지한 거부의사는 실무에서 어떻게 판단할 수 있을까? 강간 사건에는 피해자의 화간 주장이 자주 등장한다. 피해자 마음먹기에 따라 화간이 갑자기 강간으로 둔갑할 가능성을 어떻게 막을 수 있을까? 강도, 준강도 등 재산죄 폭행 · 협박과 다른 기준을 제시하는 것은 일관성에서 문제는 없는가. 반항이 현저하게 곤란하지 않은데도 성적 자결권 포기가 가능하다고 보는 것은 오히려 사람(부녀) 인격을 폄훼하는 것은 아닐까? 성범죄는 대부분 은밀하게 이루어지기 때문에 유일한 증인도 피해자밖에 없는 경우가 많다. 경계 사안에서 피해자가 강간을 주장하면 그 사건은 일단 '강간 사건'이 되고 해결 열쇠는 피해자에게 넘어간다. 가해자는 불리한 상황에서 화간을 뒷받침할 **간접사실**을 열심히 모으는 도리밖에 없다. 물론 피해자가 거짓주장을 하면 스스로 처벌받는 위험(무고죄)을 감수해야 한다. 이럴 경우 피해자가 처벌되더라도 그동안 강간 가해자로 지목되어 받은 '사회적 처벌'은 보상받기 어렵다. 위에서 '열쇠'라고 말한 것은 바로 이점을 염두에 둔 것이다. 시간을 끌면 끌수록 가해자의 사회적 부담은 그만큼 더 커진다. 강간죄에 대한 특별형법으로는 성폭력처벌법, 청소년성보호법 그리고 특정강

력범죄법이 있다.

다음 판례가 흥미 있다. "강간죄에서 공소사실을 인정할 증거로 사실상 **피해자 진술이 유일할 경우**, 피고인 진술이 경험칙상 합리성이 없고 그 자체로 모순되어 믿을 수 없다고 하여, 그것이 공소사실을 인정하는 직접증거가 되는 것은 아니다. 그러나 이러한 사정은 법관의 자유판단에 따라 피해자 진술의 신빙성을 뒷받침하거나 직접증거인 피해자 진술과 결합하여 공소사실을 뒷받침하는 **간접정황**이 될 수 있다."[1]

강제추행죄에서 '추행'은 상대방의 성적 자결권을 침해하는 음란행위로서 성적 수치심 · 혐오감정을 불러일으키는 행위를 의미한다. 이러한 감정은 사람에 따라 천차만별이다. 그러므로 강제추행죄 대상이 되는 행위는 사람의 성적 자기결정자유를 침해하는 것으로 인정될 수 있을 만큼 **중대성**이 있는 육체접촉이 있어야 한다. 중대성이 없는 단순한 **무례행위**는 추행이 되지 않는다. 폭행행위 자체가 추행행위로 인정되는 이른바 **기습추행**의 경우도 추행에 포함된다.

준강간죄나 준강제추행죄(제2299, 300조)는 사람의 심신상실 또는 항거불능상태를 이용하여 성교행위, 유사성교행위, 추행한 경우 성립하는 범죄다. 특별히 문제될 것은 없으나 실무에서 많이 적용되는 조문이다. 심신상실은 제10조보다 넓고 심신미약상태를 이용한 경우는 제외한다. 이런 판례가 있다. "사이비 교주인 피고인의 성적

1) 대판 2018. 10. 25. 2018도7709.

인 요구를 거절하면 자신과 가족들이 지옥에 갈 수 있다는 맹신에 빠져 피고인에게 반항하는 것이 절대적으로 불가능하거나 현저하게 곤란한 **심리적 항거불능상태**에 있었다고 판단될 경우 **상습준강간죄**가 성립한다."[1]

미성년자의제강간 · 강제추행죄(제305조)는 13세 미만이 **16세 미만**으로 부분적으로 상향되었다(제305조 2항). 이 연령은 간음 · 추행에 대한 동의능력이 없는 것으로 간주하고 동의 여부와 상관없이 강간죄, 강제추행죄로 처벌한다. '텔레그램 n번방 사건' 때문에 만든 규정이다.

주목할 만한 판례가 있다. "법원이 성폭행이나 성희롱 사건 심리를 할 때에는 양성평등을 실현할 수 있도록 '**성인지 감수성**'을 잃지 않아야 한다(양성평등기본법 제5조 제1항 참조). 우리 사회는 성폭행 피해자가 피해사실을 알리고 문제 삼는 과정에서 오히려 부정적 여론의 피해를 입기도 한다. 성폭행 피해자가 처해 있는 특별한 사정을 충분히 고려하지 않고 피해자 진술의 증명력을 가볍게 배척하는 것은 정의와 형평 이념에 맞는 증거판단이라고 할 수 없다.[2]

[요점 정리]

1. 판례는 협박죄를 위험범으로 본다.
2. 인질강요죄는 기수범에 대한 중지미수를 인정한다.

---

1) 대판 2021. 8. 26. 2021도7497.
2) 대판 2019. 9. 9. 2019도2562.

3. 체포 · 감금에서 피해자 인식은 기술되지 않은 구성요건요소다.
4. 약취, 유인 및 인신매매죄에서 민법상 성년의제 된 사람도 형법의 미성년자에 속한다.
5. 강간죄 대상은 남자도 될 수 있다.
6. 강제추행죄는 중대한 추행만 문제 삼는다.
7. '심리적 항거불능상태'도 준강간죄가 성립할 수 있다(판례).
8. 미성년자의제강간 · 강제추행죄의 연령을 16세 미만으로 올렸다.

형법각론

제3장 명예와 신용에 관한 죄

명예훼손 · 모욕

명예에 관한 죄는 **공연公然히** 사실을 적시하여 사람 명예를 훼손하거나 사람을 모욕함으로써 성립하는 범죄다. **사자死者**, 즉 죽은 사람도 명예의 주체가 될 수 있을까? 긍정설이 다수설이고 우리 형법에도 규정이 있다(제308조). '역사 존재로서 사자의 인격가치'를 부인하는 것은 아니지만 그 가치가 꼭 형법 보호대상, 즉 형법법익이 되어야 하는지는 별개 문제이다. 형법 **보충성원칙**을 상기시키고 싶다. 형법법익 담당자는 '사람'이어야 하는데 사자가 여기 사람에 포함될 수 있는지 따져봐야 한다. 사람과 사람이었던 자는 다르다.

명예훼손죄의 가장 큰 문제는 '**공연성公然性**'이다. 공연성은 '불특정 또는 다수인이 인식할 수 있는 상태'를 뜻한다(통설 · 판례). 그런데 이 의미 공연성은 일본말이다(일본 형법 제230조, "공연히 사실을 적시하여"가 그대로 나오고 한자말도 같다). 우리 말 공연公然은 숨김이 없고 떳떳하여 제310조 위법성조각사유에 해당할 일이다. 법문의 '공연히'

는 '**공개적으로**'를 의미하여 한자말 공연公然과 맞지 않는다. 이 비판을 받아들여 정보통신망법은 인터넷을 이용한 명예훼손죄에서 '공연히'를 '**공공연하게**'로 바꾸었다(제70조 1항). 형법도 이렇게 바꾸면 좋겠는데, 너무 유명한 주제고 그동안 쌓인 판례도 많아서 부담이 될지 모르겠다.

다음은 공연성 판단기준으로서 **전파성이론**이다. '결과적으로 불특정 또는 다수인에게 전파될 가능성'이 있으면 공연성이 인정된다(판례). 비록 특정된 한 사람에게 사실을 적시했을지라도 결과면에서는 불특정 또는 다수인에게 한 것과 같다고 보기 때문이다. '결과적으로 다 알려졌으면 네 책임'이라는 논리다. 이렇게 되면 행위자는 행위 당시에 알 수 없는 미래의 일(전파가능성)에 대해 **예측가능성**이 없고, 따라서 자신 행위를 통제할 방법이 없다. 거의 모든 사실적시가 공연성이 인정될 위험이 있다는 것은 법치국가적으로 문제가 있다. 명예훼손죄는 명예훼손의 일반적 위험성(명예훼손죄 전단계)을 처벌하는 범죄유형이 아니다(추상적 위험범). 명예훼손 행위가 불특정 또는 다수인에게 직접 이루어져서 나중에 결과발생을 보지 않고도 명예가 훼손될 구체적 위험이 있는지 **행위관점**에서 파악해야 한다(구체적 위험범).[1] 가장 쉽게 이루어지는 고소사건이 명예훼손죄다. 이것을 전부 전파성이론으로 재단하면 형법 명예훼손죄는 과부하가 걸리고 대법원도 견딜 수 없기는 마찬가지다. 판례는 공연성을 제한하는 이론을 만들었다. **피해자와 신분관계에 있는 자, 피해자 직장상사. 피해**

1) 판례는 반대. 2020. 11. 19. 2020도5813 전원합의체. 전파성이론, 명예훼손죄의 추상적 위험범 성격을 다시 확인한 판결로서 매우 훌륭함. 필독 권함.

자 동업자에게 말한 경우는 전파성이 없다고 본다. 다음이 위 전원합의체 판결 일부다. "명예훼손죄 보호법익인 명예에 대한 침해는 객관적으로 확인될 수 없고 이를 증명할 수도 없다. 따라서 불특정 또는 다수인이 적시된 사실을 실제 인식하지 못하였더라도 **그런 상태에 놓인 것만으로도 명예가 훼손된 것으로** 보아야 하고 이를 불능범이나 미수로 평가할 수 없다. 공연성에 관한 위와 같은 해석은 불특정 또는 다수인이 **인식할 수 있는 가능성 측면**을 말하는 것이고, 죄형법정주의에서 허용되는 해석이며, 그와 같은 행위에 대한 형사처벌 필요성이 있다."[1)]

사실적시 명예훼손죄(제307조 1항) **비범죄화** 논의가 있다. 최근 미투(Me Too) 등 사회운동과 관련하여 과거 진실한 사실을 폭로하는 용기 있는 행위도 명예훼손죄에 해당될 수 있다는 염려스러운 시각과 함께 나온 문제다. 공연성에 대한 문제제기보다 한 발 더 나간 것으로 볼 수 있다. 정보통신망법의 **사이버명예훼손죄**까지 더해지면서 명예훼손죄가 너무 '흔해 진 것'도 원인 가운데 하나다. 다 수긍하지만, 사람이 명예를 잃으면 그 사람됨을 잃는다고 해도 지나친 말은 아니다. 자신의 명예를 지키기 위해 생명을 내던지는 사람에게 명예는 생명보다 우위에 있는 가치다. 헌법재판소와 대법원은 사실적시 명예훼손죄의 법치국가적 제한해석을 입법 정당성 조건으로 전제하

---

1) 위 전원합의체 판결. 반대의견까지 다 읽고 여러분 상상력을 맘껏 펼쳐보기 바란다. 그 판타지가 여러분 리걸마인드를 키우는 원동력이 된다(외국어 써서 미안). 리걸마인드는 암기로 되는 것은 아니다.

고, 그런 해석은 계속 발전하며 더욱 촘촘해지고 있다. 그렇다면 명예법익 자체를 형법 보호목록에 포함하는 것은 아직 비례성원칙에 부합할 것으로 판단한다.[1)]

다음은 **제310조 위법성조각사유**다. 제307조 1항 사실적시 명예훼손죄는 **진실한 사실**을 적시해도 성립할 수 있다. 헌법상 표현의 자유, 국민의 알권리와 충돌할 수 있기 때문에 생긴 조문이다. "진실한 사실", "공공의 이익"을 조건으로 위법성을 조각한다. 법문은 공공의 이익 앞에 "**오로지**"를 붙이고 있는데, 이것에 관한 해석이 공공 이익 범위를 넓힐 수도 있고 또는 그 반대가 될 수도 있다. '오로지'를 엄격하게 해석하면 위법성을 조각하는 제310조 적용범위가 그만큼 줄어들고 가벌성은 늘어난다. 대법원은 오로지를 "**주로**"로 해석하는 데, 이것은 어디 속하겠는가? "형법 제310조 '오로지 공공의 이익에 관한 때'에 관한 판단에서, 행위자의 **주요한 목적이나 동기**가 공공의 이익을 위한 것이라면 부수적으로 다른 사익적 목적이나 동기가 내포되어 있더라도 형법 제310조의 적용을 배제할 수 없다."[2)]

모욕죄에서 모욕은 **사실을 적시하지 않고** 공연히 경멸 등 부정

1) 이 지점에서 드는 생각, 기본적으로 법은 참 보수적이다. 어쩌면 그럴 수밖에 없는 것이 법의 운명인지도 모르겠다. 개혁은 매우 훌륭한 가치고, 이 사회를 더 나은 사회로 발전시키기 위해 꼭 필요한 덕목이다. 그러나 정작 법이 개혁이라는 이름으로 자주 바뀐다면 국민은 뭘 믿고 사나. 개혁의 장점과 불안의 단점, 어느 것이 더 무게가 나갈까. 법적안정성 문제다. 그래서 실질적 정의를 위해 포기할 수 있는 법적안정성의 범위가 얼마인지, 그것을 두고 사람들은 싸운다. 모르니 싸우는 거다. 알면 안 싸우지.

2) 대판 1996. 10. 25. 95도1478.

적 가치판단으로 타인 명예를 손상하는 것을 말하고, 명예훼손죄는 구체적 사실적시로 이런 행위를 하는 점이 차이다. 판례를 보면 욕설 섞인 표현이 주로 등장한다. 주변에서 자주 보는 것 같은데도 판례는 많지 않다. 그 이유는 무엇일까, 나도 궁금하다.

신용 · 업무 · 경매

여기서는 **업무방해죄**가 도드라진다. '업무'는 업무상과실에서 말한 그대로다. 형법 '업무'는 다 똑 같다. 유사한 범죄유형인 **공무집행방해죄**와 구별이 약간 문제가 된다. 공무는 별도 규정이 있으니 공무를 일반업무 가운데 굳이 포함시켜야 할 이유는 없어 보인다(공무제외설). "형법이 **업무방해죄와는 별도로** 공무집행방해죄를 규정하고 있는 것은, 사적 업무와 공무를 구별하여 공무에 관해서는 공무원에 대한 폭행, 협박 또는 위계의 방법으로 그 집행을 방해하는 경우에 한하여 처벌하겠다는 취지라고 보아야 한다. 따라서 공무원이 직무상 수행하는 공무를 방해하는 행위에 대해서는 업무방해죄로 의율할 수는 없다고 해석함이 상당하다."[1)]

위계에 의한 업무방해죄에서 "위계"는 기망 또는 유혹으로 착오에 빠지게 하는 모든 수단을 말한다. "허위사실 유포"는 객관적 사실과 다른 내용을 불특정 다수인에게 전파하는 것을 말한다. 허위사실 유포는 위계의 한 형태로 보는 것이 판례 관점이다. 옛날 정치적으로 암울했던 시기에 노동운동을 위해 **위장 취업**하는 경우가 흔히 있었

1) 대판 2009. 11. 19. 2009도4166 전원합의체.

다. 이것이 위계에 의한 업무방해죄에 해당하는지, 판례는 긍정한 견해가 하나 있다.[1] 지금은 이런 일 자체가 없으니 현실적 의미는 없다. 판례는 개인택시 운송사업면허 신청서에 허위 소명자료를 첨부한 것은 위계에 의한 공무집행방해죄에 해당되지 않는다고 판시한 적이 있다.[2] 자료만 첨부하면 심사도 하지 않고 면허를 내주는 것은 아니기 때문에 그렇다. 그러면 이 판결하고 위 위장취업 판결은 어떻게 조화를 이룰 수 있을까?

[요점 정리]

1. 명예훼손죄의 '공연公然히'는 일본말이다.
2. 전파성이론은 명예훼손위험성을 처벌한다.
3. 사실적시 명예훼손죄(제307조 1항)의 비범죄화 논의가 있다.
4. 판례는 제310조 위법성조각사유의 '오로지'를 '주로'로 해석한다.
5. 모욕죄는 사실을 적시하지 않는 점이 명예훼손죄와 다르다.
6. 판례는 공무가 업무방해죄 규율대상이 아니라고 한다.

---

1) 대판 1992. 6. 9. 91도2221.
2) 대판 1988. 9. 27. 87도2174.

제4장 사생활의 평온에 대한 죄

비밀침해 · 주거침입

비밀침해죄에는 **업무상비밀누설죄**가 의미 있다. 주체가 되는 직종이 예증적으로 열거되어 있는데, 소송대리인이나 변호사가 아닌 변호인, 세무사 등 더 포함시켜야 할 직종이 있다. 이 죄 주체는 대부분 소송법상 **증언거부권**을 가지고 있다(형사소송법 제149조, 민사소송법 제315조). 이러한 증언거부권을 행사하지 않고 타인비밀을 누설하는 증언을 하였을 경우 위법성이 조각될 수 있을까? 조각된다는 긍정설(다수설) 견해가 옳다. 형사소송법 제149조가 임의규정이고, 진실발견에 협조해야 할 국가의무를 개인 비밀보호보다 우선하는 것은 정당화될 수 있다.

주거침입죄는 이론 · 실무적으로 중요한 조문이다. 객체에서 '사람의 주거'와 관련해 다가구용 단독주택이나 다세대주택 · 연립주택 · 아파트 등 공동주택의 내부에 있는 **엘리베이터, 공용 계단과 복**

도도 여기에 해당된다.[1] 일반인의 출입이 허용된 **상가 등 영업장소**에 영업주 승낙을 받아 통상적인 출입방법으로 들어갔다면 특별한 사정이 없는 한 건조물침입죄에서 규정하는 침입행위에 해당하지 않는다. 설령 행위자가 **범죄 등 목적**으로 영업장소에 출입하였거나 영업주가 행위자의 실제 출입목적을 알았더라면 출입을 승낙하지 않았을 것이라는 사정이 인정되더라도 마찬가지다.[2] 타인 주거에 신체 전부가 들어가야 "침입"이 되고 일부가 들어간 경우는 미수이다. 판례는 **일부침입설**을 취한다. **복수주거권자**가 있는 상황에서 한 사람 동의를 받고 주거에 출입한 경우는 비록 위법한 목적이 있더라도 사실상 주거 평온이 침해된 것으로 볼 수 없기 때문에 침해에 해당되지 않는다(다수설). 남편 부재중에 처와 혼인 외 성관계를 갖기 위해 처의 동의를 받고 주거에 들어간 경우, 대법원은 전원합의체 판결로 주거침입죄가 성립한다는, 아주 오래된 판례를 변경하였다. **묵시동의**의 경우도 **위법목적**이 있으면 이 죄가 성립한다. 예컨대 평소 무상으로 출입하던 자라도 절도 · 강도 · 폭행목적으로 들어간 경우는 주거침입죄가 성립한다. 기망에 의한 승낙도 주거침입죄에 해당한다. **공공장소**에 대한 출입은 범죄목적이 있는 경우라도 이 죄에 해당하지 않는다(반대의견 있음).[3] 판례를 보자. "**혼외 성관계를 가질 목적**으로 피해자(남편)의 부재중에 피해자의 처로부터 현실적인 승낙을 받아 통상적인 출입방법에 따라 주거에 들어갔으므로 **주거의 사실상 평온상**

---

1) 대판 2009. 9. 10. 2009도4335.
2) 대판 2022. 8. 25. 2022도3801.
3) 대판 2022. 3. 24. 2017도18272 전원합의체. 아래 '혼외 성관계 사건' 논지를 그대로 따른 판결이다.

태를 해치는 행위태양으로 주거에 들어간 것이 아니어서 주거에 침입한 것으로 볼 수 없다. 설령 피고인의 출입이 부재중인 피해자의 추정적 의사에 반하더라도 주거침입죄의 성립에 영향을 미치지 않는다."[1] *반대의견 있음.

퇴거불응죄는 대표적인 진정부작위범 가운데 하나다. 부작위로도 가능하다. 이 죄 미수처벌규정(제322조)은 어떤 경우에 성립할 수 있을까? 이 죄는 거동범이어서 퇴거불응 즉시 기수가 되고 그 후 불응상태는 계속범에 해당한다. 비록 조문은 있지만 진정부작위범 미수는 상상하기 어렵다.

[요점 정리]

1. 업무상 비밀누설죄의 주체가 되는 직종은 더 늘릴 필요가 있다.
2. 영업장소에 대한 통상적인 출입은 위법목적이 있더라도 건조물침입죄가 성립하지 않는다.
3. 복수주거권자의 주거, 공공장소 출입에서 위법목적은 주거의 사실상 평온에 영향을 미치지 않는다(판례).
4. 퇴거불응죄 미수처벌규정은 실현되기 어렵다.

---

1) 대판 2021. 9. 9. 2020도12630 전원합의체. 이 판례도 원문 숙독 권함.

제5장 재산에 대한 죄

재산죄는 형법각론 '본론'에 해당한다. 그만큼 범위도 넓고 중요하다는 의미를 가진다. 절도가 기본이고 강도, 사기, 횡령, 공갈, 배임, 장물, 손괴죄가 뒤따른다.

절 도

절도죄 구성요건은 "타인의 재물을 절취한 자"이다(제329조). 당연히 "**타인 재물**"(재물성과 타인성)과 "**절취**"라는 행위표지가 핵심을 이룬다. 재물개념에서 '유체성설'과 '관리가능성설'은, "관리할 수 있는 동력은 재물로 간주한다"(제346조)는 규정을 재물 예외규정으로 보느냐 아니면 예시규정으로 보느냐, 차이다. 유체성설 관점에서 무체물은 예외적 재물이 된다. 민법(제98조)에는 관리가능성설이 물건 정의로 규정되어 있다. 여러분은 어떤 견해가 옳다고 생각하는 지. 중요한 논쟁이니 정리는 필요하다. 내 의견은 여백으로 남겨둔다.

그러면 이런 문제는 또 어떤가. 부동산이 '절취'대상이 될 수 있을까(부동산의 재물성 또는 부동산절도 문제)? 절취라면 보통 가동적 물건, 동산을 의미하는 건 우리 언어생활은 물론 로마법 이래 전통이다. 우리 형법은 절도죄(강도죄도 마찬가지) 객체를 단지 "타인의 재물"로만 규정하고 있어서 논쟁이 생겼다. 긍정설에 따르면 "A는 B의 집을 절취했다"는 말이 가능해야 한다. 긍정설은 무엇을 '절취'라고 볼까?

타인성은 절취대상이 되는 물건이 민법상 "타인의" 재물이어야 하는 것을 말한다. 형법 점유자도 여기 포함된다. 민법의 여러 가지 소유양태, 예컨대 단독소유 · 공동소유 · 총유 · 합유 등을 가리지 않는다. 형법 점유는 소지所持(목적물에 대한 사실지배)를 의미하기 때문에 도둑이 훔친 물건을 다시 훔쳐도 절도죄는 성립한다. 도둑은 훔친 물건에 대한 민법 점유는 없지만 형법 점유, 즉 소지는 인정되기 때문이다. 절도범의 소지에 대한 침해로 소유자의 소유권이 함께 침해되는 데 본질이 있다. 민법 점유는 법률개념이지만 형법 점유는 사실개념이라서 **간접점유**는 인정하기 않고 민법과 달리 **점유보조자 점유**는 인정한다. **사자死者 점유** 인정 여부에 따라 절도죄와 점유이탈물횡령죄가 갈린다. 판례는 사망과 '시간적 · 장소적 근접성'을 조건으로 긍정하는 견해다.

절도죄 행위는 "**절취**"인데, 물건에 대한 점유자의 지배의사에 반하여 물건의 사실지배를 제거하는 행위를 의미한다. **점유배제와 점유취득**이 그 주된 내용이다. 결혼예식장에서 신부측 축의금 접수인인 것처럼 행세하여 하객의 축의금을 가로챈 행위는 절도죄일까 사기죄일까? 이런 것을 **책략절도**라고 한다.[1] **강간당한 피해자가** 도피하면서 현장에 두고 간 손가방은 점유이탈물이 아니라 사회통념상 피해자의 지배에 있는 물건이라고 보아야 한다. 피고인이 그 손가방 안에 들어 있는 피해자의 돈을 꺼낸 행위는 절도죄에 해당한다.[2]

불법영득의사는 절도죄의 기술되지 않은 주관적 구성요건요소다. 불법영득의사는 '**남의 물건을 훔쳐 가지려는 의사**'를 말한다. 이것을 두고 판례는 "권리자를 배제하고 타인물건을 자기 소유물과 같이 그 경제용법에 따라 이용하고 처분할 의사"를 말한다고 정의한다.[3] 소유자지위 소극적 배제의사와 소유자 지위 적극적 이용의사가 핵심요소다. 이른바 **사용절도**는 이용의사는 있지만 소유자지위 소극적 배제의사가 없다는 점이 절도죄와 다르다. 절도죄로 처벌되지는 않고 민법 문제만 남는다. 그러나 자동차 등 불법사용죄(제331조의2)는 다르다. 그럼 이런 경우는 어떨까. 신용카드를 사용하여 **현금자동지급기**에서 현금을 인출하였다 하더라도 신용카드 자체가 가지는 경제적 가치가 인출된 예금액만큼 소모되었다고 할 수 없으므로, 이를 일시 사용하고 곧 반환한 경우는 불법영득의사가 없다.[4]

자동차 등 불법사용죄는 소유권과 함께 사용권이 그 내용으로 보호된다. 행위객체는 사용권이지만 보호객체는 소유권이다. 이 죄 "사용"은 권리자 동의 없이 "사용을 개시"하는 경우를 의미하고, 정당하게 사용을 개시했다가 권한범위를 넘어선 "권한 없는 사용

1) 대판 1996. 10. 15. 96도2227, 96감도94.
2) 대판 1984. 2. 28. 84도38.
3) 대판 2006. 3. 24. 2005도8081.
4) 대판 1999. 7. 9. 99도857.

의 계속"은 여기에 포함되지 않는다(예컨대 반환시간을 넘긴 렌트카 무단사용).

친족상도례(제344조)는 **강도죄와 손괴죄**를 제외한 재산범죄, 예컨대 절도죄 · 사기죄 · 공갈죄 · 횡령죄 · 배임죄와 그 미수범 그리고 권리행사방해죄 · 장물죄에 대한 친족간 범죄는 그 특수성 때문에 형을 면제하거나 고소가 있어야 공소를 제기할 수 있는 특례이다. 여기 적용되는 친족에 대한 정의와 그 범위는 민법(제767조 이하)에 따라 정한다. 친족관계는 행위자와 소유자뿐만 아니라 점유자 모두 사이에 있는 경우에 적용된다는 것이 판례 견해다(소유자 · 점유자관계설). 절도범인이 피해물건의 소유자나 점유자의 어느 일방과 사이에만 친족관계가 있는 경우는 그 적용이 없다.[1)]

강 도

강도죄(제333조)는 가장 강력한 형태의 **폭행 · 협박**(강요행위)으로 타인재물을 강취하거나(불법영득) 재산이익을 취득하거나(불법이득) 또는 제3자로 하여금 취득하게 하는 범죄다. 따라서 강도죄는 재물죄인 동시에 이득죄다. 객체에서 '**재산상 이익**'은 경제적으로 가치 있는 재화 가운데 법질서가 승인한 것만을 의미한다(법률적 · 경제적 재산설). '**폭행 · 협박**'은 상대방 반항을 억압하거나 항거가 불가능하여 그 결과 피해자가 재산을 자의로 처분할 수 없는 상태가 되어야 한다. 바로 이 점이 강요죄 · 공갈죄와 다르다. 강도죄뿐만 아니라 형법에서

1) 대판 1980. 11. 11. 80도131.

'강'자가 붙은 모든 범죄의 **실행착수**는 폭행 · 협박을 개시한 때이다. 이런 판례는 어떻게 생각하는가? 반항 불가능할 정도로 폭행, 협박을 한 후 그로부터 상당한 시간이 경과하고 폭행, 협박이 있었던 곳과 다른 장소에서 금원을 교부받았다면, 강도 미수는 될 수 있어도 강도 기수는 성립하지 않는다.1) 폭행, 협박이 재물강취의 직접 수단이 되지 않았기 때문에 그렇다.

특수강도(제334조)는 '야간주거침입, 흉기휴대, 2명 이상'이 강도죄를 저지른 경우에 가중 처벌하는 규정이다. 여기에 '강도'와 관련한 폭행, 협박이 있다. 그러면 특수강도의 실행착수시기는 폭행협박, 주거침입 둘 가운데 어느 것을 기준으로 할까(**폭행협박시설과 주거침입시설**)? 앞에서 '강'자가 붙은 범죄는 폭행협박을 개시한 때 실행착수가 있다고 말하였는데, 사실 여기서도 그 원칙이 적용되는 것이 맞다. '특수'는 '강도'를 수식하는 말이고 특수강도의 본질은 어디까지나 '강도'에 있기 때문이다. 판례 태도는 이 양자 사이에서 오락가락한다. 먼저 **폭행협박시설** 판례다. 야간에 흉기를 휴대한 채 타인의 주거에 침입하여 **집안의 동정을 살피는** 것만으로는 특수강도의 실행에 착수한 것이라고 할 수 없다. 특수강도에 착수하기도 전에 저질러진 행위자의 강간행위는 특정범죄가중법상의 특수강도강간죄에 해당하지 않는다.2) 다음 **주거침입시설** 판례다. 형법 제334조 제1항 야간주거침입강도죄는 주거침입과 강도의 결합범으로서 시간적으로 주거침입행위가 선행되므로 **주거침입을 한 때에** 본죄의 실행에 착수한 것

1) 대판 1995. 3. 28. 95도91.
2) 대판 1991. 11. 22. 91도2296.

으로 보아야 한다.[1])

준강도죄(제335조)는 쟁점이 많다. 준강도죄는 절도가 재물 탈환을 항거하거나 체포를 면탈하거나 범죄 흔적을 인멸할 목적으로 폭행 또는 협박을 함으로써 성립하는 범죄다. 폭행 · 협박이 재물 취득 후에 뒤따른다는 점에서 강도죄와 다르고 절도죄나 강도죄의 가중 구성요건도 아니다. 법정형은 강도죄와 같다. **절도미수**도 이 죄 주체가 될 수 있다(**통설, 판례**). 강도도 준강도 주체가 될 수 있는데, 그럴 경우 강도와 준강도 경합범이 성립한다. 행위는 '절도기회의 폭행 · 협박'인데, '**절도기회**'는 절도 실행착수 후 절도행위종료까지 **시간 · 장소적 근접성**이 인정되는 범위를 의미한다. 시간 근접성은 '절도 실행착수 후 종료행위 직후까지'로서 사회통념상 범죄행위가 아직 완료되지 않은 것으로 인정되는 단계를 의미한다. 장소 근접성은 폭행 · 협박이 절도 현장이나 그 인근에서 이루어져야 하는 것을 의미한다. 명시적 판례를 보자. 준강도죄에서 말하는 '**절도의 기회**'는, 절도범인과 피해자 측이 절도 현장에 있는 경우와 절도에 잇달아 또는 절도의 시간 · 장소에 접착하여 피해자 측이 범인을 체포할 수 있는 상황, 범인이 죄적인멸에 나올 가능성이 높은 상황에 있는 경우를 말한다. 그런 의미에서 피해자 측이 추적태세에 있는 경우나, 범인이 일단 체포되어 아직 신병확보가 확실하다고 할 수 없는 경우는 절도기회에 해당한다.[2])

준강도미수(제342조)는 절취행위와 폭행협박 가운데 어느 것을

---

1) 대판 1992. 7. 28. 92도917.

2) 대판 2009. 7. 23. 2009도5022.

기준으로 결정할까(절취행위기준설과 폭행협박행위기준설)? 아니면 둘 가운데 어느 하나가 미수이면 다른 것이 기수이더라도 성립할까(결합설)? 절취행위기준설을 따르면 미수상태 절도의 폭행협박은 늘 준강도미수 밖에 되지 않는 문제가 있다. 위 특수강도에서도 그 예를 보았듯이, 준강도의 '준', 즉 절도에 둘 것인가 아니면 '강'에 둘 것인가 문제다. 준강도는 어디까지나 강도지 절도는 아니다. 판례는 원래 폭행·협박행위기준설을 취하다가 현재는 전원합의체판결로 판례를 변경하여 **절취행위기준설**을 따른다. 현재 판례견해를 보자. 형법 제335조가 준강도를 강도죄의 예에 따라 처벌하는 취지는, 강도죄와 준강도죄의 구성요건인 재물탈취와 폭행·협박 사이에 시간순서에 전후 차이가 있을 뿐 실질적으로 위법성이 같다고 보기 때문이다. 준강도죄의 입법 취지, 강도죄와 균형 등을 종합적으로 고려할 때, 준강도죄의 기수 여부는 **절도행위의 기수 여부를** 기준으로 판단해야 한다.[1)]

다음은 **준강도죄 공동정범** 문제가 중요하다. 절도죄 공동정범 한 명이 체포를 면탈할 목적으로 폭행·협박하는 초과행위(절도공모에 준강도)를 한 경우를 들어보자. 이때 판례는 예견가능성만 있으면 다른 공범자에 대해서도 무조건 준강도죄 공동정범을 인정한다.[2)] 이 **'예견가능성'** 표지가 어디서 나왔을까? 예견가능성은 과실범 표지다. 공범 초과행위는 주로 공동정범과 교사범에서 문제가 되고 추가적인

---

1) 대판 2004. 11. 18. 2004도5074 전원합의체. 대법원의 종래 견해 폭행협박행위기준설은 대판 1964. 11. 24. 87도1592.
2) 대판 1991. 11. 26. 91도2267.

책임이 논의되는 형태는 **결과적 가중범**이다. 판례는 일관되게 과실범 공동정범을 인정하는 관점이기 때문에 예견가능성이라는 과실범 표지로써 준강도죄 공동정범도 인정할 수 있다는 기계적 해결방법을 사용한다. 그러나 문제는 준강도죄가 **절도죄의 과실범**(결과적 가중범)이 아니라 독자적 구성요건이라는 점이다. 절도죄 공동정범 중 1명의 초과행위에 대해 다른 공범자에게 미필고의가 인정되지 않는 한 준강도죄책임을 부담해야 할 이유는 없다. 그 부분은 행위자 단독정범으로 처리하는 것이 맞다.

사 기

사기죄(제347조)는 가장 많이 발생하는 범죄다. 전체 재산범죄의 50% 정도를 차지한다. 두 번째 많은 것이 절도죄인데 30% 정도다. 사기죄가 성립하기 위해서는 6가지 요건을 갖추어야 한다. 기망, 착오, 재산처분행위, 재산손해 발생, 손해와 이득의 자료동질성, 고의(불법영득의사)가 그것이다. 행위객체는 '재물 또는 재산상 이익'이고 행위는 '기망'이다. 판례는 **기망**을 "거래관계에서 서로 지켜야 할 신의성실의무를 저버리고 타인을 착오에 빠지게 하는 모든 적극적 · 소극적 행위"라고 표현한다.[1] 판례는 **묵시 기망행위**도 인정한다. 무전취식, 무전숙박, 부동산 이중매매, 가등기 설정 부동산에 대한 고지의무 위반, 훔친 예금통장으로 예금 인출하는 행위 등을 예로 들 수 있다. 묵시 기망행위에 해당되지 않을 경우 **부작위에 의한 기망행위**를

---

1) 대판 2002. 2. 5. 2001도5789.

검토할 수 있다. 예컨대 은행원이 청구금액을 초과하여 내주는 돈을 받는 행위, 지불능력이 없음을 알면서도 계속 음식을 주문하여 먹는 행위, 부동산거래를 하면서 목적물 하자나 담보권설정을 알리지 않은 행위 등이 있다. 보증인 지위, 동가치성 등 부작위 모든 요건을 갖추어야 한다. 판례가 제시하는 부작위 기망 인정 기준은, "상대방이 그와 같은 사정에 관한 고지를 받았더라면 해당 거래관계를 맺지 않았을 것이 경험칙상 명백한 경우"라고 표현한다.[1]

소송사기 문제도 빼놓을 수 없다. 소송사기는 법원에 대해 허위사실을 주장하거나 거짓증거를 제출함으로써 법원을 기망하여 자기에게 유리한 판결을 받아내고, 이것을 토대로 상대방으로부터 재물 또는 재산 이익을 얻는 것을 말한다(법원기망 → 허위 승소판결 → 강제집행). **소송사기 고의**는 권리부존재, 허위주장, 법원기망 등에 대한 인식이 있어야 한다. **소송사기 실행착수**는 법원에 허위서류를 제출한 때이고, 기수시기는 법원을 기망하여 승소판결이 확정된 때이다. 그러나 소송사기는 **엄격하게 인정할** 필요가 있다. 그렇지 않으면 당사자의 활발한 소송활동을 위축시키고, 사기죄가 사법체계기능을 보호하는 보편법익 또는 위험범으로 변질될 수 있다. 관련 판례를 보자. 부동산등기부상 소유자로 등기된 적이 있는 자가, 자기 이후에 소유권이전등기를 경료한 등기명의인들을 상대로 허위사실을 주장하면서, 그들 명의 **소유권이전등기말소 소송을** 제기한 것은 사기의 실행착수에 해당된다.[2]

---

1) 대판 2004. 4. 9. 2003도7828.
2) 대판 2003. 7. 22. 2003도1951.

삼각사기(삼각관계사기)라는 개념이 있다. 사기죄 재산처분행위와 관련되는 문제다. 사기죄 피기망자와 재산피해자는 보통 동일인인 경우가 대부분이지만 다른 사람일 수도 있다. 이때 사기는 기망자, 피기망자(재산처분행위자), 재산피해자 삼자 사이에서 이루어진다는 의미에서 삼각사기라고 부른다. 피기망자는 재산처분권이 있어야 한다.

신용카드 부정사용과 사기죄 문제도 중요한 주제다. 특별법으로 **여신전문금융업법**이 있다. 우선 **신용카드를 부정으로 발급** 받으면 사기죄가 될까? 판례는 해당된다는 견해다. 미래의 손해발생위험과 현재 손해발생을 같은 것으로 보면 **사기죄긍정설**이 타당하다. 이렇게 되면 사기죄가 침해범이 아닌 위험범으로 둔갑한다. 다음 **자기명의 신용카드를 부정 사용**하는 것은 어떨까? 판례는 긍정과 부정을 오간다. 카드가맹점은 제시된 카드가 도난 · 분실 등 사고카드인지 형식 요건만 심사하면 되고 카드회원의 대금결제의사 또는 능력 등 실질요건을 심사할 이유가 없다. 가맹점에 대한 기망과 착오를 인정하기 어렵다. 자기명의 신용카드 부정사용을 꼭 형법으로 통제할 필요가 있는지 근본 의문을 제기해야 한다. 자기명의 신용카드의 부정사용과 달리 **타인 카드를 부정사용하는 경우**는 사기죄가 성립한다는 점에 이견이 없다(**통설 · 판례**). 타인 카드를 자신 카드인 것처럼 제시하는 것은 카드 효력 및 회원 동일성 등 형식 요건을 가맹점에 속이고 적극적으로 잘못된 표상을 갖게 하기 때문에 기망과 착오를 인정하는 데 어려움이 없다. 가맹점은 부정사용자가 카드회원 본인인 것으로 믿고 상품대금이 지급될 것으로 오신하여 상품을 판매하였기 때문에 재산 처분행위도 인정된다.

현금자동지급기 부정이용은 기계와 사람의 문제다. 여기에서 자기명의 신용카드와 달리 **타인명의 신용카드 부정이용**은 여신전문금융업법 신용카드부정사용죄(제70조 1항)가 성립한다는 점에 이견은 없다. 이 행위가 **컴퓨터사용사기죄**(제347조의2)에 해당될 수 있을까? 이 죄가 **재산상 이익**만을 대상으로 하고 있어서 이 법조항으로 처벌할 수는 없고 **절도죄**에 해당한다는 것이 판례견해다. 현금자동지급기는 기계이기 때문에 절도죄의 객관적 구성요건인 "**절취**", 즉 '상대방 의사에 반하는 재물의 취거'를 어떻게 인정할 것인지가 관건이다. 판례를 보자. 피고인이 타인 명의를 모용하여 발급받은 신용카드를 사용하여 **현금자동지급기에서** 현금대출을 받는 행위는, 카드회사에 의하여 카드명의인인 피모용자에게 미리 포괄적으로 허용된 행위가 아니라, 현금자동지급기의 **관리자 의사**에 반하여 그의 지배를 배제한 채 그 현금을 자기의 지배하에 옮겨 놓는 행위로서 절도죄에 해당한다.[1]

공 갈

공갈죄(제350조)에서 **'공갈'**은 재물을 교부받거나 재산이익을 취득하기 위해 폭행 · 협박으로 상대방에게 공포심을 일으키게 하는 일체 행위를 의미한다. 강도죄와 차이점은 강도죄가 피해자 반항을 억압할 정도 폭행 · 협박이 있어야 하는 데 반해, 공갈죄는 **피해자의**

1) 대판 2006. 7. 27. 2006도3126.

임의의사를 제한할 정도 폭행 · 협박이 있어야 한다는 점에 있다(강도 > 공갈). 만일 객관적으로는 공포심을 야기하기에 충분한데도 상대방이 영향을 받지 않았을 경우는 공갈미수죄가 성립한다. 공갈죄에는 다른 재산범죄 구성요건개념이 광범위하게 적용된다. 즉 "공갈"은 강요죄의 폭행 · 협박과 일치하는 개념이며, "타인의 재물"은 절도죄에서 사용하는 개념과 같다. "재산상 이익"도 사기죄에서 사용하는 것과 동일하다. 예컨대 재산상 손해, 이익 개념, 삼각관계, 제3자를 위한 공갈, 손해와 이득의 자료동질성 등 내용은 모두 사기죄와 같다. 공갈죄에서는 협의 협박개념이 적용된다. 따라서 해악고지 결과 상대방이 저항할 수 없는 정도는 아니더라도 현실적으로 공포심을 느낄 수 있어야 한다. 대법원도 가출자 가족에 대해 그 소재를 알려주는 조건으로 보험가입을 요구한 행위는 도의상 비난할 수는 있어도 그에 따라 가족들이 공포심을 갖게 되었다고 볼 수 없기 때문에 공갈죄는 되지 않는 것으로 판시한다.[1] 만일 객관적으로는 공포심을 야기하기에 충분한데도 상대방이 영향을 받지 않은 경우는 공갈미수죄가 성립한다. 그 반대 경우, 즉 객관적으로 공포심을 가질 수 없는 행위에 대해 공포심을 느낀 경우는 공갈죄 객관적 구성요건해당성이 인정되지 않는다. 따라서 만일 그런 행위를 토대로 상대방으로부터 재물을 취하면 **절도죄**가 성립한다.

권리행사를 위한 공갈은 공갈죄가 될까? 판례는 해악고지가 정당한 권리실현 수단으로 사용된 경우라도 그것이 권리행사를 빙자하여 협박을 수단으로 상대방을 겁을 먹게 하여 **사회통념상 허용되는**

1) 대판 1976. 4. 27. 75도2818.

정도나 범위를 넘은 경우는 공갈죄가 성립한다고 본다.1) 이 견해는 공갈죄 **불법영득의사를** 어떻게 인정할 것인지가 해결과제다. 다시 말하면 불법영득의사가 보이지 않는데 어떻게 재산죄가 성립할 수 있을까?

횡 령

횡령과 배임은 이웃사촌이다. 법정형도 같다. 횡령죄와 배임죄는 특별법과 일반법 관계에 있다. 앞의 것은 주체가 **타인의 재물을 보관하는 자**로서 보호법익이 **재물**이다. 뒤의 것은 **타인의 사무를 처리하는 자**가 주체이고 보호법익은 **재산이익**이다. 재물이 재산이익의 특별한 경우이듯이 타인 사무 가운데는 타인 재물을 관리하는 일도 포함한다. 따라서 횡령과 배임은 법조경합관계에 있다. 판례는 횡령죄에 해당되는 사실을 배임죄로 인정하든가 아니면 그 반대가 되는 경우도 판결에 영향을 미친 위법은 아니라고 한다.2) 둘 가운데 어느 하나가 적용되었으면 상관없다는 이야기다. 따라서 사안을 검토할 때 횡령과 배임은 늘 함께 살펴보아야 한다. 주로 작은 것, 횡령이 성립하지 않으면 다음으로 큰 것, 배임을 검토하는 것이 순서다.

횡령죄 주체는 타인재물을 보관하는 자이고 행위는 횡령과 반환거부이다(제355조 1항). **불법원인급여물**(도박자금, 뇌물 등)은 민법상 반환을 청구하지 못한다(민법 제746조). 이런 물건을 착복했을 때 횡령죄

1) 대판 2013. 9. 13. 2013도6809.
2) 대판 1990. 12. 27. 90도1335.

가 성립할 수 있을까? 만일 그것이 타인 재물에 속한다면 횡령죄가 성립하지만 그렇지 않다면 착복해도 아무런 형법문제가 발생하지 않는다. 반대견해도 있지만 판례는 횡령죄 성립을 부정한다. 불법원인 급여물 소유권은 보관자에게 있다.

명의신탁은 재물 타인성과 관련하여 가장 뜨거운 테마다. 관련 특별법으로 '**부동산실명법**'이 있다. 명의신탁('이름을 믿고 맡김')이란 부동산 실권리자가 대내적으로 그 권리를 유지하면서 대외적으로 타인명의로 등기 또는 가등기를 하는 것을 말한다. 부동산을 명의신탁 받은 명의수탁자(↔ 명의신탁자)가 이를 임의로 처분하거나 제3자에게 근저당권설정등기를 해 준 경우 횡령죄가 성립한다는 것이 오랫동안 판례태도였다. 그러나 부동산실명법이 부동산 명의신탁을 무효로 선언하면서(같은 법 제4조 1, 2항) 학설, 판례는 요동치게 되었다.

우선 **이자간 명의신탁**(양자간 명의신탁, 이전형 명의신탁)이 있다. 이것은 명의신탁이 신탁자와 수탁자 2명으로 이루어지는 경우를 말한다. 판례는 신탁자의 수탁자에 대한 반환청구권을 인정할 수 없기 때문에 명의수탁자가 명의 신탁 받은 부동산을 임의로 처분하더라도 횡령죄가 성립하지 않는다고 한다(**횡령죄부정설**). 다수설은 부동산실명법에도 불구하고 **횡령죄긍정설** 견해를 고수한다. 근거는 다음과 같다. 명의수탁자는 비록 사법상 무효인 등기명의자에 지나지 않지만 대외적으로 얼마든지 그 부동산을 유효하게 처분할 수 있는 지위에 있다(같은 법 제4조 3항). 횡령죄에서 말하는 "보관자" 지위에 있다는 것이다. **판례 부정설**을 보자. 부동산실명법에 위반한 **양자간 명의신탁**의 경우, 명의수탁자가 신탁 받은 부동산을 임의로 처분하여도 명의신탁자에 대한 관계에서 횡령죄가 성립하지 않는다. 이러한 법리는 부동산 명의신탁이 부동산실명법 시행 전에 이루어진 경우도 마찬가지이다.[1]

다음 **삼자간 명의신탁**(중간생략등기 명의신탁)이 있다. 이것은 명의신탁자가 매도인과 매매계약을 체결하고 등기는 명의수탁자인 제3자 앞으로 하는 경우다. 이때 명의수탁자가 해당 부동산을 임의로 처분하면 횡령죄가 된다는 점에 학설은 이견이 없다(**횡령죄긍정설**). 그러나 대법원은 전원합의체판결을 통해 오랫동안 유지해왔던 횡령죄긍정설 견해를 **부정설**로 바꾸었다. **판례 부정설**이다. 이른바 **중간생략등기형** 명의신탁을 한 경우, 명의수탁자는 명의신탁자 재물을 보관하는 자의 지위에 있지 않으므로 명의수탁자가 신탁 받은 부동산을 임의로 처분하더라도 명의신탁자에 대한 관계에서 횡령죄가 성립하지 않는다.[2]

마지막으로 **계약명의신탁**(위임형 명의신탁)이 있다. 매도인으로부터 부동산소유권을 취득하려는 신탁자(실권리자)가 명의수탁자와 명의신탁약정을 맺고 수탁자가 매매계약 당사자가 되어 매도인과 매매계약을 체결하고 등기도 수탁자 앞으로 하는 경우를 말한다. 우선 **매도인 악의의 경우**(매도인이 명의신탁 사실을 알고 있는 경우) 학설은 다양한 견해가 있지만 판례는 횡령죄와 배임죄 모두 성립할 여지가 없다고 한다(**횡령죄 · 배임죄 부정설**). 다음이 그 판례다. 이른바 **계약명의신탁**에서 명의수탁자는 명의신탁자에 대한 관계에서도 유효하게 소유

---

1) 대판 2021. 2. 18. 2016도18761 전원합의체.
2) 대판 2016. 5. 19. 2014도6992 전원합의체.

권을 취득하므로 타인의 재물을 보관하는 자라고 볼 수 없다. 이러한 경우 소유자가 계약명의신탁약정이 있음을 알고 있었다면(매도인 악의) 명의수탁자 명의의 소유권이전등기는 무효이고, 부동산의 소유권은 매도인이 그대로 보유한다. 따라서 명의수탁자는 부동산 취득을 위한 계약의 당사자도 아니고 명의신탁자의 재물을 보관하는 자의 지위에 있지도 않다.[1]

다음 **매도인 선의**의 경우다. 매도인이 명의신탁사실을 알지 못하는 경우는 매도인과 수탁자가 맺은 계약도 유효할 뿐만 아니라 자기 앞으로 이전된 등기 효력도 영향을 받지 않는다(부동산실명법 제4조 2항 단서). 학설은 횡령죄와 배임죄 사이에서 견해가 오가지만 **판례는 횡령죄부정설**을 취한다. 다음이 그 판례다. **매도인 선의의 계약명의신탁**에서 소유권이전등기에 의한 당해 부동산 물권변동은 유효하고, 신탁자와 수탁자 사이의 명의신탁약정은 무효이다. 결국 수탁자는 전소유자인 매도인뿐만 아니라 신탁자에 대한 관계에서도 유효하게 당해 부동산의 소유권을 취득한 것으로 보아야 한다. 따라서 수탁자는 '타인의 재물을 보관하는 자'라고 볼 수 없어 당해 부동산은 횡령죄 객체가 되지 않는다.[2]

배 임

배임죄(제355조) 주체는 **타인의 사무를 처리하는 자**이다. 다른 범

---

1) 대판 2016. 8. 24. 2014도6740.
2) 대판 2000. 3. 23. 98도4347.

죄의 '본질' 논의와 달리 배임죄 본질은 논증수단으로 알아 둘 필요가 있겠다. 권한 남용에 있다는 견해(권한남용설)는 법령만 근거로 삼는다. **사무관리설**은 법령과 함께 계약도 배임죄 근거로 인정한다. 가장 넓게 보는 견해가 **배신설**이다(통설 · 판례). 배임죄 본질은 타인에 대한 '**신뢰관계를 위반하는 배신**'에 있다고 본다. '배신'의 범위는 매우 넓어서 법령, 계약 말고 신의칙까지 근거로 작용할 수 있다. 법률의 "임무에 위배되는 행위"라는 표현도 이를 뒷받침한다. 다만 배임죄 가벌성 범위가 지나치게 확대될 수 있어서 적용할 때 **법치국가적 제한해석은** 필요하다.

우선 '**타인 사무**'의 범위가 너무 넓어서 제한 해석을 해야 한다. '타인'은 대내적으로 신의성실원칙에 비추어 그 사무를 처리할 신임관계가 있는 자(대내 신임관계)를 뜻한다. '사무'는 '**재산사무**'에 국한한다. 타인의 재산유지 · 증식과 관련된 재산관리사무가 그 내용이다. 재산관리의무는 당사자 사이 **주된 의무**여야 하고 부수 의무가 되는 것으로는 부족하다. 그렇다고 재산관리의무가 오로지 타인을 위한 유일한 사무일 필요는 없다. 행위자에게 **사무처리 독립성 · 책임성**이 있는 경우에 한정해서 재산관리의무자 지위를 인정하는 것도 배임죄 주체를 제한할 수 있는 방법이다. 단순히 본인 지시에 따라 **기계적 사무**에 종사하는 자는 배임죄 주체에서 제외하는 것이 바람직하다.

이중매매 문제가 큰 주제다. 예컨대 A가 B에게 부동산을 매도하고 아직 소유권 이전등기를 해 주지 않은 상태에서 이를 C에게 다시 매도하고 C에게 소유권이전등기를 해 준 경우를 말한다. 부동산 이중매매에서는 A가 소유권이전등기를 해 주지 않음으로써 재산 손해를 발생시킨 B에 대한 죄책이 문제가 된다. 통설 · 판례는 **부동산 이중매매를 배임죄**로 파악한다. 甲 행위가 횡령죄나 사기죄가 될 수 있는 가능성은 없다. 현행 민법은 물권변동에 관해 등기를 기준으로 하는 형식주의를 취하기 때문에 등기가 넘어가지 않은 이상 소유권은 여전히 매도인에게 있으므로 횡령죄 대상인 "타인 재물"이 될 수 없다. B에게 재산손해가 발생한 것은 C를 기망(계약사실을 고지하지 않은 부작위에 의한 기망)한 결과가 아니고 C가 먼저 등기를 하였기 때문이므로 사기죄도 아니다. 배임죄 성립에서 검토해야 할 것은 사무처리 내용과 사무처리자가 되는 시점이다.

사무처리 내용은 **등기협력의무**다. 즉 부동산 이중매매는 매수인 관점에서 보면 등기의무자인 매도인이 등기이전에 협력하지 않으면 소유권취득이 불가능하다. 그러므로 매도인에게는 매수인의 소유권 이전에 필요한 등기협력의무가 있다. 이 의무는 매수인의 소유권취득을 위한 "타인의 사무"에 속한다.

등기협력의무 발생시기는 **중도금을 수령**한 후다. 통상적으로 계약금, 중도금, 잔금 순서로 이루어지는 부동산매매에서 계약금단계는 계약금 배액을 상환하면 언제든지 계약을 해제할 수 있다('해제'와 '해지'의 구별 찾아볼 것). 그러나 중도금을 받은 후는 매수인이 동의하지 않으면 불가능하다. 따라서 매도인은 이 단계부터 '매수인 사무를 처리하는 자' 지위로 들어간다. 실행착수시기는 매도인이 제3자와 매매계약을 체결하고 계약금 · 중도금을 수령한 때다(통설 · 판례). 만일 후매자가 악의가 있으면 배임죄 공범이 성립한다.

동산 이중매매도 있다. 이런 판례가 있다. 피고인은 인쇄기를 A

에게 양도하기로 하고 계약금 및 중도금을 수령하였음에도 이를 자신의 채권자 B에게 기존 채무 변제에 갈음하여 양도함으로써 재산이익을 취득하고 A에게 같은 액수 손해를 입혔다. 배임죄로 기소된 이 사건에 대해 대법원은 전원합의체판결 다수의견으로 무죄를 선고하였다.[1] 그 주된 논거는, 동산의 경우 매도인에게는 자기사무인 동산 인도채무 외에 별도로 매수인의 재산보호 또는 관리 행위에 협력할 의무가 있다고 할 수 없다. 따라서 동산매매계약에서 매도인은 매수인에 대해 그의 사무를 처리하는 자의 지위에 있지 않다는 것이다. **반대의견** 있으니 판례원문을 숙독하기 바란다.

이중저당은 어떻게 될까? 대법원이 판례변경을 해서 유의할 문제다. 이중매매와 같은 논리로 보자면 배임죄가 성립하는 것이 맞다. 그러나 판례는 채권자에게 근저당권 설정을 약정하고도 다른 사람에게 근저당권을 설정해 준 경우 배임죄가 성립하지 않는 것으로 **판례변경**을 하였다.[2] 그 내용을 보자. 채무자가 저당권설정계약에 따라 채권자에 대해 부담하는 **저당권을 설정할 의무는** 계약에 따라 부담하게 된 채무자 자신의 의무이다. 채무자가 위와 같은 의무를 이행하는 것은 **채무자 자신의 사무**에 해당할 뿐이므로, 채무자를 채권자에 대한 관계에서 '타인의 사무를 처리하는 자'라고 할 수 없다. 따라서 채무자가 제3자에게 먼저 담보물에 관한 저당권을 설정하거나 담보물을 양도하는 등으로 담보가치를 감소 또는 상실시켜 채권자의 채권실현에 위험을 초래하더라도 배임죄가 성립한다고 할 수

1) 대판 2011. 1. 20. 2008도10479 전원합의체.
2) 배임죄 성립을 인정한 종래 판례는 2011. 11. 10. 2011도11224.

없다.[1]

행위에서 '임무에 위배되는 행위'의 판단기준은 **통상성**이다. 그 내용은, "**신의칙상 당연히 할 것으로** 기대되는 행위를 하지 않거나 당연히 하지 않아야 할 것으로 기대되는 행위를 함으로써 **본인과 신임관계를** 저버리는 일체 행위를 포함한다."[2]

경영판단원칙이 있다. 미국 판례가 발전시킨 이론으로, 회사 경영자인 이사가 행한 경영상 판단을 존중해야 한다는 것이다. 즉 이사가 자신의 권한범위 안에 있는 경영 판단을 하는 과정에서 충분한 정보를 가지고 성실하게, 회사에 가장 이익이 된다고 믿고 내린 결정은 책임을 물어서는 안 된다는 원칙이다. 형법에 경영자 배임행위와 관련하여 부분적으로 도입되어 있다. 판례를 보자. **경영상 판단과** 관련하여 기업 경영자에게 배임고의가 인정되기 위해서는 문제된 경영판단에 이르게 된 경위와 동기, 판단대상인 사업의 내용 등 제반 사정을 고려해야 한다. 여기에는 자기 또는 제3자가 재산상 이익을 취득한다는 인식과 본인에게 손해를 가한다는 인식이 있는 **의도적 행위가 있어야** 배임죄 고의가 인정되는 엄격한 해석기준이 필요하다.[3]

배임죄와 유사한 구성요건으로 **배임수증재죄**(제357조)가 있다. 타인사무를 처리하는 자가 그 임무에 관하여 부정한 청탁을 받고 재물이나 재산상 이익을 취득한 때 또는 그러한 재물이나 이익을 공여

---

1) 대판 2020. 6. 18. 2019도14340 전원합의체.
2) 대판 2017. 2. 3. 2016도3674.
3) 대판 2019. 6. 13. 2018도20655.

한 때 성립한다. 배임수재와 배임증재가 같은 구성요건에 규정되어 있다. 공무원 뇌물죄에 상응하는 필요적 공범인데, 뇌물죄의 공적 사무와 달리 배임수증재는 **사적 사무**의 공정성을 보호하는 데 목적이 있다. 재산권 사무에 국한하지 않고 재산권 주체에 손해가 발생하지 않아도 성립하는 점이 배임죄와 다르다. 제3자가 이익을 취득하게 하는 **제3자 배임죄**도 신설되었다(2016년). '부정한 청탁' 판례사례를 보면, 대학병원 의사가 의약품 납품 대가로 제약회사 접대를 받은 경우,[1] 방송국 PD가 특정 가수 노래를 자주 방송해 달라고 청탁을 받은 경우,[2] 언론사 기자가 '유료기사' 청탁을 받은 경우,[3] 등이 있다.

장 물

장물죄는 장물을 취득·양도·운반·보관하거나 또는 이를 알선하는 내용의 범죄이다(5가지 장물행위). 여기서 장물은 재산범죄로 **불법하게 영득한 재물**(↔ '재산범죄에 제공된 재물')을 의미하기 때문에 이 죄는 순수 재물죄에 속한다. 장물의 원인된 범죄 또는 범인을 **본범**이라고 한다(배임, 손괴죄 제외).

장물은 원칙적으로 **재물장물**에 국한한다. 재산상 이익이나 권리가 문서로 화체된 경우 그 문서는 곧 재물이므로 장물이 될 수 있다. 그러나 문서 기타 재물로 화체가 불가능한 순수한 재산상 이익·권리·정보 등 **가치장물**은 장물이 될 수 없다. 본범이 영득한 재물과

1) 대판 2011. 8. 18. 2010도10290.
2) 대판 1991. 1. 15. 90도2257.
3) 대판 2021. 9. 30. 2019도17102.

물질적 동일성이 인정되지 않는 대체장물(훔친 돈으로 구입한 물건)은 장물이 될 수 없다. 대체장물 긍정설은 **가치총계이론**을 토대로 한다. 판례는 금전가치에 변동이 없다는 이유로 이 견해를 취한다.

장물의 취득 · 양도 · 운반 · 보관 · 알선 다섯 가지 장물행위는 장물범과 앞선 본범 사이에 '**합의에 따른 공동작용**'이 있어야 한다. 이 합의가 없으면 장물죄는 성립하지 않는다. 예컨대 합의 없이 훔친 물건을 가져간 경우는 절도죄 또는 횡령죄가 성립한다. **취득**은 유상 · 무상 장물에 대한 "사실상의 처분권 인수"와 "장물의 경제가치 인수"라는 두 가지 요소로 성립한다. **양도**는 장물인 줄 모르고 취득한 자가 그 후 그런 사실을 알고 다시 다른 사람에게 팔아넘기는 것을 뜻한다. **운반**은 장물을 공간적으로 이동시키는 것을 말한다. **보관**은 위탁을 받고 장물을 자기점유에 두는 것이다. **알선**은 장물의 취득 · 양도 · 운반 또는 보관을 매개하거나 주선하는 것을 뜻한다.

업무상과실 · 중과실장물죄(제364조)는 재산범죄에 유일한 과실범 규정이다. 해당되는 사람은 주로 고물상 · 전당포처럼 중고품을 취급하는 업무에 종사하는 사람이다. 이들은 장물취급 기회가 많기 때문에 높은 주의능력에 따른 업무상 주의의무를 요구한다.

손 괴

손괴죄는 타인의 재물, 문서 또는 전자기록 등 특수매체기록을 손괴, 은닉 그 밖의 방법으로 효용을 침해하는 범죄다. 재물만 대상으로 하는 **순수 재물죄**지만 **불법영득의사**가 요구되지 않는다는 점에서 다른 영득죄와 구별된다.

행위에서 **손괴**는 재물, 문서 또는 전자기록 등 특수매체기록 전부나 일부에 직접 유형력을 행사하거나 기계조작으로 이용가능성을 침해하는 일체 행위를 말한다. 전자를 "**물체훼손**", 후자를 "**기능훼손**"이라고 한다. 양자는 반드시 중요부분에 대한 훼손일 필요는 없지만 물건 본래 용도대로 사용할 수 없는 **본질적 훼손**이어야 한다. **은닉**은 물건 소재를 불분명하게 하여 그 발견을 곤란하게 하거나 불가능하게 함으로써 물건 효용을 침해하는 행위다. "**기타 방법**"은 사실상 또는 감정상 그 물건을 본래 용도에 따라 사용할 수 없게 하는 일체 행위를 의미한다(예컨대 시계 분해, 자동차나 건물 페인트 칠하기 등). 이것은 좁은 의미의 손괴 · 은닉행위에 해당되지 않으면서 손괴죄 적용범위를 확대하는 규범표지라고 할 수 있다. 그러나 "감정상의 사용불가능"은 여기에 포함되지 않는다고 보는 것이 옳다(어떤 것이 감정상의 사용 불가능일까?).

공익건조물파괴죄(제367조)는 행위대상의 공익성으로 가중 처벌되는 구성요건이다. 행위의 "파괴"는 당연히 손괴보다 높은 행위 정도를 의미한다. **경계침범죄**(제370조)는 경계표시(경계표)를 손괴, 이동 또는 제거하거나 기타 방법으로 토지 경계를 인식할 수 없게 함으로써 성립하는 범죄다. 여기서 "**경계**"는 실체법 권리관계에 부합하지 않더라도 관습으로 인정되거나 일반적으로 승인되어 왔거나 권한 있는 당국이 확정한 것이 아니더라도 **사실상 경계표**로 되어 있으면 그 대상이 된다.[1)]

1) 대판 2010. 9. 9. 2008도8973.

권리행사방해

이 죄는 타인 점유 또는 권리목적이 된 자기 물건 또는 전자기록 등 특수매체기록에 대한 타인의 권리행사를 방해하거나 강제집행을 면할 목적으로 채권자를 침해하는 것을 내용으로 하는 범죄다. 절도가 **'타인 점유의 타인 물건'**, 횡령이 **'자기 점유의 타인 물건'**, 그리고 권리행사방해가 **'타인 점유의 자기 물건'**을 대상으로 하는 점이 서로 다르다. '자기 점유의 타인 물건'에서 '자기'가 행위자인 경우는 횡령죄, '타인'이 행위자가 되면 권리행사방해죄가 된다. **강요죄**(종래 폭력에 의한 권리행사방해죄)는 의사결정과 의사활동 자유를 침해하는 전형적 자유침해범이다. 이 죄를 아직도 재산권을 주된 보호법익으로 하는 권리행사방해죄 장에 두고 있는 것은 문제가 있다.

권리행사방해죄 대상인 "**자기 물건**" 범위가 문제된다. **매도담보**로 제공한 물건은 타인(채권자) 소유에 속한다. **양도담보**에서 채무자가 담보물에 대해 손괴행위를 하면 "자기"재물에 대한 손괴이고 타인(채권자) 권리를 침해하는 것이 되므로 권리행사방해죄가 성립한다. 매도담보, 양도담보 개념은 찾아 익히기 바란다. "**타인 점유**"는 민법의 점유, 즉 점유할 권리가 있는 재산권을 의미하므로 형법 소지개념과 다르다. 이처럼 적법한 권원에 바탕을 둔 점유를 **점유매개관계**라고 한다(민법 제194조).

행위에서 "**취거**"는 점유자 의사에 반하여 목적물을 자기 또는 제3자 지배로 옮기는 것을 말한다. 절도죄의 절취에 대응하는 개념이다. 그러나 자기재물이 대상이므로 불법영득의사가 필요 없다는 점이 다르다.

기타 범죄유형 가운데는 **강제집행면탈죄**(제327조)가 익숙하다. 강제집행을 면할 목적으로 재산을 은닉·손괴·허위양도 또는 허위채무를 부담함으로써 채권자를 침해하는 내용 범죄이다. 채권이 존재하는 경우에도 채무자에게 채권자 집행을 확보하는 데 충분한 다른 재산이 있다면, 채권자를 해하거나 해할 우려가 있다고 단정할 수 없기 때문에 강제집행면탈죄가 성립하지 않는다. 행위에서 "**허위양도**"는 양도의사가 없음에도 겉으로는 양도형식을 가지고 재산 소유명의를 변경하는 것을 말한다. "**허위 채무부담**"은 채무가 없는데도 채무가 있는 것처럼 가장하는 경우를 말한다. 강제집행을 면할 목적으로 재산을 허위양도하거나 허위채무를 부담하려는 자로부터 그 사정을 알면서 재산의 허위양도를 받은 자 또는 허위 채권자가 된 자는 이 죄 공범 또는 공동정범이 될 수 있다.

[요점 정리]

1. 도둑이 훔친 물건을 다시 훔쳐도 절도죄는 성립한다.
2. 친족상도례는 강도죄와 손괴죄를 제외한 재산범죄에 적용된다.
3. 특수강도의 실행착수시기에 관해 판례는 폭행·협박시설과 주거침입시설 사이에서 아직 결정을 하지 못하고 있다.
4. 준강도죄의 '절도기회'는 시간·장소적 근접성으로 판단한다.
5. 준강도미수에서 판례는 폭행·협박행위기준설에서 절취행위기준설로 견해를 변경하였다.

6. 판례는 준강도죄 공동정범에서 준강도죄를 절도죄의 과실범처럼 취급한다.
7. 사기죄에서 부작위에 의한 기망도 가능하다.
8. 신용카드를 부정으로 발급받으면 사기죄가 성립한다(판례).
9. 타인명의 신용카드로 현금자동지급기를 부정 이용하는 행위는 절도죄가 성립한다(판례).
10. 권리행사를 위한 공갈도 공갈죄가 성립할 수 있다(판례).
11. 횡령죄와 배임죄는 특별법과 일반법 관계에 있다.
12. 뇌물로 전달할 돈은 착복하더라도 횡령죄가 되지 않는다.
13. 양자간 명의신탁에서 명의수탁자가 명의 신탁 받은 부동산을 임의로 처분하더라도 횡령죄가 성립하지 않는다(판례, 학설은 긍정).
14. 삼자간 명의신탁에서 명의수탁자가 해당 부동산을 임의로 처분하더라도 횡령죄가 성립하지 않는다(판례, 학설은 긍정).
15. 계약명의신탁에서 매도인 악의의 경우는 횡령죄, 배임죄 모두 성립하지 않는다(판례).
16. 계약명의신탁에서 매도인 선의의 경우는 횡령죄가 성립하지 않는다(판례).
17. 배임죄의 '타인 사무'는 재산사무에 국한된다.
18. 부동산 이중매매는 배임죄이다(통설 · 판례).
19. 동산 이중매매는 형법상 범죄가 되지 않는다.
20. 이중저당은 배임죄가 성립하지 않는 것으로 판례변경을 하였다.
21. 장물행위는 합의에 의한 공동작용이다.
22. 손괴는 물체훼손과 기능훼손이다.
23. 권리행사방해죄는 타인 점유의 자기물건이 대상이다.

형법각론

제6장 공공 안전과 평온에 대한 죄

이제 개인 법익에서 **사회 법익**으로 넘어온다. 그 다음은 **국가적 법익**이다. 사회와 국가는 개인의 작은 집, 큰 집이다. 집은 그 안에 사는 사람을 위해서 있는 것이지 그 자체로 의미가 있는 것은 아니다. 사람이 살지 않는 집은 시간이 지나면 곧 폐가가 된다. 핵심은 **사람**이다. 이 끈을 놓으면 사회와 국가는 악마로 돌변한다. 우리는 그런 역사적 경험, 전체주의 경험을 수도 없이 하였다. 사회와 국가는 어디까지나 **인간존엄** 보호를 위한 수단이고 그 한도에서 의미가 있을 뿐이다. 사회, 국가적 법익은 '이런 사회, 국가가 왜 있어야 하나?'라는 질문이 가장 두렵다. 사회, 국가적 법익을 보호하는 규정 가운데 그런 자기목적인 것은 없는지 살피고 또 살펴야 한다. '법'은 올바른 것이어야 하니까 그렇다.

범죄단체조직 · 폭발물사용 등

범죄단체조직죄(제114조)는 사형, 무기 또는 장기 4년 이상 징역에 해당하는 범죄를 목적으로 하는 단체 또는 집단을 조직하거나 이에 가입 또는 그 구성원으로 활동함으로써 성립하는 범죄다. 일종의 조직범죄다. "장기 4년 이상" 법정형이 추가된 것은 '국제연합국제조직범죄방지협약'이 규정하는 범죄단체조직 처벌기준에 맞추기 위한 것이다. 일부 학설 · 판례는 지금까지 이 죄를 즉시범으로 이해하는 것이 보통이었다(즉시범설). 그 결과 판례는 범죄단체를 조직하는 동시에 공소시효가 진행되는 것으로 본다.[1] 그러나 이 죄의 형사정책 중요성을 고려하면 계속범으로 이해하여 범죄단체 조직 · 가입으로 기수가 되고, 그 조직 해산 · 탈퇴로 위법상태가 종료하여 그 시점부터 공소시효가 진행되는 것이 합당하다(계속범설). 그렇지 않으면 범죄단체조직원으로 계속 활동하고 있는 자를 공소시효가 완성되었다는 이유로 처벌할 수 없는 경우가 발생할 수 있다. 판례를 본다. **보이스피싱 조직**은 보이스피싱이라는 사기범죄를 목적으로 구성된 다수인의 계속적인 결합체이다. 총책을 중심으로 간부급 조직원들과 상담원들, 현금인출책 등으로 구성되어 내부 위계질서가 유지되고, 조직원의 역할 분담이 이루어지는 **최소한의 통솔체계**를 갖춘 범죄단체에 해당한다.[2]

1) 대판 1990. 1. 20. 94도2752.
2) 대판 2017. 10. 26. 2017도8600.

소요죄(제115조)는 다중이 모여 폭행 · 협박 · 손괴행위를 함으로써 성립하는 범죄다. 이 죄를 추상적 위험범으로 보면, 한 지방 평온 · 안전을 해할 정도 위험성만 있어도 이 죄가 성립한다. 구체적 위험범설은 그 위험성을 '일반적' 위험이 아닌 '구체적' 위험으로 파악한다. 이 죄 자체가 **필요적 공범**이기 때문에 집합한 다중 사이에는 총칙 공범규정이 적용되지 않는다.

다중불해산죄(제116조)는 진정부작위범이다. "3회 이상"은 물리적으로 이해하기 보다는 예시규정으로 보는 것이 타당하다. 따라서 이 죄 완성은 횟수가 아닌 최종 해산명령시를 기준으로 판단하는 것이 옳다.

폭발물사용죄(제119조)는 매우 무거운 범죄이긴 하나 판례가 많지는 않아 실무적 의미는 제한적이다. 폭발물은 일반인 접근이 쉽지 않고, 사제폭탄이 폭발물 수준이 되는 것도 어렵기는 마찬가지다. '테러'가 많은 나라는 매우 중요한 규정이 될 것이다.

방화와 실화

방화와 실화죄는 고의 또는 과실로 불을 놓아 현주건조물 · 공용건조물 · 일반건조물 또는 일반물건을 불태워서 성립하는 범죄고 일종의 **공공위험죄**다.

현주건조물방화죄(제164조 1항)에서 종래 **"소훼**燒燬**"**를 **"불태움"**으로 바꾼 말 다듬기 개정이 이채롭다. 순수 우리말로 법학이 가능할 수 있을지 시험대가 되는 것처럼 보인다. "불을 놓아"는 한자말 '방화

放火'를 우리말로 풀어쓴 것이다. 불태움 기준과 관련하여 판례는 **독립연소설** 견해를 취한다. 공공 위험죄 성격을 강조하여 추상적 위험범으로 보기 때문이다. 그 밖에 **효용상실설, 중요부분연소개시설, 일부손괴설**은 방화에 따른 재산피해, 재산죄 성격을 함께 고려하기 때문에 아무래도 처벌범위는 줄어든다. 불은 쉽게 번지고 매우 위험하다. 그렇다고 방화죄 공공위험성만 가지고 파악하는 것이 옳을까? 행위대상인 건조물, 항공기, 선박 등은 재산가치도 매우 높다. 그렇다면 재산죄 성격도 함께 고려하는 것이 어떨지 모르겠다. 독립연소설은 기수범위가 너무 넓다. 미수범처벌 규정도 있는데 말이다.

실화죄(제170조)가 논쟁 중심에 있다. 문제는 제2항 **"또는"**에 있다. 논란의 발단은 제2항 법문 **"자기 소유인"**이라는 수식어가 제166조만을 수식하는가 아니면 선택적 접속부사 "또는" 뒤에 오는 제167조도 함께 수식하는지 그 해석 차이로부터 비롯된다. **타인소유 '일반물건'**이 제2항 행위객체가 될 수 있는가 긍정설과 부정설 견해가 대립한다. 모든 견해는 예외 없이 '타인소유 일반물건실화'에 대한 처벌필요성은 인정한다. 긍정설은 해석으로 해결할 수 있다는 태도이고, 부정설은 물리해석으로 불가능한 일이니 입법흠결에 속하고 법률을 개정해야 할 문제라고 주장한다. **전원합의체판결 다수의견**은 타인소유 일반물건도 제170조 2항 행위대상이 되는 것으로 해석한다(**타인소유 일반물건 포함**). 즉 대법원은 "자기 소유인"이라는 수식어가 제166조만을 수식하고 제167조와 무관하기 때문에 제167조 '일반물건'은 자기, 타인소유를 불문한다고 해석한다(긍정설).[1] 그러나 **전원합의체판결 소수의견**은 “자기 소유인”이라는 수식어는 “제166조 또는 제167조에 기재한 물건”을 한꺼번에 수식하는 것으로 보아야 한다고 주장한다. 이렇게 되면 타인소유 일반물건실화는 처벌할 수 없다는 결론이 된다(부정설). 여러분은 어떻게 판단할까? 우선 판례부터 면밀히 읽어보고 **문제를 이해**하는 것이 먼저다. 그 다음 **판단**하면 된다. 이런 과정을 귀찮다고 생각하는 사람은 법률 공부하는 데 적합하지 않다. 알아보고 싶고, 찾아보고 싶고, 박수를 보내고 싶고, 아니면 그 반대여도 상관없다. 중요한 것은 내가 흥미(아니면 관심 정도라도)를 느끼는가에 있다. 그런 사람은 법을 공부해서 충분히 성공할 수 있다. 일을 취미처럼 취미를 일처럼 할 수 있는 사람이다. 억지로 흥미를 느끼려고 애쓰지 말고 흥미를 가장하지도 말자. 그런다고 해결될 문제는 아니니 나중에 후회할 일은 처음부터 피하는 게 좋다. 지금 이 자리에서 ‘내 결론’은 전혀 중요하지 않다. 여러분 결론이 그 자리를 차지해야 한다.

통화 · 유가증권 등

통화는 돈이다. 가짜 돈이 돌아다니면 유통거래가 불안해지고 경제질서는 무너진다. 그러나 우리 통화질서는 가짜 돈 선별에 탁월하기 때문에 이런 걱정은 안 해도 된다. 아주 가끔 문제가 될 뿐이고 판례도 많지 않다. 위조, 변조 개념은 아래에도 나오지만 문서죄에서 본격적으로 논의한다.

---

1) 대판 1994. 12. 20. 94모32 전원합의체.

유가증권은 통화보다는 실무적 의미가 높지만 일반적인 수준 정도다. 유가증권에는 법률상 일정한 형식이 필요한 것이 있다. 예를 들면 수표, 어음, 주권, 사채권, 화물상환증, 선하증권, 창고증권, 양도성정기예금증서(CD) 등이 그것이다. 다음 법률상 일정한 형식일 필요가 없는 사실상 유가증권이 있다. 승차권, 할부구매전표, 스키장의 리프트 탑승권, 복권 · 경마 및 경륜투표권, 상품권, 극장입장권, 관람권 등이 있다.

"**위조**"는 작성권한 없는 자가 타인명의 유가증권을 작성하는 것을 말한다. 대리인이 대리권 범위를 벗어나서 본인명의 유가증권을 작성하는 것도 위조다. 위조 정도는 외형상 일반인이 진정한 유가증권으로 오인할만하면 되고 사법상 유효성이나 명의인 실재를 요구하지는 않는다. "**변조**"는 진정한 유가증권내용을 권한 없는 자가 동일성을 침해 하지 않는 범위에서 변경하는 것을 말한다. 진정하게 성립한 유가증권의 발행일자, 액면 또는 지급인, 주소 등을 임의로 변경하는 것이 여기에 해당한다. 변경내용의 진실 여부는 묻지 않는다.

허위유가증권작성죄에서 "허위유가증권 작성"은 작성권한 있는 자가 유가증권에 허위내용을 기재하는 것이다. 작성권한 없는 자가 타인 작성명의를 모용한 경우는 유가증권위조죄(제214조)에 해당한다.

문 서

문서에 관한 죄는 이론 · 실무적으로 매우 중요한 위치를 가지고 있다. 그 체계도 조금 복잡해서 우선 개념을 잘 익혀서 구별할 필요가 있다. '**진정문서**'는 문서명의인(문서내용을 표시하는 주체)과 작성자가 일치하는 문서를 말한다. 문서 작성 자체에 허위가 없는 문서다. '**부진정문서**'는 문서 명의인과 작성자가 일치하지 않는 문서를 말한다. '**허위문서**'는 작성명의에는 허위성이 없으나 문서내용이 허위인 문서를 말한다. '**생략문서**'는 의사표시가 약식으로 이루어지는 경우를 말한다. 예컨대 백지위임장, 은행 입출금전표 등과 같은 생략문서도 문서에 속한다.

사자死者와 허무인명의 문서도 가능하다. 즉 문서 명의인이 꼭 실재해야 할 필요는 없다. 공문서 · 사문서 구별 없이 일반인에게 진정문서로 오신될 염려가 있으면 얼마든지 문서죄 객체가 될 수 있다(통설 · 판례). **복본, 등본, 사본**도 문서다(제237조의 2). 판례는 사본을 다시 복사한 **재사본의 문서성**도 인정하여 타인 주민등록증사본의 사진란에 피고인 사진을 붙여 복사하여 행사한 행위는 공문서위조죄 및 동 행사죄에 해당하는 것으로 판시한다.[1] 그러나 컴퓨터 스캔장치로 만든 이미지 파일, 컴퓨터 화면에 나타난 이미지는 문서가 아니다.[2]

사문서위조 · 변조죄(제231조)에서 "**위조**"는 권한 없이 남의 이름(타인명의)을 함부로 사용하여(모용) 가짜문서(부진정문서)를 만드는 것을 의미한다(권한없는 자+타인명의). 즉 부진정 문서를 작성하는 유형위조(명의인위조) 중 변조를 제외한 개념이 위조에 해당한다. "**변조**"는

1) 대판 2000. 9. 5. 2000도2855.
2) 대판 2011. 11. 10. 2011도1046.

정당한 권한 없이 타인명의 진정문서를 동일성이 침해되지 않는 범위 안에서 변경하는 것을 말한다. 권한 있는 자가 위임범위를 넘어 임의로 변경하는 것도 변조에 해당된다. '인감증명서 사용용도란 기재사항을 변경'하는 행위는 변조가 아니다. 사용용도에 따라 인감증명 유효기간이 달라지지 않기 때문이다. 이 죄 고의로서 "행사할 목적"은 미필인식으로는 부족하고 **확실한 인식**이 있어야 한다.

허위공문서작성죄(제227조)는 공무원이 행사 목적으로 그 직무에 관해 문서 또는 도화를 허위로 작성하거나 변개함으로써 성립하는 범죄다(작성권한 있는 공무원+자기명의+허위문서). 허위공문서작성은 **부작위**로도 가능해서 신고에 따른 것도 허위공문서작성이 될 수 있다. 공무원이 신고내용에 대한 실질적 심사권을 가진 경우, 신고내용이 허위인 줄 알면서도 이를 기재하면 이 죄가 성립한다. 공무원이 **형식적 심사권**만 가진 경우(등기부 · 호적부 등)에는 견해가 갈린다. 허위 신고내용은 공무원이 거부할 수 있고, 그렇게 작성된 공문서도 공공 신용을 침해하기는 마찬가지기 때문에 이 죄가 성립하는 것으로 보는 **긍정설**이 타당하다.

"**변개**"라는 개념이 특이한데, "변개變改"는 권한 있는 공무원이 진정하게 작성된 문서를 허위로 고치는 것을 말한다. 변개는 기존문서를 전제하는 점에서 변조와 유사하지만 **작성권한 있는 자**의 변경이라는 점이 다르다. 무형위조의 변개는 유형위조의 변조에 대응하는 개념이다.

'**허위공문서작성죄의 간접정범 성립**' 문제는 둘로 나누어 살펴보아야 한다. **일반인이 공무원**을 이용한 경우, 예컨대 공무원 아닌 자가 공무원에게 허위사실을 기재한 증명원을 제출하여 그것을 알지 못한 공무원으로부터 증명서를 받아낸 경우는 허위공문서작성죄 간접정범이 성립할 수 없다.[1)] 허위공문서작성죄는 진정신분범이고, 따라서 공무원이 아닌 자는 이 죄 정범적격이 없다. 반면에 **보조공무원이 작성권자**를 이용한 경우, 학설 · 판례는 간접정범 성립을 인정한다. 공무원의 서류작성 관행을 보면 실질적 작성권자는 실무담당공무원이고, 문서명의인인 상사는 사실상 형식적 작성권자에 지나지 않는 게 현실이다. 따라서 하위공무원이 상급자 부지를 이용해 결재를 받아 허위공문서를 완성한 경우 허위공문서작성죄 간접정범을 인정하는 데 특별히 문제가 될 것은 없다. 판례는 공무원 아닌 자가 공무원과 공동하여 허위공문서작성죄를 범한 때에는 공무원이 아닌 자도 형법 제33조, 제30조에 따라 허위공문서작성죄 공동정범(간접정범의 공동정범)이 된다고 한다.[2)]

공정증서원본부실기재죄(제228조 1,2항)는 공무원을 이용한 간접적인 허위공문서 작성행위(간접적 무형위조)를 처벌하기 위한 규정이다. **공정증서원본**은 어떤 사실을 공적으로 증명하는 공문서로서 호적부 · 부동산등기부 · 상업등기부 · 화해조서 · 합동법률사무소 명의의 공정증서 등이 있다. 행위에서 "**허위신고**"는 일정한 사실에 대해 진실에 반하는 신고를 하는 것을 말한다. 예컨대 법원을 기망하여 승소판결을 받고 그 확정판결에 따라 소유권이전등기를 마친 경우, 화해조서 내용이 허위인 줄 알면서 등기신청을 하는 경우 등도 모두 허

---

1) 대판 2006. 5. 11. 2006도1663.
2) 대판 2006. 5. 11. 2006도1663.

위신고에 해당한다. **중간생략등기**는 이 죄에 해당하지 않는다고 보는 견해가 옳다. 비록 **부동산등기특별조치법**(제2조 2, 3항)으로 처벌을 받지만 등기부상 권리관계의 대외효력은 영향을 받지 않기 때문에 형사 불법으로 볼 문제는 아니다. 탈세나 양도소득실현 방지 등 사법私法 목적을 달성하기 위한 정책규정으로 이해하는 것이 타당하다. 형법 보충성을 적용하여 부동산등기특별조치법 위반죄가 성립하기 때문에 형법 공정증서원본부실기재죄는 성립하지 않는다는 설명도 가능하다. 한 가지, 공정증서원본'**부실**'인가 아니면 '**불실**'인가? 판례를 한번 찾아보라. 변시는 또 어떻게 출제하고 있나. 교과서를 비교해 보는 것은 더욱 흥미진진할 것이다.

공문서부정행사죄(제230조)에서 신분확인을 위한 주민등록증제시를 요구받고 타인 운전면허증을 제시하는 경우는 어떻게 될까? 면허증 사용용도에 따른 행사가 아니라는 이유로 이 죄에 해당하지 않는다는 것이 종래까지 판례견해였다. 그러나 이제는 전원합의체 판례변경으로 이 죄에 해당하는 것으로 그 태도를 바꾸었다(**공문서부정행사죄 긍정설**).[1] 금융기관 실명확인을 비롯해서 현실적으로 운전면허증은 주민등록증과 대등한 신분증명서로 사용되기 때문에 타당한 견해다.

공중 건강에 대한 죄는 먹는 물에 관한 죄, 아편 관련 범죄가 있는데, 종래 "음용수"를 "**먹는 물**"로 다듬은 것이 가장 획기적이다. "수도음용수"는 "**수돗물**"로 바꾸었다. '식수'라는 한자말을 두고 고유

1) 대판 2001. 4. 19. 2000도1985 전원합의체.

말을 선택한 것은 역시 우리말 법학 실험이라고 이해하고 싶다. 사실은 그렇지 않겠지만.

[요점 정리]

1. 방화는 '불을 놓아', 소훼는 '불태움'으로 법률말을 바꾸었다.
2. 실화죄에서 타인소유 일반물건도 제170조 2항 행위대상이 된다(판례).
3. 문서명의인은 꼭 실재하지 않아도 된다.
4. 재사본도 문서다(판례).
5. 허위공문서작성죄는 간접정범으로도 범할 수 있다.
6. 공정증서원본'불실'기재죄는 틀린 말이다.

제7장 사회도덕에 대한 죄

음행매개죄(제242조)는 특별법으로 '청소년성보호법'이 있다. 이 법률은 아동 · 청소년을 대상으로 하는 성매매 및 성폭력 행위자 신상을 공개할 수 있는 제도를 도입하였다(같은 법 제4장).

음화반포죄(제243조)에서는 **음란성** 판단기준이 작은 쟁점이다. 음란성은 그 내용이 사람 성욕을 자극 · 흥분시켜서 보통사람의 정상적 성적 수치심을 침해하는 것을 말한다(통설 · 판례). 음란은 행위자 주관적 의도와 상관없이 객관적으로 판단한다. 음란성 판단방법은 문서 · 작품에 대한 **전체 판단방법**을 사용한다. 즉 문서 · 작품의 일부분을 떼어 판단할 것이 아니라 전체 흐름을 토대로 판단하는 방법이다.

학술서 · 예술작품 · 과학작품의 음란성은 헌법이 보장하는 학문 · 예술 자유(제22조 1항)의 한계에서 문제가 된다. 학술 · 과학서적을 음란문서로 규정하는 것은 곤란하다. 문제가 되는 것은 주로 **예술작품**인데, 인정하지 않는 것을 원칙으로 하고 극히 예외적인 경우에만 음란문서로 평가하는 제한 적용이 필요하다. 기존관념으로 예술성에 대한 정당한 평가를 내리는 것은 어렵다. 학문, 예술세계의 음란성 문제는 **해당 분야 자정작용**自淨作用에 따른 해결을 우선하고 법 개입은 최소로 줄여 그들의 예술적 상상력을 훼손하지 않는 것이 바람직하다(상상력은 창조의 생명줄이다). 법이 학문이나 예술세계의 개방성, 미래지향성을 따라가기는 힘들다. 법은 **학문, 예술을 가장한 사이비**에 대한 음란 판단만 하면 된다. 음란성이 의심스러울 때는 그들 판단을 존중해 주는 방향으로 나가야 한다.

공연음란죄(제245조)는 공연히 음란한 행위를 함으로써 성립하는 범죄이다. "**공연**公然"은 불특정 또는 다수인이 알 수 있는 상태를 말한다. 일본말이고 우리 의미로는 '공개적으로'라는 것으로 이해하면 된다. 이 개념 문제점에 대해서는 명예훼손죄에서 상세하게 설명하였다. 음란행위 판단은 시대 변천에 따른 **성관념 변화**에 종속하기 때문에 불변적이고 획일적 기준을 제시하는 것은 어렵다. 공개 장소 키스행위를 '음란'과 관련해 말하는 곳은 법밖에 없다. 스트리킹 · 누드모델 · 스트립쇼 등도 형법 통제영역에서 제외되었다고 보는 것이 타당하다. 아직도 경범죄처벌법은 살아있는지 모르겠다.

도박죄(제246조)에서 종래 "재물로써"가 삭제되면서 재물, 재산상 이익 모두 도박죄 객체가 되었다. 도박은 당사자가 서로 재물이나 재산 이익을 걸고 **우연한 승부**로 그 득실을 결정하는 것이다. 경기는 우연에 따른 승부는 아니지만 경우에 따라서 도박이 될 수 있다(대표적으로 내기골프). 당사자 기능 · 기량이 승패에 영향을 미치더라도 우연 요소가 조금이라도 있으면 도박이 될 수 있다. 사기도박 경우처럼 우연성이 당사자 일방에게만 있는 경우를 **편면 도박**이라고 한다. 사기도박을 한 사람에게는 사기죄가 성립하지만 상대방에게 도박죄가 성립하는 것은 아니다. 도박죄 위법성조각사유인 **"일시 오락 정도"**(제246조 1항 단서)는 '재물 근소성'으로 판단하는 견해가 있지만 판례는 모든 사정을 종합하는 **'종합판단설'** 견해를 가지고 있다.

상습도박죄(제246조 2항)에서 **'상습성'** 판단은 늘 문제가 된다. 이에 대한 법률기준은 없고 실무가 확립한 개념이다. 도박 전과 · 도박의 반복 · 시간간격 등 제반 사정을 고려하여 판단한다. 전과를 요구하는 것이 일반적이지만 전과가 없는 경우도 상습성은 인정될 수 있다.

[요점 정리]

1. 학술 · 예술 · 과학작품의 음란성 문제는 해당 분야의 자정작용에 맡기는 것이 우선이다.
2. 공연음란죄의 '공연公然'도 일본말이다.
3. 도박죄는 재물, 재산이익 모두 객체가 될 수 있다.
4. '일시 오락 정도'는 재물 근소성과 함께 모든 사정을 종합해 판단해야 한다(종합판단설).

형법각론

제8장 국가존립에 대한 죄

국가를 보호하는 법을 '**정치형법**'이라고 하는데, 정치형법이라는 말은 헌법이 보장하는 정치질서, 즉 민주 기본질서에 반하는 행위를 처벌한다는 의미를 가지고 있다. 국가보안법이 대표적인 정치형법 가운데 하나다. 정치형법 내용은 **국가개념**이 좌우한다. **기능적 국가개념**은 국가를 국민에게 봉사하기 위한 수단으로 파악한다. 즉 국가는 자기목적적 존재가 아니라 일정한 기능을 가짐으로써 정당화될 뿐이라는 의미에서 '기능적'이라는 이름을 붙인다. 이것은 우리 헌법이 기초로 하는 국가개념으로 헌법 제1조 민주공화국 · 주권재민선언 그리고 제10조 인간존엄선언은 이 점을 뒷받침한다. 따라서 국가의 유일한 존재목적은 **국민봉사**에 있고, 국민이 지배수단이 되어서는 안 된다. 오히려 국가가 수단이고 목적은 국민에 있다. **전체주의 국가개념**은 기능적 국가개념과 반대로 전체(국가)로부터 개인을 파악한다. 주체는 어디까지나 상위에 있는 전체이고, 개인은 마치 유기체의 한 부분처럼(유기체이론) 전체를 떠나서는 살 수 없다는 주장을 한다.

이렇게 되면 개인은 전체에 완전히 함몰되고 전체를 통해서만 의미를 갖는, 마치 유기체와 같은 존재로 전락한다(국가는 몸이고 개인은 그것에 붙어 있는 팔, 다리처럼 생각한다). 과거, 현재의 전체주의 국가가 기초로 하는 국가개념이다.

국가적 법익의 보호양태는 대부분 **추상적 위험범**으로 되어 있다. 보편적 법익 자체가 개인 법익처럼 구체적으로 파악하는 데는 한계가 있다. 뿐만 아니라 이 법익 중요성을 과대평가해서 처벌 범위를 확대하는 수단으로 추상적 위험범을 사용한다. 추상적 위험범은 법익침해의 구체적 위험이 아니라 추상적 위험, 즉 일반적 위험성을 처벌요건으로 한다. 이는 입법자가 일정 법익에 대한 침해를 기다리지 않고 침해 위험성이 높다고 인정할 때, 즉 개연성이 있을 때 미리 처벌하는 것으로서 '**법익침해 전단계에서 행해지는 처벌**'이라고 할 수 있다. 국가 존립 · 안전에 대한 직접침해를 처벌하는 것이 아니라 그것에 대한 위험성을 처벌한다. **위험과 침해** 사이에 있는 예측부담을 기계적으로 국민 기본권을 대가로 함으로써 가벌성을 필요 이상으로 넓힌다. 그러나 진정한 **법치국가형법**이라면 예측의 불확실성에 대한 부담을 국가가 지게 해야 한다. 이 점은 국가적 법익에 대한 죄를 해석할 때 두고두고 고려해야 할 요소다.

내란죄

내란죄는 국가내부로부터 헌법 기본질서를 침해하여 국가존립을 위태롭게 하는 범죄다. 외환죄는 국가외부로부터 국가를 위태롭게 하는 범죄라는 점에서 구별된다. 물어 본다. 성공한 쿠데타는 처벌할 수 없나? '12 · 12'와 '5 · 18' 불기소를 둘러싸고 성공한 쿠데타는 처벌대상이 되지 않는다는 오해가 있기도 했다. 결론부터 말하면 성공한 쿠데타도 처벌해야 한다. 그러나 그 세력이 집권하고 있는 동안에는 처벌이 **사실상 불가능**한 한계가 있다. 이러한 사실적 한계와 '성공한 쿠데타는 처벌할 수 없다'는 **당위적 한계**는 구별해야 한다. 처벌에 장애가 된 사실상 한계가 없어지면 당연히 처벌해야 한다. 그렇지 않고서는 법을 바로 세워 정의를 실천하는 것은 불가능하다. 형법 내란죄는 불법 권력집단을 보호하는 규정은 아니다. 정의로운 헌정질서가 내란죄 보호법익이다. 성공만 하면 면책될 수 있다는 논리는 정직한 사회 · 국가가 가장 경계해야 할 위험한 주장이다. 결과가 과정을 정당화시켜 주는 것은 아니다.

내란죄(제87조)는 필요적 공범이다. 필요적 공범의 내부가담자는 총칙 공범규정 적용을 받지 않지만 그 밖 외부가담자에 대해서는 얼마든지 적용될 수 있다. 행위에서 '**폭동**'은 다수인이 결합하여 폭행 · 협박하는 것으로서 적어도 한 지방 평온을 해칠 정도라야 한다. 그 정도에 이르지 않으면 미수가 된다(통설). 행위의 목적 달성 여부는 문제가 되지 않고 상태범이다. 5 · 18 관련 판례다. 5 · 18내란 행위자들이 비상계엄을 전국적으로 확대하는 것에 항의하기 위해 일어난 광주시민들의 시위는, **헌정질서를 수호하기** 위한 정당한 행위였음에도 이를 난폭하게 진압하여 대통령과 국무위원들을 위협하고 외포하게 하였다면, 그 시위진압행위는 헌법기관인 대통령과 국무위원들을 강압하여 그 권능행사를 불가능하게 한 것이므로 **국헌문란**에 해당한다.1)

외환죄 등

외환죄(제92조)는 외국과 통모하여 외환을 유치하거나 대한민국에 항적하거나 적국에 인적 · 물적 이익을 제공하는 범죄다. **여적죄**(제93조)는 적국과 합세하여 대한민국에 항적하는 범죄이고, 형법에서 법정형으로 **절대적 사형**을 규정한 유일한 규정이다. **간첩죄**(제98조)는 적국을 위해 간첩하거나 적국 간첩을 방조하거나 또는 군사기밀을 적국에 누설하는 범죄다. '국가기밀'은 대한민국 안전에 중대한 불이익을 초래할 위험을 방지하기 위해 적국에 대해 비밀로 해야 할 사실 · 대상 또는 지식을 말한다(실질적 기밀개념). 신문 · 방송 · 잡지 등에 보도되어 널리 알려진 **공지의 사실**은 국가기밀이 될 수 없다(**판례**). 공지사실에 **모자이크 이론이** 적용될 수는 없다. 일단 공지된 사실에 대한 모자이크 부담(공지사실 짜깁기)은 개인이 아닌 국가가 져야 할 문제다.

전시군수계약불이행죄(제103조)는 사법의 계약의무위반을 형법으로 처벌하는 사회통제체계에 어긋나는 규정이다(보충성원칙 위반).

국기 · 국장모독죄(제105조)에서는 "대한민국을 모욕"할 목적(국가모독죄)이 명확성원칙에 위배되는 여부가 헌법재판소 심판대상이 된 적이 있었다. 결론은 합헌이었다. 대한민국을 모욕한다는 것은 국가공동체인 대한민국의 사회적 평가를 저해할 만한 추상적 또는 구체적 판단이나 경멸적 감정을 표현하는 것을 의미한다. 심판대상

1) 대판 1997. 4. 17. 96도3376 전원합의체.

조항이 지닌 약간의 불명확성은 법관의 통상적 · 보충적 해석으로 보완될 수 있다. 따라서 심판대상조항은 명확성원칙에 위반되지 않는다.[1)]

중립명령위반죄(제112조)는 외국간 교전에 중립에 관한 명령을 위반함으로써 성립하는 범죄고, 이른바 **백지형법**白地刑法의 대표적인 예이다. 외국간 교전이 있고, 이에 대해 우리나라 정부가 중립명령을 발동해야만 구성요건은 완성된다.

[요점 정리]

1. 국가는 국민봉사를 위한 수단이지 목적은 아니다.
2. 추상적 위험범은 위험과 침해 사이에 있는 예측부담을 국민에게 떠넘긴다.
3. 성공한 쿠데타도 처벌해야 한다.
4. 공지사실을 짜깁기해서 만든 기밀은 국가기밀이 될 수 없다.
5. '대한민국을 모욕'하는 것도 가능하다.
6. 중립명령위반죄는 백지형법이다. 백지白地는 백지白紙가 아니다.

1) 헌재 2019. 12. 27. 2016헌바96.

형법각론

제9장 국가기능에 대한 죄

직무유기

직무유기죄(제122조)는 공무원이 정당한 이유 없이 직무수행을 거부하거나 직무를 유기하는 범죄다. "**직무수행 거부**"는 의식적 직무 포기를 의미한다. 공무원이 **추상적 성실의무**를 태만히 하는 정도로는 성립하지 않는다. 판례 말을 빌려보자. 일단 직무집행 의사로 자신의 직무를 수행한 이상, **직무집행 내용이 위법**하다는 이유로 직무유기죄가 성립하는 것은 아니다. 공무원이 태만 · 분망 또는 착각 등으로 인한 직무수행, 형식적 또는 **소홀한 직무수행에** 불과한 것도 직무유기죄에 해당되지 않는다.[1)]

직권남용죄(제123조)도 많이 입에 오르내리는 죄 가운데 하나다. 공무원이 직권을 남용하여 다른 사람에게 의무 없는 일을 하게 하거나 권리행사를 방해하는 범죄다. "**직권남용**"은 형식상 공무원의 '일

1) 2014. 4. 10. 2013도229.

반적 직무권한'에 속하는 사항을 본래 취지와 달리 부당한 목적, 부당한 방법으로 행사하는 것을 말한다. 직무와 관련 없는 행위를 시키면 이 죄가 아니라 해당 행위 범죄가 성립한다. 예컨대 집행관이 채무자를 체포하면 바로 체포죄가 성립한다.

불법체포 · 감금죄(제124조)는 재판 · 검찰 · 경찰 그 밖에 인신구속에 관한 직무를 행하는 자 또는 이를 보조하는 자가 주체다. 일반적인 체포 · 감금죄(제276조)에 대해 책임이 가중되는 **부진정신분범**이다(통설). 예컨대 경찰관이 법정절차에 따르지 않고 피의자를 경찰서 보호실에 구금하거나 수사관이 구속영장 없이 피의자를 구금한 경우는 이 죄에 해당한다. 그러나 직권과 관계없거나 직권범위를 벗어난 체포 · 감금행위는 일반체포 · 감금죄(제276조)를 구성한다.

뇌 물

뇌물죄는 공무원 또는 중재인이 직무행위 대가로 부당이득을 취하는 내용의 범죄다. 뇌물을 받는 수뢰죄收賂罪와 뇌물을 주는 증뢰죄贈賂罪 두 가지가 있다. 증뢰죄는 공무원범죄는 아니지만 관련이 있기 때문에 수뢰죄와 함께 논의하는 것이 보통이다. 보호법익은 '**공무원 직무행위의 불가매수성**'이다(판례). 수뢰죄와 증뢰죄는 **필요적 공범관계**에 있다. 따라서 수뢰자와 증뢰자 사이에는 공범과 신분에 관한 제33조 규정이 적용될 여지가 없다. 공무원 신분이 없는 증뢰자는 증뢰죄로 처벌받는다. 수뢰죄나 증뢰죄 어느 한 쪽에 타인이 공범으로 가담한 경우는 제30조 이하 공범규정이 적용된다.

뇌물개념을 본다. 뇌물은 "**직무에 관한 부당한 이익**"이다. "**직무**"는 법령에 따른 것 말고도 관례, 상사의 지시, 과거 · 현재 · 미래의 직무 등 범위가 넓다. 작위 · 부작위, 적법 · 위법도 문제가 되지 않는다. 다만 부정한 직무행위 경우에는 가중구성요건(수뢰후부정처사, 부정처사후수뢰)이나 특별구성요건(사후수뢰죄)에 해당될 수 있다. "**직무관련**"은 직접 권한에 속하는 것뿐만 아니라 밀접한 관계가 있는 것도 포함한다. 다른 직무로 전직한 후 전직 전 직무에 관해 뇌물을 받은 경우도 뇌물죄가 된다고 보는 것이 타당하다. 과거 직무행위 공정성도 보호해야 한다. "**부당한 이익**"과 관련하여 뇌물이 굳이 부도덕하거나 사리사욕을 위한 용도에 사용되지 않더라도 상관없다. 예컨대 뇌물을 개인용도로 사용하지 않고 고아원 · 양로원 기타 사회봉사단체에 기부하거나 아니면 도서상품권을 사서 직원들에게 돌리거나 회식비, 공사현장 인부들 식대 또는 홍보비 등으로 소비한 경우도 뇌물성에는 영향을 주지 않는다. 금품을 수수한 장소가 공개된 장소인 경우도 마찬가지다.

"**포괄적 뇌물개념**"이 있다. 뇌물과 직무행위 사이에 '급부와 반대급부라는 **대가관계**'가 있어야 한다. 대가관계는 개개 직무행위에 대해 구체적으로 존재할 필요는 없고, 그 공무원의 직무에 관한 것이면 특정적이거나 **포괄적이거나** 묻지 않는다는 것이다. 포괄적 뇌물개념은 대가관계 입증이 어려워 처벌이 불가능한 뇌물 사각지대를 없애기 위해 판례가 발전시킨 이론이다. '뇌물 공화국'이라는 비아냥을 떠올리면 이해가 쉽다.

다음 "**포괄적 판단방법**"이라는 것도 있다. 뇌물과 선물을 어떻게 구별할 수 있을까? 사교적 의례로 준 선물은 처벌대상이 아니다. 그러면 준 사람이나 받은 사람 모두 '선물'이라고 주장할 것이 뻔한데, 이 난관을 어떻게 뛰어 넘나. 준 사람이 '신발을 거꾸로 신는' 돌발상황이 발생하지 않는 한 두 사람 이해관계는 일치하고, 물증을 찾는 것은 더욱 어렵다. 이때 심증만 가지고도 뇌물을 인정하는 길을 열어 준 것이 포괄적 판단방법이다. 이 모두를 합친 판례를 본다. 뇌물죄는 직무집행의 공정과 이에 대한 사회의 신뢰 및 직무행위의 **불가매수성**을 보호법익으로 하므로 특별한 청탁이나 부정한 행위를 필요로 하는 것은 아니다. 또한 금품이 직무에 관하여 수수된 것이면 족하고 **개개의 직무행위와 대가관계**에 있을 필요는 없으며(포괄적 뇌물개념), 그 직무행위가 특정된 것일 필요도 없다. 공무원이 얻는 이익이 부당한 이익으로서 뇌물에 해당하는지 여부는, 당해 공무원의 직무내용 등 제반 사정과 함께 공무원이 그 이익을 수수함으로써 사회일반으로부터 **직무집행의 공정성을 의심받게** 되는지 여부도 판단기준이 된다(포괄적 판단방법).[1)]

특정범죄가중법의 가중처벌 규정을 빼놓으면 안 된다. 모두 '뇌물 공화국' 오명과 관련한 고뇌의 산물이다. 현실적 효과는 별개 문제지만. 수뢰액이 1억 원 이상이면 무기 또는 10년 이상 징역, 5천만 원 이상 1억 원 미만이면 7년 이상 유기징역을 받는다. 수뢰액이 3천만 원 이상 5천만 원 미만인 경우는 5년 이상 유기징역에 처한다(특정범죄가중법 제2조 제1항). 몰수 · 추징은 필요적이다(제134조).

1) 대판 2007. 4. 27. 2005도4204.

“**공무원, 중재인**” 범위도 넓게 인정한다. 뇌물을 없애자는 뜻은 계속된다. 기한부 채용 공무원뿐만 아니라 임용결격 사유가 있는 공무원도 이 죄 주체에 포함된다는 것이 대법원 견해다.1) 현재 공무원, 현재 중재인 지위에 있어야 한다.

“**수수**”는 뇌물을 받는 것이고, “**요구**”는 뇌물을 달라는 것이다. “**약속**”은 뇌물수수를 합의하는 것이다. 약속이 이루어진 이상 그것의 이행 여부는 이 죄 성립에 영향을 주지 않는다. 아래에서는 다양한 뇌물죄 양태를 익히고 구별하는 것이 중요하다.

단순수뢰죄(제129조 1항)는 뇌물죄 기본 형태다. 공무원 또는 중재인이 직무에 관하여 뇌물을 수수 · 요구 또는 약속함으로써 성립하는 범죄다. 위에서 설명한 내용이 모두 적용된다.

사전수뢰죄(제129조 2항)는 공무원 또는 중재인이 될 자가 담당할 직무에 관해 청탁을 받고 뇌물을 수수 · 요구 · 약속한 후 공무원 또는 중재인이 된 경우 성립하는 범죄다(수뢰 → 공무원 취임).

제3자뇌물공여죄(제130조)는 공무원 또는 중재인이 그 직무에 관해 부정 청탁을 받고 제3자에게 뇌물을 공여하게 하거나 공여를 요구 또는 약속한 때 성립하는 범죄다(부정한 청탁 → 제3자에게 뇌물). 판례를 본다. 도지사가 제3자로부터 **복지재단 출연금**의 형태로 거액을 수수한 행위는, 관광지구 추가지정 및 관련 절차의 진행에 있어서, 이를 총괄하는 도지사의 직무와 관련하여 제3자 뇌물공여죄에서 뜻하는 **광의의 부정한 청탁**을 매개로 이루어진 것에 해당된다.2)

---

1) 대판 2014. 3. 27. 2013도11357.

2) 대판 2007. 1. 26. 2004도1632.

수뢰후부정처사죄(제131조 1항)는 수뢰한 공무원 · 중재인이 나중에 부정행위를 하여 성립하는 범죄다(수뢰 → 나중에 부정행위). 이 죄 주체는 공무원 또는 중재인이지만 공무원 또는 중재인이 되기 전에 수뢰행위를 한 자도 포함한다. **부정처사후수뢰죄**(제131조 2항)는 반대 형태다. 공무원 또는 중재인이 그 직무상 부정행위를 하고 나서 뇌물을 수수 · 요구 · 약속하거나 제3자에게 이를 공여하게 하거나 공여를 요구 또는 약속함으로써 성립하는 범죄다(**부정행위 후 → 뇌물수수 ↔ 수뢰후부정처사죄**).

사후수뢰죄(제131조 3항)는 과거에 공무원 또는 중재인이었던 자가 재직 중 청탁을 받고 부정행위를 한 후 퇴직한 다음 뇌물을 수수 · 요구 또는 약속함으로써 성립하는 범죄다(**재직중 부정행위 → 퇴직 후 뇌물수수 ↔ 사전수뢰죄**).

알선수뢰죄(제132조)는 공무원(중재인 제외)이 그 지위를 이용하여 다른 공무원 직무에 속한 사항을 알선하고 뇌물을 수수 · 요구 · 약속한 경우 성립하는 범죄다(다른 공무원에게 알선 → 뇌물수수). 법문의 "그 지위를 이용하여"는 단순한 공무원신분만으로는 부족하다. 직무를 직접 처리하는 공무원과 직무상 직접 · 간접 연관관계를 가지고 있어서 법률상 · 사실상 영향력을 미칠 수 있는 공무원이어야 한다. **"알선"**은 일정 사항에 관해 어떤 사람과 상대방 사이에 서서 중개하거나 편의를 도모하는 것을 의미한다. 직무행위의 적법 · 위법도 상관없다. '정당한 직무행위 알선'도 이 죄에 해당된다고 보는 것이 타당하다.

특정범죄가중법 알선수재죄(제3조)는 공무원 또는 일반인이 **공무원 직무**에 속하는 사항을 알선하여 금품이나 이익을 수수 · 요구 또는 약속함으로써 성립하는 범죄다. **일반인도 주체**가 된다는 점에 주목해야 한다.

특정경제범죄법 알선수재죄(제7조)는 공무원 또는 일반인이 **금융기관 임 · 직원 직무**에 속한 사항을 알선하여 금품 기타 이익을 수수 · 요구 또는 약속하거나 제3자에게 이를 공여하게 하거나 공여하게 할 것을 요구 또는 약속함으로써 성립하는 범죄다.

변호사법 알선수재죄(제111조 제1호)는 공무원 또는 일반인이 공무원이 취급하는 사건 또는 사무(주로 수사사건)에 관하여 청탁 또는 알선을 한다는 명목으로 금품 · 향응 기타 이익을 받거나 받을 것을 약속하거나 또는 제3자에게 이를 공여하게 하거나 공여하게 할 것을 약속함으로써 성립하는 범죄다.

뇌물공여죄(제133조 1항)는 공무원 또는 중재인에게 직무와 관련하여 뇌물을 공여하거나 공여 의사표시를 하거나 또는 공여하기로 약속함으로써 성립하는 범죄다.

증뢰물전달죄(제133조 2항)는 뇌물공여에 사용할 목적으로 제3자에게 금품을 교부하거나 그 사정을 알면서 이를 교부받음으로써 성립하는 범죄다.

뇌물의 몰수 · 추징(제134조)은 필요적이고 자유재량은 인정되지 않는다. 몰수 · 추징 대상은 뇌물로 수수하거나 공여하였지만 수수하지 않았거나 공여를 약속한 금품이다. 그러나 뇌물을 요구하기만 한 경우는 몰수할 수 없다. **몰수 · 추징 상대방**은 현재 뇌물을 보유하고 있는 자다. 뇌물을 반환한 경우는 증뢰자로부터 몰수 · 추징한다. 만일 수수한 뇌물 일부를 다시 타인에게 증뢰한 경우, 증뢰행위는 수뢰자의 독자적 소비행위에 지나지 않기 때문에 제1수뢰자로부터 전액을 몰수한다. **몰수 · 추징방법**은, 여러 사람이 뇌물을 수수한 경우는 각자가 실제로 수수한 금품을 몰수하거나 그 가액을 추징하고, 개별 분배액을 모르거나 공동으로 소비한 경우는 평등하게 분배하여 추징한다. 추징은 뇌물 전부 · 일부를 몰수할 수 없을 때 한다. **공무원범죄에 관한 몰수특례법**(제2, 3, 4조)은 수뢰한 "**불법수익**"뿐만 아니라 그 과실, 즉 "**불법수익에서 유래한 재산**"(양자를 합쳐서 "불법재산")까지도 몰수할 수 있도록 규정한다.

공무방해

공무집행방해죄(제136조 1항)는 직무집행 공무원을 폭행 · 협박하여 성립하는 범죄다. **직무집행**은 적법해야 한다. 형법에 명시 규정은 없지만 통설 · 판례는 직무집행 적법성을 요구한다. 위법한 직무집행에 대해서는 국민이 복종할 의무가 없다. 적법성은 실질적 정당성이 아닌 **형식적 적법성**을 뜻한다. 실질적 정당성으로 하면 국가기관 직무수행에 많은 어려움이 발생한다. 구체적 내용은, 해당 직무가 공무원의 **추상적 권한**에 속하고 구체적으로도 그 권한 안에 있어야 하며, 또한 직무행위 요건과 방식을 갖추어야 한다(직무집행절차의 적법성). 그러나 방식 · 절차의 사소한 흠결은 무방한 것으로 보아야 한다. 결국 위법한 직무집행에 대한 판단은 '**본질적 형식**'을 위반하였는가에 따라서 내린다.

그러면 이런 **적법성판단**은 누가 내리는가? 적법성은 법원이 법령 해석을 통해 객관적으로 정하는 것이 타당하다(객관설, 통설). 해당 공무원 판단을 기준으로 하는 것은(주관설) 적법성요건 자체를 무의미하게 만들 가능성이 있다.

적법성이 결여된 직무집행행위를 하는 공무원에게 대항하여 폭행이나 협박을 하더라도 공무집행방해죄가 성립하지 않는다. 현행범 체포의 적법성은 체포 당시 구체적 상황을 기초로 객관적으로 판단해야 하고, 사후에 범인으로 인정되었는가에 따를 것은 아니다. 이런 판례가 있다. 경찰관의 **오만한 단속 태도**에 항의한다고 하여 피고인을 그 의사에 반해 교통초소로 연행해 갈 권한은 경찰관에게 없다. 이러한 강제연행에 항거하는 와중에서 경찰관의 멱살을 잡는 등 폭행을 가하였다고 하여도 공무집행방해죄가 성립하지 않는다.[1)]

폭행 · 협박 정도는 공무방해로 볼 수 있을 만큼 적극적인 것이라야 한다. 그러므로 공무원에게 체포당하지 않으려고 손을 뿌리치고 도주하는 경우처럼 **소극적 거동**이나 불복종은 여기에 해당되지 않는다. 폭행 · 협박은 실제로 공무집행을 방해할 수 있는 정도에 이르러야 한다.

위계에 의한 공무집행방해죄(제137조)에서 **"위계"**는 일정한 행위목적이 있어야 하고, 상대방에게 오인, 착각, 부지를 일으키는 **원인행위**와 그것을 **이용하는 행위**가 있어야 한다. 이러한 원인행위와 이용행위는 소극적 부작위로는 불충분하고 적극적 작위에 국한해야 한다. 이 죄 성립범위가 필요 이상으로 확대되는 것을 방지하기 위해서

---

1) 대판 1992. 2. 11. 91도2797.

다. 위계 인정과 부정 사례 하나씩 보자. 변호사가 **접견을 핑계**로 수용자를 위해 휴대전화와 증권거래용 단말기를 구치소 내로 몰래 반입하여 이용하게 한 행위는 위계에 의한 공무집행방해죄에 해당한다.[1] 피의자 등이 수사기관에 허위사실을 진술하거나 **허위증거**를 제출하였더라도 위계공무집행방해죄는 성립하지 않는다.[2] 만일 이 사례에서 피의자 등이 허위증거를 조작, 제출함으로써 수사기관이 충실한 수사를 했더라도 허위 사실을 밝힐 수 없는 정도가 되었다면 사정은 다르다.

도주와 범인은닉

도주죄(제145조 1항)는 법률에 따라 체포 · 구금된 자가 도주함으로써 성립하는 범죄고, 신분범 · 즉시범에 속한다. 체포 · 구금된 자에 구인된 피고인 · 피의자는 포함되지 않는다. 법문이 규정하지 않은 자까지 구금권을 보호하는 것은 죄형법정주의에 어긋난다. "구금된 자"는 수형자 · 미결구금자 · 감정유치 중인 자를 포함한다. "**도주**"는 피구금자가 구금상태로부터 이탈하는 것을 말한다. 일시 이탈도 가능하며 작위뿐만 아니라 부작위로 하는 도주도 가능하다. 이 죄 **기수시기**는 체포 · 구금으로부터 벗어난 때이며, 이는 체포자 또는 간수자 실력지배로부터 완전히 벗어난 때를 의미한다. 따라서 추적 중인 때는 기수가 되었다고 할 수 없다. 이 죄는 **즉시범**이다. 따라서

1) 대판 2005. 8. 25. 2005도1731.
2) 대판 2019. 3. 14. 2018도18646.

일단 기수가 된 다음에 체포되자 폭행 · 협박을 하여 도주를 계속하면 특수도주죄가 성립한다. 그러나 상태범으로 보면 공무집행방해죄 성립은 별론으로 하더라도 특수도주죄를 인정할 수 없다.

범인은닉죄(제151조)는 벌금 이상의 형에 해당하는 죄를 범한 자를 은닉 · 도피하게 함으로써 성립하는 범죄다. 도주죄와 함께 국가 형사사법권을 침해하는 범죄로서 범인비호죄 성격을 가지고 있다. 도주죄와 범인은닉죄는 인적 도피를 내용으로 하는 점은 같지만, 전자는 국가구금권을 침해하는 것이고, 후자는 국가 형사사법기능 자체를 침해한다는 점에서 차이가 있다.

행위주체는 제한이 없다. 그러나 범인 자신이 스스로 은닉 · 도피하는 행위는 이 죄에 해당되지 않는다(자기도피, 자기은닉 불가벌). 그는 단순한 행위객체에 지나지 않기 때문에 구성요건해당성이 없다. **범인이 제3자를 교사하여 자신을 은닉**하도록 하면 어떻게 될까? 판례는 범인은닉죄 교사범이 성립한다는 긍정설 견해인데, 자기비호권 남용을 근거로 든다.1) 그러나 부정설은 정범이 될 수 없는 자가 교사범이 된다는 것은 부당하고 자기비호 연장에 지나지 않는다는 점을 주장한다.

"죄를 범한 자"는 진범이어야 할까? 판례는 부정설 견해다. 진범 여부는 법원 확정판결이 있기 전까지는 알 수 없고, 그때까지 범인은닉죄를 적용할 수 없다는 결론은 받아들이기 어렵다. 현실적으로도 대부분 수사 · 소추 중인 자의 은닉이 문제가 되고 또 그것은 국가 형

---

1) 대판 2000. 3. 24. 2000도20.

사사법기능을 침해한다.

그러면 한걸음 더 나아가 **검사 불기소처분**을 받은 자도 이 죄 대상이 될까? 판례는 긍정설 관점이다. 불기소처분이 유죄판결 가능성을 완전히 배제하는 것은 아니라는 생각이 깔려 있다. 그러나 검사 불기소처분으로 형사절차는 사실상 종결되고, 검찰 수사대상이 되고 난 뒤 범인은닉 대상에 포함시키더라도 늦지 않다고 보면 부정설도 일리는 있다. 여러분 견해는?

행위에서 "은닉"은 범인을 감추어 주는 행위를 말하고, "도피하게 하는 것"은 은닉 외 방법으로 수사관의 발견 · 체포를 곤란 또는 불가능하게 하는 일체 행위를 의미한다. 범인 아닌 자를 범인으로 가장시키는 등 여러 가지 행위 유형이 있을 수 있다. 수사과정에서 공범 이름을 단순히 묵비한 행위를 은닉으로 볼 수 있을까?

친족간 정의情誼를 고려한 **친족간 특례**가 있다(제151조 2항). 친족 또는 동거가족이 자신을 위해 범인은닉죄를 범한 경우는 처벌하지 않는다. 친족 또는 동거가족 범위는 민법에 따라 결정한다. 내연관계에 있는 자와 그 출생자도 여기 포함된다. 특례 입법취지를 고려해 포함시키는 것이 타당하다.

제3자가 친족을 교사 또는 방조하여 이 죄를 범하게 한 경우는, 친족은 처벌되지 않지만 제3자는 교사범이 된다. 반대로 **범인 친족이 제3자를 교사**하여 범인은닉행위를 하게 한 경우는 어떻게 될까? 비호권 남용으로 봐야 할까 아니면 정범으로 처벌되지 않는 입법취지를 우선해야 할까?

위증과 증거인멸

위증죄(제152조 1항)는 법률에 따라 선서한 증인이 허위진술을 함으로써 성립하는 범죄다(진정신분범). 주체의 “**증인**”과 관련해 **공범자 또는 공동피고인**이 선서를 하고 증언을 한 경우 이 죄가 성립할 수 있는지 문제된다. 통설 · 판례는 공범자 아닌 공동피고인은 가능하고, 공범자인 공동피고인은 불가능하다는 부분긍정설을 취한다. 공범자인 공동피고인에 대해 증인적격을 인정하면 진술의무를 부과하는 것이 되고, 이것은 피고인에게 진술거부권을 인정하는 취지에 반하기 때문이다. **증언거부권자**가 증언거부권을 행사하지 않고 선서한 후 증언한 경우도 이 죄 주체가 될 수 있다.

“**허위**”는 객관적 사실에 반하는 것인지(객관설) 아니면 증인의 기억에 반하는 것인지(주관설) 견해대립이 있다. 증인에게 자기 기억 이상의 진실을 말해줄 것을 기대하기는 어렵다. 판례도 주관설 관점이다.[1)]

위증교사 문제가 있다. 형사피고인이 **자기 형사사건에 관해 타인을 교사**하여 위증하게 한 경우 위증교사죄가 성립할 수 있는가 하는 점이다. 판례는 방어권 남용으로 보고 긍정하는 견해다. 그러나 부정설은 반대다. 형법의 각종 **자기비호권**, 예컨대 자기 형사사건에 대한 증거인멸, 자기 형사사건에 대한 증인은닉 · 도피를 처벌하지 않는 법정신은 일관되게 위증교사에도 적용되어야 한다고 주장한다. 자기비호도 좋지만 ‘교사’는 지나치다는 견해와 정범으로 처벌되지

---

1) 대판 2009. 3. 12. 2008도11007.

않는 사람을 공범으로 처벌할 수 없다는 원칙의 차이다. 판단은 여러분 몫이다.

위증죄와 증거인멸죄는 택일관계일까 특별관계일까? 증인선서를 하지 않은 참고인 · 증인 등이 법원에서 허위 진술하는 것을 형법으로 어떻게 처리할 것인지 문제다. 이 경우 택일관계는 둘 가운데 하나만 성립한다는 견해고, 특별관계는 위증죄가 성립하지 않는 경우에도 증거인멸죄는 얼마든지 가능하다는 견해다. 허위진술을 넓은 의미에서 증거인멸행위로 포섭한다.

모해위증죄(제152조 2항)는 형사사건에서 피의자 · 피고인 또는 징계혐의자를 모해할 목적으로 위증을 하는 범죄다. 목적범이고 선서한 증인에 국한한다고 보는 것이 타당하다. **선서하지 않은 참고인**의 허위진술은 증거인멸행위로 포섭하여 해결하는 것이 바람직하다. 이 조문에서 "전항의 죄"는 위증죄인데, 위증죄는 선서한 증인이 아니고는 그 주체가 될 수 없다. "**모해목적**"은 피고인 · 피의자 또는 징계혐의자를 불리하게 할 목적을 말하며, 그러한 목적 달성 여부는 이 죄 성립에 영향을 미치지 않는다.

모해위증교사 문제도 빼놓을 수 없다. 모해할 목적으로 타인을 교사하여 위증을 하게 한 경우(모해위증+위증교사)에 교사자와 피교사자의 죄책에 관한 문제다. 학설과 판례견해가 완전히 갈린다. 판례는 모해목적을 형법 제33조 단서에 규정된 신분관계에 해당되는 요소로 파악하여 교사자는 모해위증교사죄로 처벌되지만 그런 "모해목적"이라는 신분관계가 없는 피교사자는 단순위증죄에 해당되는 것으로 판시한다(교사자 모해위증교사죄, 피교사자 단순위증죄설). 반면에 통설은 주관적 구성요건요소인 "목적"이 행위자표지인 "신분"에 속할 수는 없기 때문에 교사범인 공범의 정범종속성원칙에 따라 교사자에게도 단순위증죄 교사범이 성립하는 것으로 본다(교사자 단순위증교사죄, 피교사자 단순위증죄설). 역시 판단은 여러분이 내리기 바란다.

증거인멸죄(제155조 1항)는 타인의 형사사건 또는 징계사건에 관한 증거를 인멸 · 은닉 · 위조 · 변조하거나, 위조 · 변조한 증거를 사용하는 범죄다. **자기형사사건에 대한 증거**를 인멸하기 위해 타인을 교사한 경우 이 죄가 성립할 수 있을까? 자기비호 연장으로 보면 부정하는 것이 타당하다. 판례는 위증죄와 마찬가지로 긍정설 관점이다. **공범자 형사사건 또는 징계사건**에 관한 증거를 인멸할 경우는 이 죄 성립을 부정하는 것이 타당하다(판례). 공범자 사건은 타인 사건으로 볼 수 없는 것이 그 이유다. "형사사건"에는 **형사피의사건**도 포함된다고 보는 것이 일반적이다. **수사개시전 사건**도 여기 포함된다는 것이 판례 관점이다. 그러나 수사개시전에 국가 형사사법기능이 침해될 위험이 있는지는 의문이다.

무 고

무고죄(제156조)는 타인으로 하여금 형사처분 또는 징계처분을 받게 할 목적으로 공무소 · 공무원에게 허위사실을 신고함으로써 성립한다. **자기무고**의 가벌성에 대한 논의가 있다. 자기무고는 형사처분 또는 징계처분을 받아야 할 이유가 없는 사람이 마치 그런 사실이 있는 것처럼 공무소 또는 공무원에게 허위신고를 하는 것을 말한다. 실무적으로는 진범을 대신하여 자신이 범죄자인 것으로 자수 또는 허위 신고를 하는 경우가 대부분이다. 우리 형법은 무고 대상을 "타인"으로 못 박고 있기 때문에 자기무고는 여기에 해당될 여지가 없다. 상황에 따라서 범인은닉죄, 위계에 의한 공무집행방해죄 그리고 경범죄처벌법의 거짓신고죄(제3조 3항 2호)에 해당될 수 있는 가능성은 있다. **승낙무고**는 피무고자 촉탁 · 승낙 또는 동의를 받고 그를 무고한 경우다. 이 죄는 기본적으로 국가적 법익에 대한 죄로 이해하는 것이 타당하므로 피무고자 승낙유무가 무고죄성립에 영향을 미칠 수 없다. 사자나 허무인무고 문제도 같은 방식으로 해결하면 된다.

"**허위사실**"에서 허위 여부는 신고사실 전부가 반드시 허위일 필요는 없고 정황을 다소 과장한 것에 지나지 않을 경우도 허위사실이라고 할 수 없다. 무고죄의 범의는 신고자가 **진실하다는 확신 없는** 사실을 신고하면 무고죄는 성립하고, 그 신고사실이 허위라는 것을 확신할 것까지는 없다.[1)]

[요점 정리]

1. 직무수행을 소홀히 하는 것은 직무유기죄가 아니다.
2. 아무리 선한 목적에 사용하더라도 뇌물은 뇌물이다.
3. 포괄적 뇌물개념은 뇌물과 직무행위 사이 대가관계를 느슨하게 만든다.

---

1) 대판 1991. 12. 13. 91도2127.

4. 포괄적 판단방법은 직무집행의 공정성에 대한 의심만으로도 뇌물죄를 인정한다.
5. 알선수재죄는 세 종류가 있고 일반인도 주체가 될 수 있다.
6. 뇌물을 투자해서 얻은 과실도 몰수대상이다.
7. 공무집행방해죄의 적법성은 형식적 적법성이다.
8. 자기도피, 자기은닉은 처벌하지 않는다.
9. 위증교사는 방어권 남용으로 처벌된다(판례).
10. 모해위증교사에서 '모해목적'은 제33조 단서 '신분'에 해당된다(판례).
11. 자기무고는 무고죄가 되지 않는다.

제3편
형사소송법

제1장 기 초
제2장 형사절차 참여자
제3장 수 사
제4장 공소제기
제5장 공 판
제6장 증 거
제7장 재 판
제8장 상소와 특별절차

제1장 기 초

형사소송법의 시작

"A가 B를 죽였다."

형법과 형사소송법의 시작점은 똑같다. 이런 사건이 발생하면 형사소송법도 자신의 일을 시작한다. 둘은 동시에 자신 일을 시작하지만 교육 목적으로 이해를 쉽게 하기 위해 나누어 고찰할 뿐이다. 일상적인 말로 시작해 보자. 사람이 사람을 죽이는 일은 사건 중에서도 가장 큰 사건이다. 이런 사건이 발생하면 누군가 114에 신고를 할 것이고 즉시 경찰이 출동한다. 엄격하게 현장을 보존하고, 만일 그 자리에 피의자가 있으면 수갑을 채워(그냥 채우면 되나?) 경찰서로 데려간다(이 착한 피의자는 가잔다고 선선히 간다. 그렇게 착하면 처음에 사람을 죽이는 일은 하지 않았을 텐데…). 현장에서는 수사관들이 뭔가 열심히 찾겠지. 증거수집이다. 경찰서에서는 수사를 맡은 경찰관들이 분주히 움직이고 피의자는 변호사를 수소문해 찾아 도움을 받는다. 돈이 없는 사람은 그것도 못한다. 경찰서에서는 필요하면 참고인도 부르고 하면서 복잡하고 지루한 여러 가지 일을 서두른다. 너무 서두르다 보니 대충 넘어가는 것도 없지 않다. 언제까지 마쳐야 하는 기간이 정해져 있으니(예컨대 구속기간 등) 이해도 간다. 그리고 마지막으로 사건을 검찰로 넘길 것인지(송치) 결정을 내리고 손을 턴다. 여기까지가 **수사절차**다.

사건을 넘겨받은 검찰은 '무슨 수사를 이렇게 부실하게 하나'하면서(감독하는 지위를 그렇게 즐기는 경우가 많지) 피의자를 신문하는 등 보완수사를 하여 공소를 제기할 것인지 불기소처분을 내릴 것인지 결정한다. 공소제기는 검사가 공소장을 법원에 제출하면 된다. 그리하여 피의자는 피고인이 된다. 여기까지가 검사가 행하는 **공소제기절차**다.

이제 사건은 법원으로 넘어가서 **공판절차**가 진행된다. 공판절차를 진행하는 주체는 법원이다. 검사는 피고인(변호인)과 더불어 공판절차 당사자가 되어 유죄주장을 열심히 펼친다. 변호인은 그 반대되는 주장을 역시 열심히 한다. 사람들은 변호사 수임료가 그 열심 정도를 결정한다고 믿는다. 어쨌건 검사와 변호인은 서로 증인을 신청하고 신문도 한다. 절차를 주재하는 판사는 제3자로서 누구 주장이 맞는지 경청한다. 필요하면 독자적으로 증거조사를 할 수도 있다. 그리고 결론을 내린다(판사는 결론을 좋아한다). 유무죄 판결을 내린다. 여기서 절차가 종결되면 얼마나 좋을까. 대개 불복해서 2심으로 간다. **항소심**이다. 일부는 여기서 끝나기도 하지만 다시 3심, **상고심**으로 간다. 대법원이다. 여기서 받은 판결은 나중에 특별한 재심사유가 발견되지 않으면 이제 형집행으로 들어간다. 징역형을 받은 경우는 피고인 신분이 수형자로 바뀌어 미결수용소에서 기결수용소로 거처를 옮긴다. **사형수**("사형확정자")는 사형이 집행되어야 기결수가 되기 때문에 그 전까지 그가 살 집은 미결수용소다. 사형수는 살아 있는 동안은 영원한 미결수다. 이것을 이상하게 생각하는 사람이 더러 있더라. 벌금형은 벌금을 납부함으로써 종결된다. 운이 좋은 사람은 벌금형 집행유예도 받을 수 있다. 그러면 돈을 안 내도 된다. 참 좋은 제도다. 전과기록이야 남겠지만. 벌금 집행유예도 받지 않고 선고된 벌금을 내지 않으면 이제 노역장에 가서 '몸으로 때워야' 하는 상황이 벌어질 수도 있다(**환형유치**). 최대 3년까지 할 수도 있다. 3년 받으려면 벌금액수도 아주 많아야 한다. 이런 절차가 다 끝나면(만기 출소) 집으로 가는데, 역시 운이 좋으면 기간 전에 미리 집에 보내주기도 한다. 그러려면 '국가운영 기숙 호텔'('여관'이라고 해야 되나)에서 얌전히 굴어서 그 사람들 마음에 들어야 한다. **'뉘우치는 시늉'**을 열심히 해야 한다(이거 법률용어다. 형법 제72조). 뉘우치는 시늉은 착한 척 하는 것이다. 복잡한 생각할 필요 없이 그렇게만 하면 된다(혹시 주변에 위 '여관'에 가 있는 사람 있으면 이거 꼭 코치해주라. 매우 현실적이고 유익할 것이다. 무슨 **'새 사람'**이 되어야 하는 것으로 생각할 필요는 없다. 사람 무게가 그렇게 가볍지 않으니). 집에 가고 난 뒤에도 **'발찌'**(팔찌가 아니다)를 차고 밤에 술집에도 못 가게 하는 경우가 있지만 어디까지나 예외적이다. 그 정도까지는 안 되는 게 상책이지. 형 집행은 검사가 주관한다.

이상이 우리가 앞으로 살펴볼 내용인데 복잡하고 재미가 없겠는

가. 아니면 조금 흥미가 끌리기도 한가. 다 사람이 하는 일, 숨 쉬는 일도 힘들다면 힘들다. 태어났으니 무슨 일이든 하기는 해야 하지 않겠는가. 실눈으로 보지 말고 몸에 좋은 약 보듯이 하면 없던 흥미도 생길 수 있으리니, 그런 희망을 가지고 시작해 보는 거다.

소송은 절차기술

위 형사소송 이야기를 한 마디로 요약하면 "**절차**"다. **유무죄 확정**을 위한 절차다. 실체법인 형법에서 범죄는 그 자체 의심 없이 전제되어 있지만 절차법인 형사소송법은 범죄 그 자체를 의심한다. "A가 B를 살해했다"고 했을 때 실체법은 그 사실을 의심하지 않고 그것이 어떤 범죄에 해당하는지, A가 여러 사람일 경우, B가 여러 사람일 경우, A가 과실, 부작위로 했을 경우 등을 살펴본다. 그러나 절차법은 "A가 B를 살해했다"는 사실 자체가 참인지 거짓인지를 탐구한다(실체적 진실 발견). 말하자면 "A가 B를 살해했다"는 결론이 어떻게 나왔는지, 그 과정에 무슨 하자는 없는지 꼼꼼히 살핀다. 그러니까 실체법과 절차법은 원래 하나인 **작용통일체**다. 실체법이 내용이라면 절차법은 그 형식이다. 절차는 곧 실체를 싸는 포장이라고 할 수 있어서 이 겉옷이 없으면 실체는 그 모습을 드러내지 못한다.

절차는 또한 **기술**이다. 실체를 찾는 방법, 기술, 형식은 하나만 있는 게 아니다. 말하자면 서울에서 부산에 간다고 했을 때, 그 방법은 매우 다양하다. 자동차, 비행기, KTX, 자전거, 심지어 국토 종단을 하는 사람들은 걸어가기도 하더라. 이런 여러 가지 방법 가운데 어느 한 방법만 '옳다'고 말하는 것은 그 말이 틀렸다. 즉 실체는 옳고 그름과 직접 연결되어 있지만 절차는 비교적 이런 문제에서 자유롭다. 그러나 우리는 절차에서 덜 효과적인 방법을 틀렸다, 옳지 않다고 말하는 경우는 있다. 예를 들면 변호인에 비해 검사 권한을 지나치게 많이 주거나 증거능력을 너무 쉽게 인정하여 빠른 유죄결론을 유도하는 규정이 있다면, 옳지 않다고 판단한다. 그러나 대부분 절차는 양자 줄다리기 범위 안에 있어서 이런 극단적 문제하고는 거리가 멀다. 만일 헌법의 기본권과 충돌할 만큼 문제가 있는 것이라면 벌써 위헌결정을 받지 않았겠는가. 제도 자체보다는 대부분 해석과 관련된 부분이다.

형사소송 **'기술'은 매우 복잡**하다. 원래 기술이란 복잡한 것이 특징이고 생명이다(이게 복잡해야 변호사들이 먹고 살 수 있다고 말하는 사람도 있다). 과학기술의 어려움과 비교하면 이 정도는 사실 아무 것도 아닐 것이다. 다만 대상이 물건이 아니라 파악이 불가능한 **'사람'**이라는 어려움이 있다. 형사소송 기술의 복잡성은 그 내용인 범죄 확인의 어려움과 동시에 이것에서 비롯되는 날카로운 이익대립에서 비롯한다. 형벌은 목숨을 빼앗는 사형에서 신체, 자유, 재산, 명예에 이르기까지 종류도 많고 가장 강력하다(최후수단). 그러니 벌을 주려는 사람과 그것을 피하려는 사람 사이 투쟁은 서부영화 활극을 방불한다(그런데 한 가지, 피고인은 자기 목숨이 걸린 문제이니 그렇다 치지만 검사는 왜 그렇게 죽기 살기로 달려들까? 엄밀히 따지면 자기 목숨이 걸린 문제도 아닌데 말이다. 생각해 보기 바란다, 왜 그런지). 이런 목숨 건 투쟁에서 심판 규칙이 편파적이면 당사자가 결과를 받아들이지 않을 것은 뻔하다. 이것은 법치국가에 대한 상처가 된다. 절차규정이 세심할 수밖에 없는 이유다.

다른 이유도 있다. 실체형법 궁극 목표는 '**일반인과 범죄인 사이 균형잡기**'라고 하였다. 그런데 그 균형점은 밝혀야 할 '정의正義 내용' 이지 우리가 이미 밝혀낸 것은 많지 않다. 이 짐이 형사소송법에도 그대로 이어진다. 일반인 이익을 대변하는 사람은 검사이고 범죄인은 변호인이 옆에서 도움을 주기도 하지만 결국 모든 책임은 자신이 져야 한다. 따라서 형사소송 궁극목표는 양 당사자인 '**검사와 피고인(피의자) 사이 균형잡기**'로 이어진다. 이 균형점 또한 미래 과제로 남아 있다. 그런데 이 '**균형**'이라는 말이 얼마나 허상인지 아는가. 말이 좋아서 '무기대등', '당사자 대등', '균형'을 이야기 하는데, 검사와 피고인은 철저하게 불평등 관계다. 그것도 하늘과 땅 차이만큼이나 그렇다. 법률전문가와 일반인 정도 문제가 아니라 한 사람은 국가가 내세운 공익 대표자이고 다른 한 사람은 이 사회가 눈을 감고 싶은 범죄자다. 태생적으로 이 불평등관계가 해소될 수 있는 방법은 없다. '균형'은 유토피아다. 유토피아는 실현되지 않기 때문에 유토피아다. 천국이 이 땅에 내려올 수 있다고 믿는 사람은 천진함을 넘어 숫제 세상을 모르는 사람이다. 이 현실을 바로 보는 것으로부터 형사소송법 공부는 시작해야 한다. 그래도 우리가 타협할 수 있는 최선의 방법은 규칙을 세심하게 다듬고 만든 절차라도 잘 지켜서 적어도 양 당사자가 승복할 수 있는 상태를 만드는 정도다. 그렇지 않으면 제3의 중립관점에서 판단하는 판사까지 싸잡아 비난받기 십상이다. 법원은 국민이 편파적이라고 보는 시각이 가장 무섭다. 일단 규정으로는 양자 이익을 조금도 소홀히 하지 않는, 철저한 중립 규정을 짧은 말로 하는 것은 어렵다. 그래서 복잡하다. 형사소송 모든 이론은 형식으로 보면 모두 이 균형잡기 저울 사이에서 움직인다. 이것을 올바른 형사소송법을 위한 '매의 눈'으로 간직할 일이다. 이제 이 목표를 향한 일반론부터 시작해 보자.

앞서, 형사소송법의 전체 집 구조는 **형사소송법 원칙, 법원, 피고인, 검사, 수사, 공판, 증거, 상소, 재심**이라는 큰 기둥으로 되어 있다. 늘 이것을 기억해야 하는 것은 샛길로 빠져 큰 길을 잃어버리는 일이 없도록 하기 위해서다.

실체적 진실발견과 적법절차

형사소송법에서 가장 유명한 두 가지 말이다. 원칙의 첫째에 속하는 주제다. 원칙은 형사소송법의 궁극 지향점이다. 주로 **형사소송법 목적**과 관련해 논의되는데, 그 내용은 무엇이며 양자 관계는 어떻게 되는지 복잡한 이론이 많다. 심지어 실체적 진실이 형사소송 최고 목표이고 적법절차는 그것을 위한 수단이라는 주장도 있다. 이렇게 되면 형사절차의 모든 제도, 관계되는 사람 피고인, 변호인까지 포함해서 실체적 진실에 이바지해야 할 의무가 있는 것처럼 보인다. 최고봉은 실체적 진실이 되고 적법절차가 이 정도라면 그 밖에 나머지 제도도 전부 이것을 위한 수단에 지나지 않는다. 정말 그럴까. 그 '실체적 진실'부터 밝혀보자.

실체적 진실발견과 관련된 연관어를 보면, "실체"는 우리가 실체형법에서 쓴 말이다. 상대되는 말은 "절차"다. 그러면 **절차적 진실발견**이라는 말도 가능하다. 실제로 있다. 또 "실체 진실발견" 가운데는 **적극적 실체발견**도 있고 **소극적 실체발견**도 가능하다. 형사소송 실체를 '적극적으로 찾아야 한다'와 '소극적으로 찾아야 한다'의 차이이다. 그러면 형사소송 "실체"는 무엇인가. 그것은 형사소송이 시작된 연유를 보면 알 수 있다. 형사소송은, 우리 예로 하자면, "A가 B를 죽였다", 즉 A가 살인죄를 저질렀다는 검사 주장(유죄 주장)으로부터 시작되었다. A가 죄를 범한 '실체'를 적극적으로 밝혀야 한다는 것이 적극적 실체주의다. 반면에 소극적 실체발견은 피고인 관점에서 검사 주장을 소극적으로 반박한다. 즉 'A는 죄를 범하지 않았다'는 '무죄 실체'를 소극적으로 밝히겠다는 의미의 진실발견이다. 그러니 실체적 진실은 그 태생부터 검사가 제기하고 주장하는 내용이지 피고인하고는 상관없다. 피고인은 자기가 범행한 실체적 진실을(만약 했다고 가정할 경우) 감추고 싶은 사람이지 그것을 밝히고 싶은 생각은 조금도 없다. 그런데 마치 "실체적 진실"이라는 말 가운데는 피고인 무죄를 밝히는 것도 포함된 것처럼 착각을 일으키게 하는 데 이 말의 함정이 있다. 변호인은 실체적 진실을 밝혀야 한다는 변호전략을 구사하지 않는다. 실체적 진실발견은 검사의 용어고 검사를 위한 용어다. 피고인이나 변호인은 그런 일 하고 싶어 하지 않는다. 심지어 변호인에게는 **침묵의무**라는 것도 있다. 피고인에게 죄가 있다는 사실을 알아도 드러내면 안 된다. 드러내는 순간 그는 이제 변호인이 아니라 '검사처럼' 된다. 변호인은 입을 다물어야 한다. 피고인과 대리관계가 끝나더라도 이 의무는 계속된다. 만일 실체적 진실발견이 형사소송의 최고 목표, 검사와 변호인 모두의 목표라면 이렇게 하면 안 될 것이다. 그렇다고 검사가 피고인 무죄의 실체진실을 밝히기 위해 노력하는 사람도 아니다. 그것은 당사자로서 검사에게 주어진 역할이 아니다. 만일 그렇게 한다면 그는 이제 검사가 아니라 '변호인처럼' 된다. 위 변호인의 침묵의무와 반대되는 상황이다. '변호인 같은' 검사는 '검사 같은 변호인'과 마찬가지로 자기 자리에 적합한 사람은 아니다.

이런 사정을 속속들이 알면 '실체적 진실발견'이라는 말이 어떤 의미를 가지고 그것이 있어야 할 곳이 어디인지 확인할 수 있다. 필요 이상의 과도한 의미부여는 피고인에 대한 희생을 강요하는 빌미를 제공할 뿐이다. 실체적 진실발견은 법치국가원칙처럼 헌법이나 형법의 **어떤 원칙**에 속하지 않는다. 형사소송법의 유일한 목표는 더욱 아니다. 아래에서 설명하는 적법절차원칙을 비롯한 법치국가원칙과 더불어 형사소송법이 지향하는 목표의 한 축을 이룰 뿐이다. 실체적 진실발견은 검사가 일반인 보호목적 달성을 위해 지향하는 검사의 목표이고 피고인이나 변호인의 목표는 아니다(변호인의 '공익적 지위'는 소극적 의미밖에 없다). 그저 검사의 유죄주장과 같은 뜻일 뿐이다. "실체"와 "진실"이라는 말이 들어 있으니 마치 '**실질적 정의**'를 나타내는 것처럼 생각한다면, 그것은 결코 실체적 진실이 되기 어렵다. 실체적 진실발견이라는 그럴듯한 포장으로 피고인 인권침해를 정당화하는 함정을 파는 것이 더 무섭다. 어쩌면 형사소송법 기본가치 가운데 유일하게 검사 편에 서 있는 것이 실체적 진실발견이라고 할 수 있다. 적법절차를 비롯해서 아래에서 설명하는 모든 원칙은 이에 맞서는, 피고인을 위한 법치국가원칙에 속한다. 앞의 것이 '엔진'이라면 뒤의 것은 '브레이크'에 해당한다. 그렇게 자동차가 제 기능을 발휘하듯이 형사소송법도 같은 방식으로 자신의 정의를 찾으려고 한다.

이제 **적법절차**로 넘어간다. 적법절차는 실체적 진실발견과 사정이 다르다. 헌법원칙이고 법치국가형법원칙에 속한다(헌법 제12조 "적법한 절차에 의하지 아니하고는"). '검사－피고인' 구도에서 피고인 편에서 있는 보장원칙이다. 검사에게는 거추장스럽고 피고인에게는 훌륭한 보호막이 된다. 아무리 검사의 유죄를 밝히는 진실 발견이 중요하다고 해도, 그것은 법이 정한 절차와 방식을 준수해야 한다. 여기서 법은 당연히 **올바른 법**(正法)을 의미한다. 비유적으로 말하면 '바늘허리에 실 매어' 쓸 생각은 꿈도 꾸지마라는 제동장치다. 바로 유죄를 주장하는 검사를 향한 제동이다. 만일 이를 무시하고 효율성만 지향하면 가혹한 대가를 치러야 한다. 적법절차에 위반한 수사로 공소제기를 할 수 없고, 그럴 경우 법원은 공소기각판결로 절차를 종결한다. 적법절차를 위반하고 수집한 증거는 증거능력이 없고 유죄증거로 삼을 수도 없다(위법수집증거배제법칙).

적법절차가 되기 위해서는 먼저 **재판이 공평**해야 한다(공평한 재판 원리). 재판은 독립된 법원과 법관이 법률에 따라 객관적이면서도, 어느 한편으로 치우치지 않는 재판을 해야 한다. 공평한 재판 원리는 적법절차 가운데 가장 상위에 있는 원칙이다. 그러기 위해서는 법원 구성이 공평해야 하고 재판은 공개적으로 해야 한다. 법관이 어느 한편에게 유리하거나 불리한 사실에 미리 노출되어서도 안 된다(예단배제). 뿐만 아니라 공평하지 않은 재판을 할 우려가 있는 법관은 제척,

기피, 회피제도(제17–24조)로 배제한다. 공소를 제기할 때 예단을 생기게 할 수 있는 서류나 물건을 첨부해서도 안 된다(공소장일본주의, 규칙 제118조 2항).

무죄추정원칙도 헌법원칙으로서 중요한 적법절차 내용이다(제27조 4항). 형사절차를 진행하면서 피고인이 죄가 있다는 생각을 하면 선입견을 만들어 공평한 재판을 방해한다. 아예 무죄라고 생각하고 해야 공정한 재판이 가능하다는 논리다. 이성적이기는 하지만 현실적 한계는 있다. 검사는 처음부터 가능하지 않고 재판을 주재하는 판사에게는 선언적 의미가 있다. 선언적인 이유는 이것을 강제할 수 있는 어떤 수단도 없기 때문이다. 판사는 이렇게 머리를 비우고 두 당사자가 공방하는 내용을 보면서 비로소 판단에 필요한 자료를 하나씩 채워 나간다면 가장 이상적이다.

in dubio pro reo 원칙도 비슷하다(총론에서부터 나온 이 라틴어 법언, 기억하고 있지요?). **'의심스러우면 피고인 이익으로'** 판단하라는 원칙, 아마 형법에서 가장 많이 쓰이는 외국말로 된 원칙이지 싶다. reo 대신 libertate를 넣으면 (피고인) 자유를 위해서 판단하라는 내용이 되고 같은 뜻으로 함께 쓴다. 이것은 실무에서 피고인에게 유리, 불리한 어떤 판단을 내려야 할 상황에 직면했을 때 그 판단자에게 요구하는 원칙이다. 주로 판사를 두고 하는 말이다. 검사는 이런 말 듣지 않는다. 검사는 그 반대로 한다. 의심스럽지 않은 것도 피고인에게 불리하게 하고 싶은 사람이 검사다. 변호사는 또 반대, 유 · 불리를 따지지 않고 언제나 피고인을 위해서 판단한다. 그래야 돈값을 한다고 생각한다. 그러면 '의심스러운' 상황은 어떤 것을 두고 하는 말일까? 이것은 구체적 사건을 만났을 때만 판단이 가능하고 이론적으로는 채울 수 없는 내용이다. 비유해서 수치로 나타내면, 가능성이 50 : 50인 상황이 여기에 해당한다. 그러나 이것은 수학이 아니기 때문에 오차범위가 넓을 수밖에 없다. 아마 모르긴 해도 ±5~10 정도 오차범위를 주어야 할 것이다. 이것은 결국 판단자가 의심스럽다고 생각하는 상황이면 해당된다. 객관적으로 측정할 수 있는 방법은 없다. 다시 더 짧게 말하면, 판사에 대한 간청의 의미밖에 없다. 조금 허무한가?

자기부죄금지원칙(nemo tenetur 원칙)이라는 것도 있다. 피고인으로 하여금 자신에게 부담되는 행동을 하도록 강요해서는 안 된다는 원칙이다. **진술거부권**이 대표적이다. 위에서 설명한 검사의 실체적 진실규명은 검사 자신의 일인데, 이것을 마치 '신의 일'처럼 과포장해서 피고인에게 협조하라고 윽박질러서는 안 된다는 원칙이다. 모두 검사가 서 있는 저울의 반대쪽에서 나오는 법치국가원칙에 대한 포괄적 명칭이다. 형사소송법에는 이 원칙에 뿌리를 둔 많은 제도가 있다. 나중에 하나씩 보게 될 것이다.

신속한 재판 원리(헌법 제27조 3항)도 포기할 수 없는 피고인 권리다. 피고인에게는 가부간 빠른 결론이 부담을 많이 덜어준다. 돈도 적게 든다. 그래서 형사소송법에는 구속과 재판 등 기간에 제한을 두는 규정이 많이 있다. 특히 검사에게는 정해진 기간 안에 주어진 일을 마쳐야 하니 큰 부담이다. 피의자가 진실 규명을 위해, 또는 자신의 누명을 벗기 위해 수사기간을 늘리자고 요구하지는 않는다. 판사도 마찬가지다. 모두 피고인을 위한 법치국가 장치여서 그렇다.

규문주의와 탄핵주의

소송구조론에서 등장하는 이런 기본개념 정도는 알아두는 것이 좋다. **규문주의**는 수사, 기소, 재판 등이 분리되지 않았던 전근대적 소송구조이다. 군주제에 가능했던 임금님 친국親鞫이 대표적인 경우고 사또재판, 원님재판도 다르지 않다. 절대자 한 사람이 다 했다. **탄핵주의**는 반대로 소추기관, 재판기관을 분리한다. 수사, 기소, 재판의 분리다. '탄핵'이라는 이름은 수사기관이 사건을 재판기관에 넘긴다(탄핵한다)는 의미로 붙인 것이다. 국가소추주의, 사인소추주의가 있고 탄핵주의는 다시 직권주의와 당사자주의로 나뉜다.

직권주의와 당사자주의

직권주의는 법원이 직권으로 심리를 진행하는 소송구조를 말한다. 대체로 **성문법주의**를 취하는 **대륙법계**국가 전통에 속한다. **당사자주의**는 소송 당사자인 '검사'와 '피고인'에게 소송 주도권을 인정하여 그들의 공격과 방어를 중심으로 심리를 진행하고, 법원은 제3자 관점에서 당사자 주장과 증명활동을 평가하는 소송구조를 말한다. **불문법주의인 영미법** 소송구조에서 비롯된 것이다. 배심제를 결합하기도 한다.

그러면 우리나라는 어떨까. 처음에는 일본을 통한 외국법 계수 과정에 독일식 직권주의가 들어왔고, 나중에 미군정 등 영향으로 영미식 당사자주의가 가미되었다. 양자 비중을 정확히 판단하기는 쉽지 않다. 다만 나중에 들어온 당사자주의 영향이 적다고 할 수는 없다. 헌법재판소는 형사소송법이 "소송절차 전반에 걸쳐 기본적으로 당사자주의 소송구조를 취하고 있는 것으로 이해되고, 재판실무도 그런 전제 하에 운용되고 있다"고 본다. 여기서 당사자주의는 형사소송에서 검사와 피고인에게 공정한 공격 방어 기회를 주어야 한다는 점을 강조하기 위한 표현이다.[1] 현행법 **직권주의 요소**는, 법원의 피고인신문제도, 법원의 직권 증거조사, 법원의 증인신문, 법원의 공소장변경 요구 등이 있다. 한편 **당사자주의 요소**는, 검사 소추 재량권, 피고인의 적극적 방어권, 불고불리원칙에서 공소장일본주의, 배심원제도 등이 있다.

[요점 정리]

1. 형사소송법도 범죄가 있는 곳에서 자기 일을 시작한다.
2. 실체형법과 절차형법은 둘이 아니다.
3. 형사소송의 주된 절차는 수사 · 공판 · 증거 · 상소 · 재심이다.
4. 절차 '기술'은 실체형법만큼 옳고 그름 문제에 민감하지 않다.
5. 기술은 복잡한 것이 특징이다.
6. 절차형법의 궁극목표는 '검사와 피고인 사이 균형잡기'이다.
7. 검사와 피고인은 대등하지 않다.
8. 실체적 진실발견은 검사를 위한 용어고 법치국가원칙은 아니다.
9. 적법절차원칙은 피고인을 위한 헌법과 형법 법치국가원칙이다.

---

1) 헌재 1995. 11. 30. 92헌마44.

10. 무죄추정원칙은 판사에게 선언적 의미가 있을 뿐이다.
11. in dubio pro reo에서 '의심스러운' 상황은 주로 판사가 구체적 사건을 만났을 때 판단이 가능하다.
12. 탄핵주의에서 '탄핵'은 수사기관이 사건을 재판기관에 넘긴다는 의미다.
13. 우리나라 소송구조는 직권주의에 당사자주의가 덧붙여졌다.

제2장 형사절차 참여자

법 원

형사절차의 중요한 참여자는 피고인, 검사 그리고 법원이다. 공판과정은 법원이 주도한다. 피고인과 검사는 대립 당사자다. 변호인은 소송주체는 아니지만 피고인의 보조자로서 그의 권리를 보호한다. 먼저 법원부터 살펴본다.

법원은 사법권을 행사하는 국가기관이다. 사법권은 법관으로 구성된 법원에 속한다(헌법 제101조 1항). 법원은 권력분립원칙에 따라 입법권, 행정권으로부터 독립해 있다. 사법권이 독립해야 하는 이유는 무엇보다도 공정한 재판을 실현하기 위해서다. 이를 위해 법원은 신분과 직무 독립성이 보장된 법관으로 구성되며, 법관은 **법률과 양심**에 따라 재판한다(헌법 제103조). 법원에는 대법원, 고등법원, 특허법원, 지방법원, 가정법원, 행정법원, 회생법원이 있다(헌법 제101조 2항, 법원조직법 제3조 1항). 법관신분은 강하게 보장한다. 법관은 탄핵결정이나 금고 이상 형선고에 의하지 않고는 파면되지 않으며, 법관징계위원회 징계처분에 의하지 않고는 불리한 처분을 받지 않는다(헌법 제106조 1항, 법원조직법 제46조 1항). **수명受命법관**은 합의체 법원이 그 구성원인 법관에게 특정한 소송행위를 하도록 명령하였을 때, 이를 맡은 법관을 말한다. **수탁受託판사**는 한 법원이 다른 법원 법관에게 일정한 소송행위를 하도록 부탁한 경우, 그 부탁을 받은 법관이다. **수임受任판사**는 수소受訴법원과 독립하여 소송법 역할을 담당하는 개개 판사를 말한다. 예를 들어 공판 전 단계에서 영장발부, 증거보전, 증인신문을 행하는 판사가 여기 속한다.

제척 · 기피 · 회피 제도가 있다. 이것은 특정 법관을 피고사건 심리에서 배제시킬 수 있는 제도다. '제척'은 일정한 사유가 있으면 자동적으로 법관을 직무에서 배제시킨다. '기피'는 당사자가 신청하여 심리를 통해 법관의 배제 여부를 결정하는 제도다. '회피'는 특정 법관 스스로 알아서 절차에서 빠지는 것을 말한다. 모두 공평한 재판을 하는 데 기여하는 제도다. **법원서기관, 서기**와 **통역인**에게도 제척 · 기피 · 회피제도를 확대 적용한다(제25조). 검사는 적용대상이 아니다.

제척은 본안에 대한 판단 주체가 제척 대상이 된다. 따라서 기소가 이루어지고 수소법원이 구성되고 난 뒤 그 소속 법관이 제척대상이 된다. 약식명령이나 즉결심판을 담당하는 법관도 마찬가지다. 제척 사유는 **신분**에 따른 사유와 **전심재판 등에** 관여한 사유가 있다. 제17조에 유형이 열거되어 있다. 법관이 해당 사건 피해자인 경우는 제척

된다(1호). 여기 피해자는 직접피해자만 의미한다. 법관이 피고인 또는 피해자와 친족이거나 친족이었던 경우(2호), 법정대리인 · 후견감독인인 경우에도 제척된다(3호). 법관이 사건에 관하여 피해자의 대리인(4호 후단) 또는 피고인의 대리인 · 변호인 · 보조인일 경우(5호)도 마찬가지다. 이밖에 3가지 사유가 더 있다. 다음으로 법관이 해당 사건에 대해 그 전심재판 또는 그 기초되는 조사 · 심리에 관여한 때에는 그 사건 심리에서 제척된다(7호). 이 경우는 법관에게 이미 선입견이 형성되었을 것이므로 공평한 재판을 기대하기 어렵다. '전심前審'은 상소에 따라 불복이 신청된 재판을 말한다. 제2심에서 볼 때 제1심, 제3심에 대한 제2심이나 제1심이 전심재판이다. 말하자면 해당 재판과 전심재판 사이에 **상소제기에 따른 소송계속의 이전**이 발생한 경우다. **약식명령이나 즉결심판**을 한 판사가 이후 청구된 정식재판을 담당할 때 제척되는지 문제된다. 이견도 있지만, 정식재판은 약식절차나 즉결심판절차와 구별되는 새로운 소송계속을 발생시키는 것으로서 여기의 전 · 후심 관계가 아니기 때문에 제척사유로 보기는 어렵다(판례).

기피는 법관에게 제척사유가 있는데도 재판에 참여하거나 그 밖에 공평하지 않은 재판을 할 염려가 있을 때 당사자 신청으로 그 법관을 배제하는 제도다(제18조). 기피사유는 법률에 규정되지 않은 것도 포함한다. 당사자가 신청하여 법원이 결정한다는 점이 제척과 다르다. 따라서 제척사유가 분명하지 않은 경우도 기피사유가 될 가능성은 있다. 기피사유는 법관이 제17조 각호 제척사유에 해당하는 때와 법관이 불공평한 재판을 할 염려가 있는 때이다(제18조 1항). **'법관이 불공평한 재판을 할 염려가 있는 경우'**에 대한 판례의 정의는, **'통**

상인 판단으로 법관과 사건의 관계로 보아 불공평한 재판을 할 것이라는 의혹을 갖는 것이 합리적이라고 인정할 만한 **객관적 사정**이 있는 때'이다.1) 여기 '통상인'은 누구를 말할까. '객관적 사정'의 존부는 통상인이 판단하나. 나는 지금 여러분에게 질문을 하고 있다.

회피는 법관이 스스로 기피원인이 있다고 판단하였을 때, 즉 제척사유나 그 밖의 불공평한 재판을 할 염려가 있다고 판단하였을 때에 자발적으로 직무집행에서 탈퇴하는 것이다(제24조). 회피는 개별 법관의 권한이 아니라 직무상 의무이며 소속법원 결정이 있어야 한다.

다음 **법원 관할**도 재판을 위한 중요한 전제조건이다. 관할은 각 개별법원에 분배된 구체적 재판권으로서 곧 **심판권**을 의미한다. **사건관할은** 피고사건 심판에 관한 관할을 뜻하고, **직무관할**은 특별절차 심판에 대한 관할을 말한다. **법정관할**은 법규정에 따라 정해진 방식의 관할이며, **재정관할**은 법원 재판에 따라 결정되는 관할을 뜻한다.

사물관할은 제1심에서 사건 성질에 따라 분배되는 관할이다. 단독판사가 관할을 갖는 경우와 합의부가 맡는 사안, 그리고 시·군법원 관할로 나뉜다. 공소장변경으로 사물관할이 변경되는 경우가 있다. 판례는 항소심에서 공소장이 변경되어 단독판사 관할사건이 합의부 관할사건으로 변경되면 고등법원이 관할 법원,2) 제1심 합의

---

1) 대결 2001. 3. 21. 2001모2.
2) 대판 1997. 12. 12. 97도2463.

부 관할사건이 공소장변경으로 단독판사 관할사건으로 변경되면 합의부가 사건을 심판해야 한다는 견해이다.[1] **토지관할**(지역관할)은 동급법원 사이에서 사건의 지역 관계에 따른 관할을 의미한다. 이를 **재판적**裁判籍이라고도 한다. 토지관할은 범죄지, 피고인 주소 · 거소 또는 현재지로 한다(제4조 1항).

재정관할裁定管轄은 법원 재판으로 정해지는 관할이다. 이를 통해 법정관할이 없을 경우 또는 법정관할은 있으나 구체적 상황에 따라 필요할 때 관할을 지정 · 이전할 수 있다. **관할지정**은 관할법원이 명확하지 않거나, 관할위반을 선고한 재판의 확정사건에 대해 다른 관할법원이 없을 경우에 상급법원이 사건을 심판할 법원을 지정하는 것을 말한다. **관할이전**은 관할법원이 법률상 또는 특별한 이유로 재판권을 행사할 수 없을 경우에 관할권을 다른 법원으로 옮기는 것이다.

관할경합이 있다. 하나의 사건에 둘 이상의 법원이 관할권을 갖는 경우를 말한다. 이것을 해결하는 방법으로 **합의부우선원칙**이 있다. 같은 사건이 사물관할을 달리하는 여러 개 법원에 계속된 경우는 법원합의부가 심판한다(제12조). 다음은 **선착수우선원칙**이다. 같은 사건이 사물관할이 같은 여러 개 법원에 계속되면 먼저 공소를 받은 법원이 심판한다(제13조).

사건이송도 가능하다. 수소법원이 계속 중인 사건을 다른 법원이 심판하도록 소송계속을 이전할 수 있다(제7, 8, 9조, 제16조의2). 사건이송은 관할법원 상호간에 소송계속을 이전하는 것이고, 관할이전

---

1) 대판 2013. 4. 25. 2013도1658.

은 관할 없는 법원에 이전한다는 점에서 서로 다르다.

관할위반은 관할권 없음이 명백할 때 판결로써 선고한다(제319조). 관할권 존재는 소송조건이다. 관할을 위반한 상태로 선고한 판결은 절대적 항소이유나 상고이유가 된다.

검 사

검사는 형사절차에 참여하는 주체 가운데 당사자 지위를 갖는다. '검찰'은 '법원'과 같은 기관 명칭이다. 검사는 제도와 기관 전체를 가리키는 말이기도 하고, 권한을 갖는 개인을 의미하기도 한다. 검사는 **수사와 소추권**을 갖는다. 영장청구권, 증거보전청구권, 증인신문청구권 등이 있고 공소는 검사만 제기할 수 있다(기소독점주의). 검사는 공소제기를 할 것인지, 어떤 공소사실로 기소할 것인지를 재량으로 결정할 수 있다(기소편의주의). 뿐만 아니라 제1심 판결선고 전까지 공소를 취소할 수도 있다(기소변경주의).

검사동일체원칙은 모르는 사람이 없을 정도다. 모든 검사는 검찰총장을 정점으로 피라미드형 계층 조직체를 만들어 일체불가분의 유기적 통일체로서 활동하는 것을 말한다. 그래야 수사와 공소 제기, 유지 그리고 재판 집행 등 검찰권을 통일·효율적으로 행사할 수 있다고 한다. 이것은 표면적 이유에 불과하고 다른 숨은 뜻이 있는지 살펴볼 필요는 있다. 인공지능시대에 어울리지 않는 전근대적 냄새가 풍기는 것은 부인할 수 없기 때문이다. 검사동일체원칙을 실현하는 방법으로는 **상명하복원칙**(검찰청법 제7조 1항)을 비롯해 '직무승계권', '직무이전권', '직무대리권' 등이 있다.

검사의무로는 수사의무 외에 공익을 대표하여 진실과 정의, 인권을 존중하면서 검찰권을 행사하는 **객관의무**(검찰청법 제4조 3항)가 있다. 인권보장의무도 있다. 피고인에게 유리한 증거도 수집하고 피고인 이익을 위해 상소, 재심을 청구할 수도 있다. 온갖 좋은 말이 다 있지만 위에서 설명한 '실체적 진실발견' 차원에서 이해하면 된다. 객관의무 관련 판례가 있다. "검사가 강도강간사건 피고인의 무죄를 입증할 수 있는 유전자 검사결과 감정서를 법원에 제출하지 않고 은폐한 행위는 위법하기 때문에 국가배상책임이 있다."[1)]

사법경찰관은 수사개시권이 있다. 사법경찰관은 범죄혐의가 있다고 판단할 때 범인, 범죄사실과 증거를 수사한다(제197조 1항). 검사와 더불어 경찰도 수사권을 가지며 수사의무를 부담하는 주체다. 검사가 직접 수사하는 범죄유형은 정해져 있지만 일반적인 범죄는 모두 경찰이 독자적으로 수사를 개시할 수 있다. 그 결과 사법경찰관은 동시에 **수사종결권**도 갖는다. 범죄혐의가 없으면 불송치결정을 함으로써 1차적 수사종결권을 행사할 수 있다. 과거 수사종결은 곧 공소제기나 불기소처분을 일컫는 것이었기 때문에 검사만 할 수 있었지만 바뀌었다.

사법경찰관이 범죄를 수사할 때 범죄혐의가 인정되면 검사에게 **사건을 송치**하고, 그 밖의 경우는 그 이유를 명시한 서면과 함께 관

1) 대판 2002. 2. 22. 2001다23447.

계 서류와 증거물을 검사에게 송부해야 한다(제245조의5). 이것을 반대 해석하면 불송치결정 권한, 즉 경찰의 수사종결권이 나온다. 만약 사법경찰관이 사건을 검사에게 송치하지 않은 것이 위법하거나 부당할 경우 검사는 그 이유를 문서로 명시하여 사법경찰관에게 재수사를 요청할 수 있다. 검사는 사법경찰관리가 수사과정에 법령위반, 인권침해 또는 뚜렷한 수사권남용이 의심되는 행위를 한 사실을 인식하면 **시정요구권, 사건송치요구권, 징계요구권**을 행사할 수 있다(제197–198조).

고위공직자범죄수사처(공수처)는 2020년부터 설치 · 운영하고 있다. 공수처는 특정 고위공직자와 그 가족이 저지른 일정한 범죄를 수사하고 기소하기 위해 신설된 기관이다. 이는 기존 수사기관은 물론 입법 · 행정 · 사법 어디에도 속하지 않는 독립적인 부패 수사기구다(공수처법 제3조 2항). 공수처법에 따라 수사 · 기소할 수 있는 **대상**은 대통령, 국회의원, 대법관, 헌법재판관, 중앙행정기관 정무직 공무원, 국가정보원 소속 3급 이상 공무원, 금융감독원, 감사원, 국세청, 공정거래위원회, 금융위원회 고위 공무원, 검찰총장, 판 · 검사, 경무관 이상 경찰공무원, 장성급 장교, 특별 · 광역시장, 도지사 등과 그와 관련된 일정 범위 가족이다. 현직이 아니라 퇴임한 자도 포함한다(같은 법 제2조, 1, 2호). 공수처가 수사 · 기소할 수 있는 **행위 유형**은 형법의 직무유기, 직권남용, 불법체포, 불법감금, 폭행, 가혹행위, 피의사실공표, 공무상 비밀누설, 선거방해 등과 더불어 전형적인 부패범죄로서 뇌물수수, 알선수재, 정치자금법위반, 그 밖에

문서죄, 배임 · 횡령, 공갈, 강요, 직권남용, 직무유기, 선거관여, 변호사법 위반, 국정원 정치관여, 비밀누설 등 공직업무와 관련한 범죄다(같은 법 제2조 3, 4호).

공수처장은 법조경력 15년 이상인 사람 가운데 후보추천위원회가 2명을 추천하고 대통령이 1명을 지명한 후 인사청문회를 거쳐 임명한다. 차장은 10년 이상 경력자 가운데 처장 제청으로 대통령이 임명한다. 수사처검사는 변호사 자격을 7년 이상 가진 사람으로서 인사위원회의 추천을 거쳐 대통령이 임명한다(공수처법 제5, 7, 8조). 수사처수사관을 40명까지 둘 수 있다.

공수처 수사가 다른 수사기관 범죄수사와 겹칠 경우 공수처장은 수사 진행 정도 및 공정성 논란 등에 비추어 수사처에서 수사하는 것이 적절하다고 판단하면 이첩을 요청할 수 있고, 해당 수사기관은 이에 따라야 한다(제24조 1항). 다른 수사기관이 범죄를 수사하는 과정에서 위와 같은 고위공직자범죄를 인지하면 그 사실을 즉시 수사처에 통보해야 한다(같은 조 2항). 공수처법은 수사처검사가 공소를 제기하는 방식 자체에 대해서는 규정하고 있지 않으나 형사소송법 제246조에 따라 공소를 제기할 수 있다(제47조 준용규정). 수사처검사가 공소를 제기하는 사건의 제1심 재판은 원칙적으로 서울중앙지방법원 관할로 한다(제31조).

피고인

피고인은 검사가 공소를 제기한 사람으로서 역시 당사자 가운데

한 사람이다. 수사를 받고 있는 피의자와 구별되는 개념이지만 아래에서는 이를 포함하여 사용한다. 양자 권리는 대부분 공통되기 때문에 그렇게 한다. **공동피고인**은 동일한 소송절차에 한 명 이상 피고인이 관여할 때 해당 공판절차에서 심리하고 있는 피고인 외 다른 피고인을 말한다. **상相피고인**으로 부르기도 한다.

피고인은 **방어권**이 있다. 적극적으로 자신의 운명을 일방적으로 국가기관 판단에 맡기지 않고 스스로 죄가 없음이나 죄가 가벼움을 주장할 수 있다. 소극적으로 검사와 법원의 소송행위에 협조하지 않을 수 있는 권리도 있다. **진술거부권**이 그 대표적인 보기다. 그 밖에 서류 · 증거물의 열람 · 복사권, 증거신청권, 의견진술권, 이의신청권, 증인신문권, 변호인 도움을 받을 수 있는 권리, 공판절차 등 주요과정에 대한 참여권, 대면권, 반대신문권, 상소권, 정식재판청구권 등이 있다.

진술거부권(묵비권)은 피고인의 헌법상 권리다. "모든 국민은 형사상 자기에게 불리한 진술을 강요당하지 아니한다"(헌법 제12조 2항). 진술거부권은 '어느 누구도 자신에게 불리한 일을 하도록 강요당해서는 안 된다'는 nemo tenetur-**원칙**을 구체화한 것이다. 자신의 운명을 자신이 결정할 수 있는 자유는 인간존엄의 핵심 요소다(**자기운명결정권**). 이 권리는 자신에게 불리한 진술을 하는 것까지 포함하는 것은 논증원리에서 보면 당연하다. 유 · 불리를 따지지 않고 자신이 하고 싶지 않은 말을 하지 않을 수 있는 자유가 진술거부권이다. 피고인에게 유 · 불리 자체가 전제가 되지 않는다.

진술거부권 주체가 되는 **피의자가 되는 시기**가 중요하다. 진술거부권을 인정할 **규범적 필요**가 있으면 피의자로 보는 것이 합당하다. 참고인이나 증인으로 출석하더라도 수사기관에서 범죄혐의자로 수사할 의도가 있으면 피의자로 보아야 한다. 판례를 보자. 현재 형사피의자나 피고인으로서 수사와 공판절차에 계속 중인 자 뿐만 아니라 장차 형사피의자나 피고인이 될 가능성이 있는 자에게도 그 진술내용이 자기 형사책임에 관련되는 것일 때에는 그 진술을 강요받지 않을 **자기부죄거절의 권리**가 보장된다.1)

진술거부권이 미치는 범위는 구두, 서면 진술 외에 범행재연 등 현장검증 방법이나 자필감정 또는 음성감정을 포함한다. 당연히 인정신문도 포함한다. 반면에 지문이나 족형 측정, 체내외 사진촬영, DNA 추출, 호흡식 음주측정 등 신체검사는 진술이 아니기 때문에 진술거부권이 적용되지 않는다. 처벌을 면제해준다거나 가볍게 해줄 것을 약속하고 진술을 얻어내는 것은 허용되지 않는다. 공동피고인 중 한 명을 증인으로 세워 증언을 얻어내는 것은 진술거부권을 침해한다. 책임을 전가할 위험이 있기 때문에 원칙적으로 **공동피고인의 증인적격**은 인정되지 않는다.

진술거부권고지가 중요하다. 수사기관은 피의자 신문 전에 해야 하고, 공판에서는 인정신문 전에 고지해야 한다. 수사기관에서 신문 중단시간이 길거나 조사자가 바뀔 경우, 재판에서 공판절차가 갱신될 때에는 다시 공지해야 한다. 고지해야 할 내용은 법률(제244조의 3)에 상세하게 규정되어 있다.

위법수집증거배제법칙은 진술거부권을 고지하지 않고 얻은 진

1) 대판 2015. 5. 28. 2015도3136.

술의 증거능력을 인정하지 않는다. 그렇다고 진술거부권을 행사한 피의자 · 피고인에게 불이익을 주면 그 의미는 퇴색할 밖에 없다(불이익추정 금지). 피고인이 진술거부권을 행사한 경우 양형에서 이를 불리한 평가 이유로 볼 수 있다는 견해는 검사의 시각이다. 그것은 자백강요의 다른 말일 뿐이다. 헌법이 인정한 기본권을 우회적으로 무력화하는 것은 곧 헌법을 무력하게 만드는 교묘한 방법이다. 판례 견해도 원칙은 같다. 그런데 한 가지 조건이 붙어 있다(한정 적극). 진술거부권 행사가 진실의 "발견을 적극적으로 숨기거나 법원을 오도하려는 시도에 기인한 경우에는 가중적 양형의 조건으로 참작될 수 있다."[1] 책임을 회피하고, 반성하지 않는 진술거부권 행사는 피고인 방어권 남용일까?

피고인은 **당자자능력과 소송능력**이 있어야 한다. 당사자능력은 소송법상 당사자가 될 수 있는 일반적 능력이다. 이 능력이 없으면 공소기각을 해야 한다. 당사자능력은 사망함으로써 소멸하고 역시 공소기각결정을 내린다. **법인**에게 당사자능력이 있을까. 법인범죄능력과 관련되는 문제다. 그것에 따라 결론이 달라진다. **소송능력**은 피의자 · 피고인이 절차참여자로서 유효하게 소송행위를 할 수 있는 능력을 말한다. 피의자 · 피고인 스스로 자신의 지위와 구체적인 절차상황을 이해하고 자신을 위해 적절한 방어행위를 할 수 있는 능력이다. 구체적 능력이라는 점에서 일반 자격인 당사자능력과 다르다. 소송능력이 없으면 법정대리인이 소송행위를 대신할 수 있다(제26조).

1) 대판 2001. 3. 9. 2001도192.

그렇지 않고 소송능력흠결 상태에서 행한 소송행위는 무효이고, 그 상태가 지속되는 동안 공판절차를 정지해야 한다.

변호인

변호인은 형식적 소송주체는 아니지만 피의자 · 피고인의 방어권을 돕는 보조자로서 중요한 절차참여자이다. **사선변호인**은 피의자 · 피고인이나 그와 일정한 관계가 있는 사인私人이 선임한 변호인이다. **국선변호인**은 피고인이나 피의자가 경제적 빈곤 등 사유로 사선변호인을 선임할 수 없을 때 국가가 선정해주는 변호인이다. 피의자 · 피고인은 대부분 법을 알지 못하는 일반인으로서 고도의 전문법교육을 받고 형사절차를 직업으로 하는 경찰, 검사, 법관에 대응해 자신을 방어하는 것은 사실 불가능하다. 이들과 대등한 법률지식을 갖춘 법률전문가가 피의자 · 피고인을 보조할 필요가 있다. 변호인은 **무기대등원칙**을 유지하는 데 기여하여 실질적으로 **공정한 재판 원리**가 실현되도록 한다.

변호인선임은 변호인과 선임자가 연명 · 날인한 **변호인 선임서**를 공소제기 전에는 사건을 취급하는 검사나 사법경찰관에게, 공소제기 후에는 법원에 제출함으로써 이루어진다. **선임권자**는 피의자 · 피고인, 그들의 법정대리인, 배우자, 직계친족과 형제자매 등이다(제30조). 변호사가 아닌 변호인은 **특별변호인**이라고 하고 법원의 허가를 받는다(제31조). 선임할 수 있는 변호인 숫자는 제한이 없다. 변호인이 많을 경우 3명 이하 대표변호인을 지정할 수 있다(제32조의2). 변호인선임은 **해당 심급**에만 효력이 있으므로 심급마다 변호인을 선임해야 한다(제32조 1항). 공소제기 전 변호인선임은 제1심에도 효력이 있으므로 선임을 다시 할 필요는 없다(제32조 2항).

국선변호인은 헌법에 근거가 있다. "형사피고인이 스스로 변호인을 구할 수 없을 때에는 국가가 변호인을 붙인다"(헌법 제12조 4항 단서). 이 취지에 따라 사선변호인 선임이 있으면 원칙적으로 국선변호인을 선정할 수 없다. 법원이 국선변호인을 선정한 후 피의자나 피고인이 사선변호인을 선임한 경우는 원칙적으로 국선변호인선정이 취소된다. 법원이 직권으로 선정하는 경우 외에 피의자 · 피고인이 청구하여 이루어지는 국선변호를 **청구국선**이라고 한다(제33조 2항). 국선변호인 선정사유는 열악한 방어능력, 사건의 중대성 등 제33조에 열거되어 있다(**필요적 변호사건**).

변호인의 지위는 보통 이중적이라고 한다. 의뢰인 이익을 대변하는 **보호자 지위**, 정의로운 재판에 기여하는 **공익적 지위**가 그것이다. 변호사법도 "변호인은 기본인권을 옹호하고 사회정의를 실현함을 사명으로 한다"고 제1조에서 선언한다. 그러나 실체적 진실발견에서 보았듯이, 공익적 지위는 어디까지나 명분에 지나지 않는다. 그에게 주어진 공익가치는 **소극적 진실발견의무** 밖에 없다. 법률흠결을 이용하게 하거나 진술거부권을 행사하도록 하는 것은 변호사의무에 반하지 않는다. 그러나 증거인멸, 위증교사, 증거인멸교사 등은 그 자체가 범죄행위가 된다. 변호인의 **비밀유지, 침묵의무**는 중요하다. 자기만이 알고 있는 유죄증거가 있더라도 침묵함으로써 의뢰인에 대한 신뢰관계를 유지해야 한다. 그렇게 하지 않으면 효율적인 권리보호를 할 수 없다.

변호인 권한은 다음과 같다. 변호인은 피의자 · 피고인의 소송행위 가운데 성질상 대리가 허용되는 모든 행위를 대리할 수 있다. 대리권은 보편적으로 본인 의사에 종속하는 **종속대리권**과 본인 의사에 반해서도 행사할 수 있는 **독립대리권**으로 나뉜다. **종속대리권**으로는 관할이전신청, 증거동의, 상소취하, 정식재판청구 등이 있다. **독립대리권**으로 분류되는 것 중 본인의 명시 의사에 반할 수 있는 독립대리권으로는 구속취소청구, 보석청구, 증거보전청구, 증거조사에 대한 이의신청 등이 있다. 묵시 의사에 반할 수 있을 뿐인 독립대리권으로는 기피신청이나 상소제기 등이 있다.

고유권은 변호인만이 갖는 권리로서 성질상 본인을 대리하는 것으로 볼 수 없는 권한이다. 변호인이 피고인 · 피의자와 중복해 가지는 고유권에는 서류 · 증거물의 열람 · 복사권, 압수 · 수색 · 감정 집행의 참여권, 증인신문 참여권, 증거제출 · 증인신문신청권, 최종의견진술권 등이 있다. 변호인만 갖는 고유권은 피고인 · 피의자에 대한 접견교통권, 피의자신문참여권, 피고인에 대한 신문권, 상고심의 변론권 등이다. 고유권 가운데 접견교통권, 피의자신문 참여권은 매우 중요하다. 판례를 본다. "변호인의 접견교통을 금지한 위법상태가 계속된 상황에서 작성된 피의자신문조서는 증거능력이 없다."[1] "피의자신문 중에 부당한 신문방법에 대한 이의제기를 하였다는 이유만으로 변호인을 조사실에서 퇴거시키는 조치는 변호인의 피의자신문 참

1) 대판 1990. 9. 25. 90도1586.

여권을 제한하는 것으로 허용될 수 없다."[1]

증인도 중요한 형사절차 참여자이다. 증인은 자신이 경험한 범죄와 관련한 사실을 법원에서 진술하는 당사자 외 제3자를 말한다. 경험한 사실에 대한 진술뿐만 아니라 그 경험사실로부터 추론된 사실을 진술하는 사람도 증인에 속한다. 증인은 피고인, 검사, 법원과 달리 모든 형사소송에서 반드시 있어야 하는 참여자는 아니다. 증인은 출석의무 · 선서의무 · 증언의무를 진다. 자신의 기억과 다른 진술을 한 경우에 위증죄(형법 제152조)로 처벌될 수도 있다.

'**증인적격**'은 공판과정에서 증인이 될 수 있는 자격을 말한다. 원칙적으로 누구나 증인적격이 있다(제146조). '**증언능력**'은 증인으로서 자신이 경험한 바를 이해하고 타인에게 전달할 수 있는 능력을 뜻한다. 증인적격은 피고사건에 증인이 될 수 있는 일반 자격이지만 증언능력은 구체적인 경험내용의 개별 전달능력을 말한다. 사건 당시 만 3세 3개월에서 만 3세 7개 월 가량이고, 경찰진술 당시 만5세 9개월 남짓 된 피해자인 여아의 증언능력을 인정한 판례가 있다.[2]

피고인은 소송 당사자이고 진술거부권이 있어서 증인적격이 없다. 그러면 피고인이 아닌 **공동피고인**은 어떨까. 공동피고인은 피고인 사건에는 제3자지만, 자기와 관련된 사건부분을 진술하라고 하면 그의 진술거부권을 침해할 수도 있다. 판례는 부정설 견해다. "공범인 공동피고인은 다른 공동피고인에 대한 공소사실에 관하여 증인이

1) 대결 2020. 3. 17. 2015모2357.
2) 대판 2006. 4. 14. 2005도9561.

될 수 없으나, 소송절차가 분리되어 피고인 지위에서 벗어나게 되면 다른 공동피고인에 대한 공소사실에 관하여 증인이 될 수 있다."[1] 다수설은 공동피고인은 원칙적으로 증인적격이 없지만 피고사건과 실질적 관련이 없는 공동피고인은 가능하다는 견해다(제한 긍정설).

증인은 **출석의무**가 있어서 법원이 소환하면 출석해야 한다. 증인거부권자(제147조)는 출석의무가 없으나 증언거부권자(제148, 149조)는 증언을 거부할 수 있을 뿐 출석을 거부할 수는 없다. 증인은 **선서의무**가 있고(제161조), 신문받은 사항에 대해 양심에 따라 숨김과 보탬이 없이 증언해야 할 **증언의무**가 있다(제157조 2항).

증언거부권은 증언의무가 있는 증인이 일정한 사유를 근거로 증언을 거부할 수 있는 권리다. 자기 또는 근친자의 형사책임과 관련한 증언거부가 있다(제148조). 변호사, 변리사, 공증인, 공인회계사, 세무사 등의 업무상 비밀과 관련된 증언거부가 있다(제149조).

[요점 정리]

1. 제척사유가 되지 않는 것도 기피사유는 될 수 있다.
2. 관할이 경합하면 합의부우선원칙과 선착수우선원칙으로 해결한다.
3. 검사동일체원칙은 상명하복원칙으로 실현된다.
4. 이론적으로는 검사도 피고인 이익을 위해 상소할 수 있다(객관의무).
5. 사법경찰관이 수사종결권을 행사하는 방법은 불송치결정이다.
6. 공수처는 입법 · 행정 · 사법 어디에도 속하지 않는 독립적인 부패 수사기

1) 대판 2008. 6. 26. 2008도3300.

구다.

7. 피고인은 검사와 법원의 소송행위에 협조하지 않을 수 있는 권리가 있다.
8. 진술거부권은 헌법상 자기운명결정권의 표현이다.
9. 진술거부권을 행사한 피고인에게 불이익을 주면 안 된다(불이익추정금지).
10. 변호인은 심급마다 새롭게 선임한다.
11. 변호인은 자기만이 알고 있는 유죄증거가 있더라도 침묵해야 한다(침묵의무).
12. 공동피고인은 원칙적으로 증인적격이 없다.

제3장 수 사

형사절차는 공식적으로 수사로 시작된다. 우리 예에서 보자면 A가 B를 살해한 혐의를 받았을 때 수사기관이 정말로 그런 일이 발생했는지 확정하고 그것을 뒷받침하는 증거를 수집하는 절차가 수사이다. 주체는 경찰과 검찰이다.

일반론

수사구조론으로 규문 수사관과 탄핵 수사관이 있다. 수사구조론은 수사에 관여하는 피의자, 검사, 경찰, 법원 등의 관계에 대한 논의이다. **규문적 수사관**은 수사기관의 주도권을 인정한다. 피의자는 수사대상으로 수동적 지위를 갖는다. 수사기관은 필요하면 강제처분을 비롯한 능동적 권한을 갖는다. 강제처분은 판사가 발부하는 영장이 필요하지만 그 필요성은 수사기관이 판단한다. **탄핵적 수사관**은 수사를 법원 '탄핵절차'의 한 부분으로 이해하여 공판절차를 위한 보조

활동으로 이해한다. 이렇게 되면 수사는 수사기관이 재판 전단계에 도움을 주는 것에 지나지 않는다. 피의자도 재판을 같이 준비하는 당사자가 되고 강제수사 필요성도 수사기관이 아니라 법원이 판단한다. 탄핵 수사관이 탄핵주의 이상일지는 몰라도 우리 현실을 설명하기는 어렵다. 판사가 발부하는 영장은 허가장이지 명령장은 아니다. 개념만 익히면 된다.

비례성원칙은 수사 일반원칙이다. 비례성원칙은 위 형법 법치국가원칙을 설명하면서 이미 살펴본 내용이다. 비례성원칙은 헌법원칙이고 위헌법률 심사원칙으로 적용될 때는 '**과잉금지원칙**'으로 불린다. 보통 '**목적과 수단의 사고**思考'라고 한다. 일정한 목적을 실현하기 위해 투입한 국가수단은 그 목적달성에 적합하고 필요하며 균형을 이루어야 한다는 것을 내용으로 한다. **적합성, 필요성**(최소침해 수단, 최소침해원칙), **균형성원칙은** 비례성원칙 내용이 되는 부분원칙이다. 국가권력 가운데 수사만큼 국민에게 영향이 큰 것이 있을까. 그러니 비례성원칙은 당연히 수사절차 전반을 지배하는 원리이다(제199조 참조). 형벌권 행사의 목적과 피의자의 법치국가 권리가 저울 위에 놓여 있다. 후자가 전자를 위한 수단으로 풍전등화처럼 흔들리고 있다. 이 양자 사이 관계가 적합성, 필요성(최소침해성), 균형성을 가져야 한다는 것이 헌법과 형사소송법 요청이다. 적합성원칙은 수사절차가 형사절차 목적인 형벌권 실현에 **적합할 것**을 요구한다. 적합한 수단의 범위는 매우 넓다. **필요성원칙**은 목적달성에 적합한 여러 수단 가운데 최소 침해를 수반하는 방법을 선택하라는 의미다. 수사의 **균형성**은 수사필요성이 인정되더라도 그 방법이 수사대상자의 권리침해 정도와 균형을 이루어야 한다는 요청이다. 적합성과 필요성 판단에는 목적은 고정인자로 있지만, 균형성심사에서는 수사목적과 수단 모두 가변인자로 심판대에 오른다. 아무리 수사목적에 필요한 조치라 하더라도 피의자 권리를 그 목적가치 이상으로 침해하면 균형성 판단을 통과할 수 없다.

이론은 다 훌륭하다. 문제는 이 비례성 판단을 누가 언제 하며, 위반했을 경우 구제는 어떻게 이루어지는가 하는 점에 있다. 절차가 없는 금지가 무의미하듯이 법적 구제가 없는 요구는 권력자 시혜에 의지한 단순한 읍소에 지나지 않는다. 우선 과잉 수사행위에 대한 법원 통제가 얼마나 적극적으로 이루어지는가에 규범요청 운명은 달려 있다. 그러나 일정한 수사행위는 매우 현실적이고 세밀한 데 반해 비례성요구는 너무 크고 성글다. 판사가 이 큰 원칙으로 미세한 수사행위 위법성을 재단하기는 말처럼 쉽지 않다. 물론 명백한 위법수사라면 법원은 그 대가를 치르게 한다. 그러나 문제는 늘 위법과 적법의 경계에 있다. 나아가서 공권력 행사로 기본권을 침해당한 사람은 원칙적으로 **헌법소원**을 제기할 수 있다. 수사도 예외는 아니고 피의자도 당연히 포함된다. 문제는 역시 현실적 가능성에 있다. 발등에 떨어진 범죄혐의를 벗어나는 것도 버거운 상황에서 다시 헌법재판소로 전선을 넓히는 것이 가능할까? 아무리 '소송꾼'이라도 어려운 일이다. 이론이 모두 현실이 되면 그것은 이미 이론이 아닐 것이다.

임의수사가 원칙이고 강제수사는 법률이 규정한 경우에만 가능하다(**강제수사법정주의**, 제199조 1항 단서). 형사소송법은 법원 강제처분을 먼저 규정하고(제68조부터 제145조), 수사기관 강제처분(제200조의2

부터 제218조)은 대부분 법원 강제처분 규정을 준용한다(제209, 219조). 체포, 구속, 압수, 수색 등 강제처분을 하려면 법관이 발부한 영장이 있어야 한다(헌법 제12조 3항, 제16조).

수사 단서

수사 단서는 수사기관이 수사를 시작하는 계기이다. 주관적 혐의만 있어도 되지만, 법률은 고소, 고발, 자수, 변사자 검시, 현행범, 불심검문, 자동차검문 등을 수사단서로 규정한다. 그 밖에도 피해자나 제3자의 범죄신고, 언론보도, 소문, 수사기관이 스스로 인지한 내용도 수사 단서가 될 수 있다.

고소는 범죄 피해자나 그와 일정한 관계에 있는 고소권자가 수사기관에 범죄사실을 신고하여 범인 처벌을 요구하는 의사표시다. **친고죄**는 고소가 소송조건이다. **절대적 친고죄는** 범인 신분과 상관없이 친고죄가 되는 것을 말하고, 상대적 친고죄는 범인과 피해자 사이에 일정한 신분관계가 있을 경우에만 친고죄가 되는 것이다. **친족상도례**가 후자의 예이다. **반의사불벌죄**는 피해자의 명시한 의사에 반하여 처벌할 수 없는 범죄를 뜻한다. 여기서 피해자의 **처벌불원 의사표시**는 소송장애나 소송정지사유가 된다.

고소권자는 범죄 피해자, 피해자 법정대리인 · 배우자 · 친족, 지정고소권자를 말한다. 이 가운데 피해자는 대표적인 고소권자다(제223조). 자연인뿐만 아니라 법인, 법인격 없는 사단과 재단인 피해자도 고소권자가 될 수 있다. 피해자 법정대리인은 독립하여 고소할 수 있다(제225조 1항). 이 규정 의미와 관련하여 법정대리인 고소권이 독립대리권인지 고유권인지 학설이 대립한다. **독립대리권**은 피해자 의사에 종속한다. **고유권**은 그렇지 않다. 피해자 본인의 명시 · 묵시 의사에 반해 고소할 수 있고, 피해자 본인은 법정대리인 고소를 취소할 수 없다. 전자는 법 문언에 충실하고 후자는 피해자보호 취지를 앞세운다.

고소방식은 서면이나 구술로 검사나 사법경찰관에게 하면 된다. 구술로 고소를 받았을 때에는 조서를 작성해야 한다(제237조). **친고죄에서 고소기간**은 6개월이다. 범인을 알게 된 날부터 6개월이 지나면 고소하지 못한다(제230조 1항). 비친고죄에서 고소는 수사 단서에 지나지 않으므로 기간 제한이 없다. **고소 취소와 포기**도 가능하다(제239조). **고소취소**는 처벌을 원하지 않는다는 의사표시이고, **고소포기**는 친고죄 고소기간 안에 장차 고소권을 행사하지 않겠다는 의사표시를 수사기관이나 법원에 하는 것을 말한다. 방법은 서면, 구술 등 제한이 없다. '관대한 처분을 바란다'는 의사표시가 탄원서에 쓰인 것은 고소취소라고 할 수 있다.[1] 친고죄와 반의사불벌죄에서 고소취소는 제1심 판결선고 전까지 할 수 있다(제232조 1, 3항). 재고소는 금지된다.

고소불가분원칙이 있다. 친고죄에서 두 명 이상 공범 중 한 명이나 여러 사람에 대한 고소 또는 그 취소는 다른 공범자에게도 효력을 미친다는 것을 의미한다(고소의 주관적 불가분원칙, 제233조). **고소의 객관적 불가분원칙**은 친고죄에서 하나의 범죄사실 중 일부분에 대한

1) 대판 1981. 11. 10. 81도1171.

고소나 취소가 범죄사실 전부에 효력을 미친다는 원칙을 말한다. 형사소송법에 규정은 없는데, 이론적으로 인정하는 견해가 있다. 실체법 죄수론을 소송법에 연장하는 것은 무리가 있고, 필요 이상으로 가벌성을 확대하는 문제가 있다.

고발은 고소권자와 범인 외 제3자가 수사기관에 범죄사실을 신고하여 범인 처벌을 구하는 의사표시다. 관세법(제284조)이나 조세범처벌법(제21조) 위반사건, 국회에서 위증에 대한 고발 등 경우에는 고발이 소송조건이 되기도 한다.

불심검문은 경찰관이 거동이 수상한 자(거동불심자)를 정지시켜 질문하는 것(직무질문)을 말한다(경찰관직무집행법 제3조 1항). 거동불심자가 떠나려고 하면 소극적 제지는 가능하다. 동행은 상대방 승낙이 있어야 가능하다(임의동행, 경직법 제3조 2항). 거동불심자에 대한 소지품 검사는 '흉기의 소지 여부'가 목적이고 질문, 외부에서 확인, 제시 요구 등으로 할 수 있다.

자동차검문은 범죄 예방과 인지를 위해 통행 중인 자동차를 정지시켜 운전자나 동승자에게 질문하는 것을 말한다. **교통검문**은 음주운전 등 단속을 위한 것이고, **경계검문**은 범죄예방, 검거를 위한 것이다. **긴급수배검문**은 특정 범죄가 발생했을 때 행하는 검문이다.

임의수사

수사는 임의수사가 원칙이고 강제수사는 법률에 특별한 규정이 있을 경우에 예외적으로 인정된다. **임의수사와 강제수사의 구별**을 두고 형식설, 실질설 등 견해가 대립하는데, 특별한 실익이 있는 논쟁은 아니다. 이 학설에 따라 영장발부 범위가 달라지는 것도 아니고 임의수사도 정도 차이만 있을 뿐 기본권을 제한하는 것은 마찬가지다. 새로운 수사기법이 등장했을 때 구별이 필요하다는 견해가 있다. 이것은 영장발부를 명시한 규정 해석으로 해결해야지 임의수사 강제수사 구별로 되돌릴 문제는 아니다. 영장발부는 법률이 결정할 문제이지 학설로서 해결할 일은 아니지 않겠는가.

함정수사는 임의수사 한계사례다. 함정수사는 잠재 범죄자에게 범죄를 저지르도록 유인하여 체포하는 수사기법을 말한다. 예를 들어 마약을 살 것처럼 꾸며서 마약판매자를 체포하는 경우가 있다. 임의수사가 피수사자의 자발적 협조를 조건으로 한다고 정의했을 때, 수사기관이 일종의 기망적 방법으로 동의를 받아내는 것은 원칙적으로 적법한 임의수사는 아니다. 법을 운영하는 국가기관이 속임수를 쓴 것으로서 신의칙에 반한다고 할 수 있다. 그러나 함정수사는 중대범죄를 적발하기 위한 효과적 방법이기 때문에 **기회제공형 함정수사**는 적법한 것으로 본다. 반면에 처음에 범죄의사가 없었던 사람을 유인하는 **범의유발형 함정수사**는 위법하다는 것이 판례 태도다.

통신제한조치(전기통신 감청)는 강제수사로서 법원 허가를 받아 시행할 수 있다(통신비밀보호법 제6조 1, 2항). 법원 허가를 받지 않은 불법감청이나 감청영장 내용대로 집행하지 않은 감청내용은 재판이나 징계절차에서 증거로 사용할 수 없다(같은 법 제4조). **사진과 영상 촬영**은 피수사자 동의가 있어야 가능하다. 만일 그것이 검증 성격이 있으면 사전영장을 받아야 한다. 다만 현행범 성격의 긴급성, 상당성이 있으면 사후영장으로 보완할 수 있다(판례). **거짓말 탐지기**를 이용한 임의수사는 허용된다. 수사자, 피수사자 모두에게 유익한 방법이 될 수 있기 때문이다. 검사결과는 직접증거로 사용할 수는 없고 일정한 사실 신빙성을 판단하는 정황증거가 될 뿐이다.

임의수사 유형으로서 **피의자신문**은 검사 또는 사법경찰관이 피의자를 출석시켜 사실에 대해 묻고 진술을 듣는 것을 말한다(제200조). 피의자는 진술거부권이 있기 때문에 수사기관의 신문에 대응할 것인지는 자발적으로 결정할 수 있다. 피의자 신문을 하면 **피의자신문조서**를 작성해야 한다. 조서작성 연월, 일시, 장소를 기재하고 그 조사를 행한 자와 참여한 수사관 등이 기명날인 또는 서명해야 한다(제244, 제48, 50조). 피의자신문에는 **변호인**이 참여할 수 있다(제243조의 2). 신문에 참여한 변호인은 신문 중이라도 부당한 신문방법에 이의를 제기할 수 있고 신문자 승인을 받아 의견을 진술할 수 있다(같은조 3항). 변호인 참여로 수사가 현저한 지장을 받을 우려가 있으면 참여권은 제한될 수 있다.

피의자 진술은 **영상 녹화**할 수 있다(제244조의2). 수사과정의 위법 상황을 예방하고 진술자의 기억을 환기하는 용도로 사용할 수 있다(제318조의2 2항). 피의자진술과정을 영상 녹화할 때는 미리 녹화사실을 피의자에게 알려주어야 한다. 조사 개시부터 종료까지 전 과정과 객관적 정황을 편집 없이 녹화해야 한다.

검사나 사법경찰관은 수사에 필요하면 **참고인**을 출석시켜 진술을 들을 수 있다(제221조 1항). 참고인 조사도 임의수사이기 때문에 참고인은 증인과 달리 강제로 소환, 신문을 받지 않는다. 참고인에 대한 조사와 조서작성 방법은 피의자신문에 준한다.

대인 강제수사

체포는 수사초기단계에 피의자를 단기간 수사관서 등 일정한 장소에 인치하는 강제처분이다. 체포는 구속 전단계로 임의수사에 따르지 않는 피의자를 체포영장을 발부받아 짧은 시간 인치하는 방법이다. 그러나 현실적으로는 체포영장을 발부받고 다시 구속영장을 청구하느니 바로 구속영장으로 구속하는 것을 더 좋아 한다(사전구속영장). 체포를 하는 경우도 사전영장 없이 가능한 **긴급체포**를 더 많이 활용한다. 피의자를 체포한 후 그를 다시 구속하고자 할 때는 체포한 때로부터 48시간 안에 구속영장(제201조)을 청구해야 하고, 그 시간 안에 구속영장을 청구하지 않으면 피의자를 즉시 석방해야 한다(제200조의2 5항).

긴급체포는 영장을 발부받기 위해 시간을 지체할 수 없는 긴급한 경우에 중범죄 피의자에게 영장 없는 구속을 일시적으로 허용하는 제도다. 긴급체포가 허용되는 대상은 중대한 범죄, 즉 사형, 무기 또는 장기 3년 이상 징역이나 금고에 해당하는 죄의 피의자이어야 한다. 사건의 중대성과 함께 긴급성, 증거인멸, 도망우려 등 구속사유가 있어야 한다(제200조의3 1항). 긴급성은 미리 체포영장을 받을 시간 여유가 없는 경우로 해석한다. 긴급성이 없다고 본 판례를 보자. "필로폰을 투약한다는 제보 정확성을 사전에 확인하기 위해 경찰관이 피고인 주거지를 방문하였다. 그곳에서 피고인을 발견하고 피고인 전화번호로 전화를 했으나 응하지 않자 피고인 집 문을 강제로 열고 들어가 긴급체포한 것은 위법하다."[1] 사법경찰관이 긴급체포를 한 경우는 즉시 검사 승인을 얻어야 한다(제200조의3 2항). 긴급 체포할 때에는 **Miranda 고지**를 해야 하고 긴급체포서를 작성한다(제200조의3 3, 4항). 긴급체포한 후 **48시간 안에** 구속영장을 청구하지 않거나 영장청구를 하였지만 발부받지 못하면 피의자를 즉시 석방해야 한다(제200조의4 2항).

현행범체포는 누구든지 영장 없이 가능하다(헌법 제12조 3항, 제212조). 현행범은 범죄를 실행하고 있거나 실행한 직후에 있는 사람이다. 판례 용어를 빌리자면, 시간적으로나 장소적으로 보아 체포를 당하는 자가 **방금 범죄를 실행**한 범인이라는 점에 관한 죄증이 명백히 존재하는 것으로 인정되는 경우를 말한다.[2] 준현행범인은 현행범은 아니지만 형사소송법이 현행범으로 보는 사람이다. 제211조 2항에 그 요건이 있다. 범인으로 불리며 추적되고 있을 때, 누구냐고 묻자 도망하려고 할 때 등 4가지 경우는 현행범인으로 본다.

사인의 현행범 체포는 현행범을 수사관이 올 때까지 붙들고 있거나 즉시 경찰에 인도하는 것이다. 이때도 도망을 막는 정도 소극적 물리력은 사용할 수 있지만 타인 주거에 들어가는 등 적극적 방법은 허용되지 않는다. 사인이 현행범을 체포하면 즉시 수사기관에 인도해야 한다.

---

1) 대판 2016. 10. 13. 2016도5814.
2) 대판 2013. 8. 23. 2011도4763.

구속은 피의자나 피고인의 신체자유를 일정한 장소에 제한하는 강제처분으로서 구금과 구인을 포괄하는 개념이다(제69조). **피의자구속**은 수사절차에서 수사기관이 판사 영장을 발부받아 하는 강제수사이고, **피고인구속**은 공소제기 후 법원이 피고인을 구속하는 강제처분이다. 구속을 위해서는 피의자가 죄를 범하였다고 의심할 만한 상당한 이유가 있어야 한다. 여기서 '상당한 이유'는 유죄판결을 받을 개연성이 있는 '**뚜렷한 범죄혐의**'이다. 그 밖에 제70조 1항이 정하는 구속사유는, 주거부정, 증거인멸 염려, 도망 또는 도망할 염려이다. 주거부정은 도망 염려의 보충 자료 의미가 있다. **주거부정**은 실제로 사는 곳이 없다는 뜻이 아니고 수사기관이나 법원에서 연락할 수 없거나 연락해도 **응답**이 없는 경우를 말한다. 언제든 전화로 연락만 되면 주거부정이라고 할 수 없다. **도망**은 수사 또는 재판 중 **소환**에 응하지 않을 때를 말하고 자취를 감춰버리는 경우가 대표적이다. 이 네 가지 구속사유가 전부 있어야 구속은 가능하다. 영장 발부 판사는 추가로 엄격한 비례성심사를 한다.

구속영장은 검사가 관할지방법원판사에게 청구한다. 사법경찰관은 검사를 경유하여 영장을 청구할 수 있다(제201조 1항). 영장청구는 서면으로 하며, 검사는 구속필요를 인정할 수 있는 자료를 함께 제출해야 한다. 피의자도 구속영장청구를 받은 판사에게 유리한 자료를 제출할 수 있다(같은 조 3항). **구속영장실질심사**는 구속영장이 청구된 피의자가 구속사유를 갖추고 있는지 평가하기 위해 판사가 직접 피의자를 심문하는 제도를 말한다. '**구속 전 피의자심문**'이라고도 한다(제201조의2). 실질심사 방법은 '신문'이 아니라 '심문'이다. **신**

문訊問은 형사절차에서 대상자에게 묻고 답을 들음으로써 사건과 관련한 정보를 알아내는 증거수집 · 조사의 일반적인 방법이다. **심문**審問은 대상자에게 물어 그의 사정을 경청한다는 뜻에 더 가깝다. 피의자심문이 끝난 후에도 구속영장발부 재판이 있을 때까지 피의자를 유치할 필요가 있을 수 있다. 이때는 피의자를 교도소 · 구치소 또는 경찰서 유치장에 유치할 수 있으나 피의자 구인기간은 24시간이므로 이 시간 안에 영장이 발부되지 않으면 피의자를 석방해야 한다(제201조의2 10항, 제71조). 영장청구를 받은 판사는 피의자를 심문한 후 피의자에게 구속요건이 충족되었다고 인정할 때에는 **구속영장을 발부**한다(제201조 4항 1문). 판사가 구속영장을 발부하지 않을 때에는 구속영장청구서에 그 취지와 이유를 기재하고 서명 · 날인하여 청구한 검사에게 교부한다(제201조 4항 2문). **구속영장 효력**은 원칙적으로 구속영장에 기재한 피의사실이나 그것과 동일성이 있는 사실에 미친다(사건단위설).

이중구속이 가능할까? 이중구속은 이미 체포 또는 구속된 피의자 · 피고인을 다른 사건으로 다시 구속하는 것을 말한다. 부정하는 견해도 있지만 구속영장 효력에 사건단위설을 따르는 현행법에서는 허용될 수 있다. 구속된 사람이 석방되면 '도망 우려'가 생기는 경우다. 따라서 구속기간이 만료될 무렵에 종전 구속영장에 기재된 범죄사실과 다른 범죄사실로 피고인을 구속할 필요가 있을 수 있다. 어차피 구속기간을 늘려야 할 사건이라면 이중으로 구속한다고 해서 당사자 권리를 과도하게 침해할 염려는 없다. 판례도 긍정설 견해다.[1)]

1) 대결 2000. 11. 10. 2000모134.

별건구속은 또 어떤가. 수사기관이 본래 의도하고 있던 본건 수사를 위해 영장발부가 가능한 다른 사건으로 영장을 받아 그 구속기간을 이용해 본건을 수사하는 것을 별건구속이라고 한다. 종래에는 이에 대한 견해대립이 있었으나 개정 형사소송법은 명문으로 금지한다. 수사 중인 사건의 범죄혐의를 밝히기 위한 목적으로 합리적 근거 없이 별개 사건을 부당하게 수사해서는 안 된다. 그리고 다른 사건 수사로 확보된 증거나 자료를 내세워 관련 없는 사건에 자백이나 진술을 강요해서도 안 된다(제198조 4항).

여죄수사는 별건수사와 다르다. 수사기관은 범죄혐의를 발견하면 수사해야 하기 때문에 본건 수사 중 인지한 다른 사건을 이어서 수사하는 것은 문제가 되지 않는다. 금지되는 별건수사와 구별은 판사가 구속영장실질심사에서 수사기관의 숨은 의도를 밝혀내는 능력에 달렸다. 의심스러울 경우 법치국가형법의 의미를 살리는 방향으로 판단하면 된다.

수사기관의 구속기간은 경찰 10일, 검찰 10일에 1회 연장이 가능하여 합계 30일이 최대 기간이다(제202, 203, 205조). 국가보안법 사건은 2회 연장이 가능하다(같은 법 제19조). 구속영장 유효기간은 원칙적으로 7일이다(규칙 제178조).

법원의 구속기간은 2개월이다(제92조 1항). 특별히 구속을 계속할 필요가 있는 경우에는 심급마다 2개월 단위로 2차에 한정하여 갱신할 수 있다. 상소심에서는 추가 심리가 필요한 부득이한 경우 3차에 한정하여 갱신할 수 있다(제92조 2항).

접견교통권은 체포 · 구속된 사람의 중요한 권리다. 접견교통권은 피고인 · 피의자가 변호인 · 가족 · 친지 등 타인과 만나 대화하고, 서류 또는 물건을 주고받거나, 의사에게 진료를 받을 수 있는 권리다. 헌법에서 변호인 조력을 받을 수 있는 권리(헌법 제12조 4항)로 규정한 기본권이다. 주체는 국가기관으로부터 자유를 제한받는 모든 사람이다. 헌법 제12조 4항이 "**누구든지** 체포 · 구속을 당한 때"라고 규정하고 있기 때문이다. 접견교통권은 불가침의 기본권이다. 수사기관 처분, 법원 결정은 물론 하위법규로도 제한할 수 없다. 접견 일시, 장소를 지정하여 제한하는 것도 허용되지 않는다. 정당한 이유 없이 접견시작을 오랜 시간 지연시키는 것도 권리침해에 해당한다. 변호인 접견교통권은 제한이 없지만 변호인 외 사람은 "법률이 정한 범위에서" 접견이 허용된다(제89조).

체포 · 구속적부심사제도는 수사기관에 체포 · 구속된 피의자가 법원의 적법성 심사를 받아 조기에 석방될 수 있는 매우 중요한 제도이다(제214의2 1항). 체포 · 구속적부심사 청구권자는 체포되거나 구속된 피의자, 그의 변호인 · 법정대리인 · 배우자 등이고(제214의2 1항), 피의사건의 관할법원에 적부심사를 청구한다. 검사 · 변호인 · 청구인은 관할법원의 심문기일에 출석하여 법원의 심문이 끝난 후 의견을 진술할 수 있고, 심문 도중에도 판사 허가를 얻어 의견을 진술할 수 있다. 법원은 체포 또는 구속된 피의자에 대한 심문이 종료된 때로부터 **24시간 안에** 체포 · 구속적부심사청구에 대한 결정을 한다(규칙 제106조). 법원이 심사청구가 이유 있다고 인정하면 결정으로 체포 · 구속된 피의자의 석방을 명령한다. 체포 · 구속적부심사결정에 따라 석방된 피의자는 도망하거나 범죄 증거를 인멸하는 경우를 제외하고는 동일한 범죄사실로 다시 체포하거나 구속할 수 없다(제214조의3).

피의자 보석은 법원의 직권보석이고 재량보석이다. 피의자는 원래 보석청구권이 없지만 구속적부심사를 청구한 경우 법원이 직권으로 보석하는 것은 가능하다. 이것이 피의자 보석이다. 이때 법원은 구속된 피의자 출석을 보증할 만한 보증금납입을 조건으로 석방결정을 한다(제214조의2 5항).

보석은 구속된 사람의 중요한 권리다. 보석은 일정한 조건을 걸어 피고인에 대한 구속집행을 정지하고 구속된 피고인을 석방하는 제도다. 보석은 피고인이 형사절차로부터 벗어나지 않으면서도 그의 신체자유를 직접 박탈하지 않는 제도다. 비례성원칙의 적합성과 필요성을 실현하는 데 기여한다. 필요적 보석과 임의적 보석이 있다.

필요적 보석은 보석청구가 있으면 법이 정하는 제외사유가 없으면 한 보석을 허가해야 하는 경우를 말한다. 제외사유는 피고인이 사형 · 무기 또는 장기 10년이 넘는 징역이나 금고에 해당하는 죄를 범한 경우, 누범이나 상습범인 경우 등이다(제95조). **임의보석**은 피고인 등 청구 또는 직권과 재량으로 보석을 허가하는 것을 말한다. 위 구속적부심을 청구한 피의자에게 법원이 직권 · 재량으로 결정하는 보석도 임의보석이다. 법원은 특별한 사정이 없으면 보석청구를 받은 날부터 7일 안에 보석 여부를 결정한다(규칙 제55조). 보석 조건 가운데 가장 대표적인 것은 제98조 8호 **보증금 납입** 또는 **담보 제공**이다. 법원이 정한 보석조건을 위반하면 법원은 직권 또는 검사 청구에 따라 결정으로 보석을 취소할 수 있다(제102조 2항).

대물 강제수사

현행법상 대물적 강제수사 방법은 압수 · 수색 · 검증이다. 이들은 증거방법으로서 의미 있는 물건이나 몰수할 것으로 예상되는 물건 등을 수집 · 보전 · 조사하는 강제처분이다.

압수는 증거방법으로 의미가 있는 물건이나 몰수가 예상되는 물건의 점유를 취득하는 강제처분이다. 압류, 영치 및 제출명령 세 종류가 있다. **압류**는 강제력을 사용하여 유체물 점유를 점유자 또는 소유자 의사에 반해 수사기관이나 법원에 이전하는 강제처분이다. **영치**는 소유자 등이 임의로 제출한 물건이나 유류한 물건을 계속 점유하는 것이다. **제출명령**은 일정한 물건의 제출을 명령하는 강제처분이다.

수색은 특정인이나 압수할 물건을 발견하기 위한 목적으로 일정한 공간을 뒤져 찾는 강제처분을 말한다. 수색은 주로 압수와 함께 행해지므로 실무상으로도 대부분 압수 · 수색영장이라는 단일한 영장을 사용한다.

압수 · 수색 대상은 수사목적에 이용될 수 있는 것으로 옮길 수 물건이다. 대인 강제수사로 침해되는 권리는 신체 자유권인 반면 대물 강제수사가 침해하는 권리는 **물건에 대한 소유권과 점유권**이다. 모든 종류의 **유체물**은 물론 동 · 식물 등도 압수대상이 된다. 시 · 공간을 물리적으로 차지하는 대상에 국한하지 않고, 최근에는 기술발달에 따라 '디지털정보'도 이 개념에 속한다. 압수가 제한되는 물건이 있다. 수사대상자의 방어권, 프라이버시권과 관련 있는 내용물은 헌법 보호를 받는다. 변호사와 상담한 법률자문서, 개인 일기장 등이 그 예다. 이메일은 어떻게 판단하는 것이 좋을까. 생각해 보기 바란다.

압수 · 수색 절차는 검사가 지방법원판사에게 청구하여 발부받은 영장으로 진행한다(제215조). 압수 · 수색영장에는 피의자 또는 피고인 성명, 죄명, 압수할 물건, 수색할 장소 · 신체 · 물건, 발부 연월일 · 유효기간과 그 기간을 경과하면 집행에 착수할 수 없다는 취지를 기재해야 한다(제114조 1항, 규칙 제58조). 대물 강제처분의영장 효력범위도 구속영장과 마찬가지로 사람이 아니라 사건을 단위로 한다. 수사기관이 내심으로는 본건 수사를 목적하면서도 형식적으로는 별건을 이유로 발부받은 압수영장을 제시하여, 본건 수사에 필요한 물건을 압수하는 **별건압수**는 위법한 수사이다. 그러나 하나의 물건에 대해 복수의 사건수사를 위해 중복해서 영장을 집행하는 **이중압수**는 허용된다. 압수 · 수색영장 **유효기간은 7일**이며, 법원 또는 법관이 상당하다고 인정할 때에만 7일을 초과할 수 있다(규칙 제178조). 일출 전 일몰 후에는 압수 · 수색영장에 야간집행을 할 수 있다는 기재가 없으면 영장집행을 위해 타인 주거 등에 들어갈 수 없다(제125조). 압수한 물건은 목록(압수목록)을 작성하여 소유자 · 소지자 · 보관자 그 밖에 이에 준하는 사람에게 교부해야 한다(제129조).

디지털정보(전자정보, 전자기록, 전산자료)는 유체물이 아니지만 압수·수색할 수 있는 대상이다. 다만 전자정보에 대한 압수 · 수색은 인격권, 사생활의 비밀과 자유, 정보에 대한 자기결정권, 재산권 등을 침해할 우려가 크므로 포괄적으로 하면 안 되고 비례성원칙에 따라 필요한 최소 범위 안에서 해야 한다.[1] 압수목적물이 컴퓨터용 디스크 등 **정보저장매체**인 경우는 **기억된 정보 범위**를 정해 출력하거나 복제하여 제출받아야 한다(제106조 3항). 디지털정보를 압수 · 수색할 때에도 **피수사자 참여권**(제219, 121조)을 보장해야 하는 것은 물론이다. 메일과 같이 피의자 전자정보가 원격지인 인터넷 정보의 저장매체(서버)에 들어 있는 경우, 피의자 이메일 계정에 대한 접근권한에 갈음하여 발부받은 압수 · 수색영장에 따라 **원격지 저장매체**에 대한 압수 · 수색도 가능하다. 판례를 보자. 수사기관의 전자정보에 대한 압수 · 수색은 원칙적으로 영장 발부의 사유로 된 범죄혐의사실과 **관련된 부분**만을 문서 출력물로 수집하거나 수사기관이 휴대한 정보저장매체에 해당 **파일을 복제**하는 방식으로 이루어져야 한다. 정보저장매체 자체를 직접 반출하거나 저장매체에 들어 있는 **전자파일 전부**를 하드카피나 이미징 등 형태로 수사기관 사무실 등 외부로 반출하는 방식으로 압수 · 수색하는 것은 특별한 사정이 있을 경우에 예외적으로 허용될 수 있을 뿐이다.[2]

영장 없는 압수 · 수색도 가능하다(제216, 217조). 허용근거에 대

---

1) 대판 2021. 11. 18. 2016도348 전원합의체.
2) 위 전원합의체 판결.

해서는 부수처분설과 긴급행위설이 있는데, 합법적 대인 강제처분에 부수되는 것이므로 영장 없는 대물 강제처분이 정당화되는 것으로 보는 **부수처분설**이 타당하다. 수사기관이 판단하는 '긴급성'은 그 범위를 제한하는 것이 어렵다.

검사 또는 사법경찰관이 피의자를 영장체포, 긴급체포 또는 구속하거나 현행범으로 체포할 때 필요하면 영장 없이 **체포현장에서 압수 · 수색 · 검증**을 할 수 있다(제216조 1항 2호). 법문의 "부수하여" 의미를 둘러싸고 현장설, 체포착수설, 체포상황설 등 학설 대립이 있다. 학설 이름이 내용을 이미 암시하고 있다. 범행 중이거나 범행 직후 **범죄장소**에서 긴급하여 판사 영장을 받을 수 없으면 영장 없이 압수 · 수색 · 검증을 할 수 있다. 그러나 이 경우는 사후에 지체 없이 영장을 받아야 한다(제216조 3항). 판례를 본다. "음란물 유포 범죄혐의로 압수·수색영장을 발부받은 사법경찰리가 A 주거지를 수색 중 대마를 발견한 후, 마약류관리법 위반죄 현행범으로 A를 체포하면서 대마를 압수하였다. 그 다음날 A를 석방하였음에도 사후 압수·수색 영장을 발부받지 않았다면 압수물과 압수조서는 위법수집증거로서 증거능력이 없다."[1] 검사나 사법경찰관은 **긴급체포규정**에 따라 체포된 자가 소유 · 소지 또는 보관하는 물건을 긴급히 압수할 필요가 있을 경우 체포한 때부터 24시간 안에 영장 없이 압수 · 수색 · 검증을 할 수 있다(제217조 1항).

압수물 보관은 압수영장의 집행작용 가운데 하나이므로 압수한

---

1) 대판 2009. 5. 14. 2008도10914.

법원 또는 수사기관 청사로 운반해 보관한다(자청보관 원칙). 운반이나 보관이 불편한 압수물은 간수자를 두거나 소유자나 적당한 사람의 승낙을 받아 보관시킬 수 있다(제130조 1항, 제219조). 몰수해야 할 압수물이 멸실, 파손 또는 부패 염려가 있거나 보관하기 불편한 경우는 이를 판매한 대가를 보관할 수 있다(제132, 219조). 이것을 **환가처분**이라고 한다.

검증은 사람, 물건, 장소의 성질 · 형상을 보고 만지고 듣는 등 방법으로 인식하는 강제처분이다. 수사기관 검증은 증거를 수집 · 보전하기 위한 강제수사이며 검증영장을 요건으로 한다(제215조). 검증 절차는 원칙적으로 압수 · 수색과 동일하다. **감정**鑑定은 특별한 전문지식이 있는 수사기관 외 제3자가 전문지식을 이용하여 사물을 분석하거나 사실판단을 하는 것을 말한다. 예를 들어 지문분석, DNA분석, 정신감정 같은 것이다. **감정유치**는 신체나 정신 감정을 위해 일정기간 동안 병원 기타 적당한 장소에 피의자를 유치하는 일종의 대인 강제처분이다(제172조 3항). **감정효과**가 법원 판단을 구속하는 것은 아니다. 그러나 진실이 입증되고 추론방법이 과학적으로 정당하여 오류가능성이 없거나 무시할 정도로 낮으면 법관의 사실인정에 상당한 정도 구속력을 갖는다. 합리적 근거 없이 이를 배척하면 자유심증주의 한계를 벗어나는 것으로 보아야 한다.

공판 전 증거보전은 수소법원이 공판과정에서 정상적으로 증거조사를 할 때까지 기다릴 경우 그 증거 사용이 불가능하거나 뚜렷하게 곤란하게 될 염려가 있을 때, 공판절차 전이라도 판사에게 미리 증거조사를 하고 그 결과를 보전하여 공판에 사용할 수 있게 하는 제도다(제184조). **증거보전요건**은 미리 증거를 보전하지 않으면 그 증거를 사용하기 곤란한 사정이 있는 경우이고, 제1회 공판기일 전에 한정하여 인정된다(제184조 1항). 증거물의 멸실 · 훼손, 증인의 사망 · 질병 등 우려가 해당될 수 있다. 제1회 공판기일 후에는 수소법원이 직접 증거조사를 할 수 있으므로 증거보전 필요가 없다. **증거보전 청구권자**는 검사 · 피고인 · 피의자 또는 변호인이다. 증거보전청구는 관할지방법원판사에게 서면으로 한다.

공판 전 증인신문은 사안 구성에 꼭 필요한 것으로 인정되는 참고인이 출석이나 진술을 거부할 경우, 제1회 공판기일 전까지 검사 청구에 따라 판사가 그를 증인으로 불러 신문하도록 하는 절차를 말한다(제221조의2). 증인신문을 청구하기 위해서는 증인 진술로써 증명될 피의사실이 분명히 존재해야 한다. 증인신문청구를 받은 판사가 청구가 적법하고 필요하다고 인정할 경우에는 증인신문을 해야 한다.

[요점 정리]

1. 비례성원칙은 수사 일반원칙이지만 그것을 실현하는 데는 현실적 한계가 있다.
2. 수사는 임의수사가 원칙이고 강제수사는 법률이 규정한 경우에만 가능하다(강제수사법정주의).

3. 고소는 취소와 포기도 가능하다.
4. 범의유발형 함정수사는 위법하다.
5. 임의수사에서 거짓말탐지기를 사용할 수 있다.
6. 실무에서는 체포보다 사전구속영장, 긴급체포가 더 많이 활용된다.
7. 사인도 현행범을 체포할 수 있지만 즉시 수사기관에 인도해야 한다.
8. 구속사유에서 주거부정은 사는 곳이 없다는 뜻이 아니고 전화로 연락이 되지 않는다는 의미다.
9. 도망은 수사나 재판 중 소환에 응하지 않는 것이다.
10. 피의자·피고인을 이중으로 구속하는 것도 가능하다.
11. 현행법상 별건구속은 금지된다.
12. 피의자 보석은 법원의 직권보석이고 재량보석이다.
13. 디지털정보는 유체물은 아니지만 압수·수색 대상이 된다.
14. 별건압수는 위법한 수사이고 이중압수는 허용된다.
15. 감정결과는 법원판단을 구속하지 않는다.

제4장 공소제기

수사종결

수사를 통해 범죄혐의 유무가 가려지면 검사는 수사를 종결하고 공소제기 여부를 결정한다. 2020년 법 개정으로 경찰도 '**불송치결정**'으로 수사를 종결할 수 있다. 수사종결권은 경찰, 검찰 모두 가지는 셈이다.

공소제기는 검사가 법원에 대해 사안을 심리하여 피고인에게 유죄판결을 할 것을 구하는 의사표시다. 수사 결과 범죄혐의가 충분하고 소송조건을 구비하여 유죄판결을 받을 수 있다고 인정할 때 공소를 제기한다(제246조). **불기소처분**은 검사가 피의자에 대해 공소를 제기하지 않기로 결정하는 처분이다. **협의의 불기소처분**에는 혐의 없음, 죄가 안 됨, 공소권 없음, 각하의 네 종류가 있다(검사규 제98조 2호). **기소유예**는 범죄의 객관적 혐의가 있고 소송조건이 갖추어져 있음에도 검사가 형사정책적 이유에서 재량으로 공소를 제기하지 않는 것을 말한다. **기소중지**는 잠정적 수사종결로서, 피의자 소재불명 등 사유로 수사를 종결할 수 없을 경우에 그 사유가 해소될 때까지 검사가 내리는 결정이다(검사규 제98조 3호). **타관송치**는 사건이 소속 검찰청에 대응하는 법원의 관할에 속하지 않을 경우에 이를 서류, 증거물과 함께 관할법원에 대응하는 검찰청 검사에게 송치하는 결정이다(제256조).

경찰불송치결정은 경찰에서 자체적으로 수사한 결과 범죄혐의가 없다고 판단할 경우에는 검찰에 사건을 송치하지 않는 것이다. 이렇게 되면 사건은 경찰 차원에서 끝난다. 지금까지도 실제로 많이 있었던 경우지만 법률에 명문으로 수사종결권을 규정한 것은 경찰에게 큰 의미가 있다. 종결할 수 있는 대상은 혐의 없음, 죄가 안 됨, 공소권 없음, 각하 네 가지 경우다(제245조의5).

검사는 **공소제기에 대한 통지의무**가 있다. 검사가 고소나 고발로 범죄를 수사할 때는 고소 · 고발을 받은 날부터 **3개월 이내**에 수사를 완료하여 공소제기 여부를 결정한다(제257조). 이 경우 공소제기, 불기소, 공소취소 또는 타관송치를 한 날부터 7일 이내에 서면으로 고소인 · 고발인에게 그 취지를 통지해야 한다(제258조 1항). 사법경찰관이 불송치 결정을 한 때에는 서류와 증거를 검사에게 송부한 날부터 7일 이내에 서면으로 고소인, 고발인, 피해자 등에게 통지해야 한다(제245조의6).

불기소처분에 대해서는 **항고 · 재항고**(검찰항고)가 가능하다. 항고는 불기소처분 통지를 받은 날부터 **30일 이내**에 고등검찰청검사장에게, 그리고 재항고는 항고기각결정 통지를 받은 날 또는 항고 후 이에 대한 처분 없이 3개월이 경과한 날부터 30일 이내에 검찰총장에게 한다.

사법경찰관의 불송치결정에 대해서는 그가 소속한 관서의 장에게 이의를 신청할 수 있고, 그럴 경우 사법경찰관은 지체 없이 검사에게 사건을 송치해야 한다(제245조의7).

재정신청은 검찰항고에 대한 불복방법으로 고등법원에 재판을 청구하는 것이다(제260조 이하). 먼저 검찰항고가 있어야 하고(검찰항고 전치주의), 고소인은 모든 범죄에 대해 재정신청을 할 수 있다. 법원이 공소제기결정을 하면 검사는 공소취소를 하지 못한다(기소강제절차). **재정신청방식**은 검찰의 항고기각결정을 통지받은 날부터 10일 이내에 지방검찰청검사장이나 지청장에게 재정신청서를 제출하면 된다.

고등법원은 **재정결정절차**를 밟는다. 이 **절차 성격**을 두고 수사냐 소송이냐 논란이 있다. 학설도 많다. 그런데 이런 논쟁을 왜 하는지는 잘 모르겠다. 이 학설이 재정결정절차 내용에 영향을 미치는 것은 없다. 실체형법에서도 그랬지만 '성격'논쟁은 실익이 없는 것이 대부분이다.

재정신청 결정은 법원이 재정신청서를 송부 받은 날부터 **3개월** 이내에 항고절차에 준하여 내린다. 재정결정에는 기각결정과 공소제기결정이 있다. 공소제기결정에 잘못이 있는 경우에는 본안사건 재판으로 법원 판단을 받을 수 있으므로 공소제기결정에 대해서는 불복을 허용하지 않는다. 그러나 법원 기각결정에 대해서는 제415조에 따른 **즉시항고**를 할 수 있다(제262조 4항 1문).

재정신청이 있으면 법원의 재정결정이 확정될 때까지 **공소시효 진행**이 정지된다(제262조의4 1항). 법원 심리결과 공소제기 결정이 있을 때에는 공소시효에 관해서는 그 결정이 있는 날에 공소가 제기된 것으로 본다(같은 조 2항).

공소제기 후 수사가 예외적이지만 필요할 수 있다. 예를 들면 피고인 혐의가 확대 · 축소되거나 공범이나 진범이 검거된 경우 등이다. 그러나 피고인의 당사자 지위, 법원 심리에 영향을 줄 수 있기 때문에 그 범위는 제한되어야 한다.

공소제기 후에 수사기관이 **피고인 신문**을 할 수 있을까. 긍정하는 견해도 있지만 부정하는 것이 옳다. 법원이 주재하는 공판절차와 맞지 않고 필요하면 공판과정에 참석하여 묻고 답을 받으면 될 일이다. 따라서 공소제기 후 피고인을 법정 밖에서 신문하고 그의 진술을 기재한 조서의 증거능력은 인정되지 않는다. 공소제기 후 수사기관이 피고인을 수사하는 것은 위법수사이므로 위법수집증거배제법칙이 적용되어야 한다(위법수집증거설).

참고인에 해당하는 사람을 공소제기 후 진술하게 하기 위해서는 수소법원에 증인으로서 신청하는 것이 원칙이다. 이미 증인으로서 진술한 바 있는 사람에 대한 참고인 조사는 엄격히 제한된다. 피고인에게 유리한 증언을 한 증인을 수사기관이 다시 법정 밖에서 참고인으로 조사하여, 이미 법정에서 행한 진술을 번복하게 하는 것은 적법절차에 위배되는 수사로서 허용될 수 없다.

공소제기 후 강제수사는 법원의 권한을 침해하는 것으로서 허용되지 않는다. 따라서 피고인 구속은 물론 압수, 수색, 검증도 모두 법원이 해야 할 역할이다. 공소제기 후 제1회 공판기일 전이라고 하여 달리 볼 것은 아니다. 긴급한 필요가 있으면 증거보전절차(제184조)를 이용하면 된다.

공소제기

공소제기로 수사는 종결되고, 형사절차는 공판절차로 넘어간다. 공소제기는 국가기관인 검사의 고유 권한이고(국가소추주의, 기소독점주의), 검사의 공소제기가 없으면 법원은 사건을 심리하지 못 한다(불고불리원칙). 공소제기 여부 및 어떤 사안으로 기소할 것인가는 검사가 재량으로 결정한다(기소편의주의).

기소독점주의(제246조)는 법률전문가인 검사가 공소권을 통일적으로 행사할 수 있는 장점이 있다. 반면에 공소권 행사가 검사 독단으로 이루어져서 검찰의 정치 이해관계에 따라 공소제기가 편향적으로 좌우될 우려도 있다. **기소편의주의**는 법원 재판에 앞서 미리 사안을 추려냄으로써 권력분립을 왜곡하고, 형사사법이 검사 자의에 좌우되도록 하여 규범효력에 대한 시민 신뢰를 떨어뜨리는 단점이 있다. 그렇다고 **기소법정주의**가 충분한 대안이 되는 것도 아니다. 어차피 선별적 통제밖에 되지 않는다는 점에서 양자는 큰 차이가 없다.

공소권남용이론은 형식적으로는 적법한 공소제기이지만 실질적으로는 검사가 갖는 소추재량 범위를 넘어선 것으로 평가될 경우, 공소기각재판 등 형식재판으로 소송을 미리 종결시킬 수 있는지에 대한 논의를 말한다. 현재 다수 견해는 공소사실 진실성을 따지기에 앞서 소추재량권을 현저하게 일탈한 공소제기를 형식재판으로 종결시키는 것을 찬성한다(공소권남용이론 긍정설). 반면에 부정설은 사실심리를 하지 않고는 공소제기 부당성을 알 수 없다고 주장한다. **누락기소**는 공소권남용의 대표적인 경우다. 누락기소는 피의자가 여러 개 범행을 자백하였지만 검사가 일부 범죄사실을 제외하고 기소한 후, 기소된 범죄사실에 대한 확정판결이 있기 전에, 제외했던 범죄사실을 다시 기소하는 것을 말한다. 판례도 이러한 공소제기방식은 공소권남용에 해당할 수 있는 것으로 본다. '검사의 자의적 공소권 행사로 인한 소추재량권의 현저한 일탈'을 그 판단기준으로 삼는다. 그 구체적 판단에서는 '단순한 직무상 과실을 넘어서, 검사에게 적어도 미필적이나마 어떤 의도가 있는 상태'에서 검사의 태만 또는 부작위에 의한 공소제기가 행하여졌는지 그리고 피고인에게 귀책사유가 있는지 등을 고려해야 한다고 한다.[1)]

공소제기는 검사가 법원에 유죄판결을 구하는 공소장을 제출함으로써 이루어진다(제254조 1항). 공소장에는 피고인 성명, 죄명, 공소사실, 적용법조 등은 필수 기재사항이다(제254조 3항). 공소제기 서면주의에 관한 판례를 보자. "검사가 공소사실 일부가 되는 범죄일람표

1) 대판 2019. 2. 14. 2018도14295; 2017. 8. 23. 2016도5423.

를 컴퓨터 프로그램을 통하여 열어 볼 수 있는 전자문서로 작성한 후, 이를 출력하지 않고 저장매체 자체를 서면인 공소장에 첨부하여 제출한 경우에는 서면에 기재된 부분에 한하여 적법하게 공소가 제기된 것으로 볼 수 있다."[1]

공소사실을 특정하는 것이 중요하다. 범죄 시일, 장소와 방법을 명시해야 한다(제254조 4항). 육하원칙을 전제로 한 구체적인 사실 정보를 기술해야 하고, 피고인이 충분히 이해할 수 있는 단어를 이용해 공소사실을 기재하는 것도 중요하다. 공소사실이 특정되지 않으면 피고인이 방어권을 행사하는 데 어려움이 있다. 공소사실 가운데 명확하지 않는 부분이 있으면 검사는 **공소장을 보완 · 수정**해야 한다. 나아가서 법원은 필요하면 검사에게 **석명권**을 행사하여 공소사실을 특정하도록 요구할 수 있다.

공소장의 **예비적, 택일적 기재**도 가능하다. 여러 개의 범죄사실과 적용법조를 임의적으로 기재하는 방식이다. **예비적 기재는** 수개의 범죄사실을 기재하면서 그에 관한 심판순서를 정하는 기재방법을 말한다. 예를 들면 먼저 A 사실에 대한 심판을 청구하고, 이것이 성립하지 않을 경우 B 사실을 심판해달라고 기재하는 것이다. 이때 A 사실을 **주위적 공소사실**(또는 본위적 공소사실)이라 하고, 후순위 B 사실을 **예비적 공소사실**이라 한다. 법원은 예비적 공소사실을 주위적 공소사실보다 먼저 심판해서는 안 된다. **택일적 기재**는 심판순서를 정하지 않고 여러 개 범죄사실에 대한 심판을 구하는 기재방법을 말

1) 대판 2017. 2. 15. 2016도19027.

한다. A 사실 또는 B 사실을 심판해 달라고 기재하는 방식이다. 법원은 택일적 기재에서 어느 사실부터 심판하더라도 상관없다. **동일성이 없는** 수 개의 범죄사실 사이에도 예비적 · 택일적 기재는 허용되는 것으로 보아야 한다(이견 있음). 사건의 동일성 여부는 피고인 방어활동에 불이익을 준다고 보기는 어렵다. 실체법의 동일성 판단기준이 공소장 운명을 결정한다는 것도 문제다.

공소장일본주의는 법원의 예단 방지, 피고인 방어권을 위해 필요한 원칙이다. 공소장일본주의는 검사가 공소를 제기할 때 공소장 하나만 제출하고, 그 밖에 법원에게 예단을 생기게 할 수 있는 서류나 물건을 첨부하거나 그 내용을 인용해서는 안 된다는 원칙이다(규칙 제118조 2항). 피고인은 공판기일 전 법원에 어떤 주장도 할 수 없다. 이에 반해 검사는 공소사실과 더불어 피고인을 처벌해 달라는 의사가 표시된 공소장을 법원에 미리 제출한다. 그런데 공소장이 검사 주장에 그치지 않고 증거가 될 수 있는 일정한 사실이나, 공소사실과 무관하지만 심증을 형성할 수 있는 내용을 포함하면 이미 당사자 사이 균형은 깨진다.

공소장에 **피고인 전과**를 기록하는 것은 공소장일본주의 위반일까? 판례는 아니라고 한다.[1] 전과가 있다는 점은 피고인이 범죄를 저지른 사람일 것이라는 강한 심증을 갖게 한다. 과거에 범죄를 저질렀다는 사실은 공소사실이 아니면서, 해당 사안의 객관적 판단을 방해한다. 전과기재 말고도 피고인을 특정하는 방법은 많이 있을 텐데 굳이

---

1) 대판 2007. 4. 12. 2007도1188.

전과를 기재하여 법원에 선입견을 갖게 할 필요는 없을 것이다.

이른바 '**여사의 기재**'도 안 된다. 공소사실과 유사한 다른 사안이나 공소사실과 무관한 사실을 공소장에 쓰거나 그 내용을 첨부하는 것을 말한다. 공소사실 외 범죄사실을 공소장에 기재하면 피고인이 유사한 불법을 저지르고 있다는 인상을 준다. 판례도 같은 생각이다.[1]

범죄동기는 공소장에 기재해도 무방하다는 것이 판례를 비롯한 일반적 견해다. 범죄동기가 고의를 증명하는 데 도움이 되는 경우가 있을 것이다. 그러나 이것도 별도 증명이 필요하지 않는 사실로 제한하는 것이 바람직하다.

공소장일본주의는 **정식재판절차**에만 적용된다. 검사가 약식명령을 청구할 때에는 공소제기와 동시에 수사기록과 증거물을 제출해야 한다(제449조, 규칙 제170조). 약식절차는 서면심리로 하기 때문에 불가피하다. 즉결심판청구에도 공소장일본주의가 적용되지 않는다(즉심법 제4조).

공소제기가 공소장일본주의에 위반하면 적어도 제1회 공판기일 본안심리전에 **석명권**을 행사해 정정을 명령해야 한다. 그렇게 하지 않으면 공소기각판결 대상이 된다(제327조 2항).

공소취소는 검사가 공소제기를 무효로 하여 법원의 소송계속을 종결시키는 소송행위를 말한다. 검사는 제1심 판결 선고 전까지 공소를 취소할 수 있다(제255조 1항). 이처럼 공소취소를 인정하는 입법태

1) 대판 2015. 1. 29. 2012도2957.

도를 **공소변경주의**라고 한다. 구별되는 개념으로 **공소철회**가 있다. 공소취소는 공소사실 전부 또는 여러 개 공소사실 가운데 일부가 대상이다. 반면에 공소철회는 공소장변경의 한 형태로 하나의 범죄사실 안에 포함된 일부사실이 대상이다(제298조 1항).

공소가 취소되면 결정으로 공소를 기각해야 한다(제328조 1항 1호). 공소기각결정이 확정되면 그 범죄사실에 대한 다른 중요한 증거가 발견된 경우가 아니면 다시 공소를 제기하지 못한다(제329조).

공소시효는 공소를 제기하지 않고 일정 시간이 지나면 국가 형벌권을 소멸시키는 제도다. 공소시효 완성은 면소판결사유(제326조 3호)지만, 유사개념인 형의 시효가 완성되면 형 집행이 면제된다.

공소시효기간은 개별구성요건이 규정하는 법정형을 기준으로 한다. 사형에 해당하는 범죄는 25년, 무기징역 또는 무기금고에 해당하는 범죄는 15년 등 법률(제49조 1항)에 상세한 규정이 있다. 그러나 **공소시효 자체를 배제**한 범죄가 많아졌다. 사형에 해당하는 살인죄(제253조의2), 형법 내란 · 외환죄, 군형법 반란죄 · 이적죄, 집단살해방지협약에 따른 집단살해죄(같은 법 제3조), 13세 미만 또는 정신 장애가 있는 사람에 대한 강간, 강제추행죄(성폭력범죄처벌법 제21조 3, 4항) 등이 그것이다. **공소시효기간 계산**은 범죄행위를 종료한 때가 기준이다(제252조 1항). 이것은 구성요건에 해당하는 결과가 발생한 때를 뜻한다.

공소시효 정지사유가 있으면 시효가 정지되고 그 사유가 없어지면 나머지 기간 동안 다시 진행된다. 공소시효는 범인이 형사처분을 면할 목적으로 국외에 있는 동안 정지된다(제253조 3항). 범인이 국내에서 범죄를 저지르고 형사처분을 면할 목적으로 해외로 도피한 경우뿐만 아니라 범인이 해외에서 범죄를 저지르고 같은 목적으로 그곳에 계속 체류하는 경우도 포함한다. 판례를 보자. "법정최고형이 징역 5년인 부정수표단속법 위반죄를 범한 사람이 중국으로 출국하여 체류하다가 그곳에서 징역 14년을 선고받고 8년 이상 복역하였다. 그 후 우리나라로 추방되어 위 죄로 공소 제기된 경우, 중국 수감기간에는 '형사처분을 면할 목적'을 인정할 수 없어 공소시효 진행이 정지되지 않는다."[1)]

공소제기효과 핵심은 **소송계속**訴訟係屬이다. 수사절차에서 공판절차로 넘어가고 피의자는 피고인이 되어 피고사건과 함께 수소법원의 심리와 재판대상이 된다. 소송계속이 발생하면 동일 사건에 대해 **이중기소**를 할 수 없다. 만일 중복으로 기소하여 경합이 발생하면 **합의부우선 원칙, 선착수우선 원칙**에 따른다.

피고인 특정은 공소제기의 인적 효력범위와 관련한다(제248조). 어떤 사람이 "검사가 지정한 피고인"이 될까? 표시설, 행위설, 결합설, 실질적 표시설(표시, 행위, 의사 포함) 등 견해가 있다. '실제 피고인'을 가장 적절하게 나타내는 말은 어떤 것일지 생각해 보기 바란다.

공소장에 **성명모용**이 있을 경우는 검사가 공소장 인적 사항을 정정하면 된다. 그러면 처음부터 모용자에게 공소제기가 있었던 것

1) 대판 2008. 12. 11. 2008도4101.

이 된다. 이것은 공소장 변경이 아니어서 법원 허가도 필요 없다.

판례는 없는 데 **위장출석** 논의를 한다. 검사가 지정하지 않은 사람이 재판을 받는 경우를 말하는 데, 부진정피고인이라고 한다. 법원의 인정신문이 많이 부실해야 일어날 수 있는 해프닝이다. 이런 것까지 미리 학설로써 대비할 필요는 없지 않을까 싶은데, 여러분은 생각은 어떤지 모르겠다.

일죄일부 기소는 '소송법상 일죄로 취급되는 단순일죄 또는 과형상의 일죄에 대해 그 일부에 대한 공소제기가 허용되는가' 하는 문제다. 동일성이 인정되는 하나의 사실 가운데 일부만 특정하여 기소하는 것은 기소편의주의에 따라 당연히 허용되는 소추재량행위라고 볼 수 있다(허용설). 판례 견해도 같다. "하나의 행위가 부작위범인 직무유기죄와 작위범인 허위공문서작성·행사죄 구성요건을 동시에 충족하는 경우, 공소제기권자는 **재량**에 의하여 부작위범인 직무유기죄로만 공소 제기할 수도 있다."[1)]

[요점 정리]

1. 기소중지는 피의자 소재불명 등 사유가 있을 때 내리는 잠정적 수사종결이다.
2. 재정신청은 먼저 검찰항고가 있어야 가능하다(검찰항고전치주의).
3. 공소제기 후 강제수사는 허용되지 않는다.

---

1) 대판 2008. 2. 14. 2005도4202.

4. 공소장의 예비적 기재에서 선순위가 주위적(본위적) 공소사실, 후순위가 예비적 기재사실이다.
5. 공소장의 택일적 기재에서는 어느 사실부터 심판하더라도 상관없다.
6. 공소장일본주의는 검사가 공소를 제기할 때 예단을 생기게 할 수 있는 서류, 물건을 첨보하면 안 된다는 원칙이다.
7. 여사餘事의 기재는 공소사실과 무관한 사실을 공소장에 쓰는 것으로서 하면 안 된다.
8. 공소시효 자체를 배제한 범죄가 많아졌다.
9. 범인이 형사처분을 면할 목적으로 해외에 도피하면 공소시효는 정지된다.
10. 공소제기로 소송계속訴訟係屬이 발생하면 이중기소를 할 수 없다.
11. 일죄일부 기소는 소추재량행위에 속한다.

형사소송법

제5장 공 판

공판의 기초

공개주의는 재판을 절차 관계자와 일반인 모두에게 공개해야 한다는 원칙이다(헌법 제109조, 법조법 제57조 1항). 공개주의는 재판 투명성을 보장하여 인권침해가 없는 재판을 실현하고, 시민들이 직접 재판을 접하게 함으로써 재판에 대한 신뢰와 절차 민주성을 보장하는 데 기여한다. 그러나 재판 심리가 사람들의 안전 또는 질서를 해치거나 풍속에 반할 염려가 있을 때 법원은 결정으로 재판을 공개하지 않을 수 있다(헌법 제109조 단서). 법정 안에서는 재판장 허가 없이 녹화 · 촬영 · 중계방송 등 행위를 하지 못한다(법조법 제59조).

구두주의는 대화로써 재판해야 한다는 원칙이다. 반대는 서면주의 또는 서면심리주의다. 구두주의는 수사과정으로부터 건네진 조서 등 서면보다는 참여한 사람 대화를 더 우월한 것으로 본다. 보완을 위해 공판조서를 작성하고 기피신청 등 각종 신청은 서면으로 한다

(제390조). **변론주의**는 당사자 주장과 증명을 통한 공격 · 방어에 따라 형사절차를 진행하는 것을 말한다. 피고인 진술권, 변호인의 조력을 받을 권리, 반대신문권 보장, 전문법칙은 변론주의의 내용이 되는 원칙이다. **반대신문권**은 피고인이 공판정에서 증인에게 직접 묻고 답을 들을 수 있는 권리이다(제161조의2). 피고인이 일방적인 조사대상에 머무르지 않고 증인과 적극적으로 대화함으로써 진실을 함께 구성하는 주체의 지위를 갖도록 한다.

직접주의(직접심리주의)는 법원이 공판기일에 공판정에서 직접 조사한 증거만을 재판 기초로 삼는다는 원칙이다. 피고인 · 증인에 대해 법원이 직접 신문하는 것(제296조의2, 제161조의2)은 우리 형사절차의 직권주의 특징을 보여준다. 이렇게 함으로써 법원은 진술내용을 넘어 구체적 상황까지 정확히 파악할 수 있다.

집중심리주의(계속심리주의)는 법원이 공판기일에 하나의 사건을 집중적으로 심리하고, 공판기일이 연장되는 경우에도 시간 간격을 두지 않고 이어서 심리한다는 원칙이다(제267조의2 1항). 이에 따라 법원은 심리에 2일 이상이 필요할 경우에는 부득이한 사정이 없으면 매일 계속 개정한다(같은 조 2항). 집중심리주의는 **신속한 재판 원칙**(헌법 제27조 3항)에서 비롯된 것으로서 피고인 상황을 조속히 확정하기 위한 목적을 가지고 있다.

소송물이론은 공소제기의 효력범위, 검사와 피고인의 공방 대상,

법원 심리와 판결 대상을 결정하는 작업이다. **소송물**은 법원 심판대상이 되는 사건을 가리키는 말이다. 소송물이론에 따라 공소장변경 범위, 확정판결의 효력범위, 일사부재리의 효력범위가 결정된다.

소송물이론에서 **이원설**은 우리 형사소송이 기초로 하는 것으로서 공소사실은 현실적 심판대상, 공소사실과 동일성이 인정되는 사실은 기판력이 미치는 **잠재적 심판대상**으로 본다. 비교되는 견해는 **범죄사실대상설**이다. 이것은 공소장에 기재된 범죄사실과 동일성이 인정되는 모든 전체범죄사실이 심판대상이 되어야 한다는 견해다. 이렇게 되면 공소장에 기재된 사실만 심리하는 것이 아니므로 피고인이 방어권을 행사하는 데 어려움이 있다. 검사가 공소사실을 특정할 필요도 없고, 공소장변경, 공소장일본주의도 의미가 없는 단점이 있다. 우리 형법과 잘 맞지 않는 견해다. 그 밖에 **소인대상설**은 영미법이 소인訴因(count)을 소송물로 보자는 것인데 큰 의미가 없다. 소인은 우리 공소사실과 다르지 않다. 주장하는 사람도 없다.

다음 **공소장변경**이 중요하다. 공소장변경은 검사가 공소사실 동일성을 침해하지 않는 범위 안에서 법원 허가를 받아 공소장에 기재된 공소사실이나 적용법조를 추가 · 철회 · 변경하는 것을 말한다(제298조 1항). **추가기소나 공소취소**는 동일성이 인정되지 않는 범위의 공소사실을 덧붙이거나 빼는 것이라는 점이 다르다. 공소장에 기재되지 않은 사실은 피고인이 방어권을 행사하는 데 한계가 있다. 따라서 **새로운 사실**을 법원에서 취급하고 싶으면 공소장을 변경할 필요가 있다. 공소장 변경이 필요한 구체적 사실로는 범죄의 일시 · 장소 · 방법 · 객체 등이 있다(제254조 4항). 이러한 사실의 내용이 달라지면 적용법조나 구성요건면에서 달라진 것이 없더라도 공소장을 변경하여 피고인이 그에 따라 적정한 방어활동을 할 수 있도록 해야 한다(사실기재설, 통설 · 판례). 그러나 단순히 법적 평가가 달라진 경우는 공소장 변경이 필요하지 않다. 판례는 피고인 방어권 행사에 **실질적인 불이익**을 초래하는 법적 평가의 변경은 공소장 변경대상이 된다고 한다.[1] **예를 들면 형이 더 무거운 특별법 위반죄로 처단하려면 공소장을 변경해야 한다.**

축소사실은 '대는 소를 포함한다'는 논리에 따라 공소장변경을 필요로 하지 않는 경우가 있다. 피고인에게 이미 그에 대한 방어준비가 되었다고 볼 수 있을 때다. 강간치상 공소사실을 강간으로 인정할 때 공소장변경이 필요 없다고 본 판례가 있다.[2] **언제나 그런 것은 아니고 피고인 방어권에 실질적 불이익이 있으면 개별적인 검토를 해야 한다.**[3] 공소장변경 없이 축소사실을 인정할 만한 증거조사가 이루어졌을 때, 법원이 어떤 재판을 해야 하는지 문제된다. 판례는 이럴 경우 유죄판단은 법원 의무가 아니라 재량으로 본다.[4]

다음은 **공소장변경이 허용되는 범위** 문제이다. 법률이 규정한 기준은 **사건 동일성**이다(제298조 1항). 절차법 죄수는 실체법과 다르며 주로 피해자 등 관련인이 파악한 사건단위가 기준이 된다.

---

1) 대판 2019. 6. 13. 2019도4608.
2) 대판 2002. 7. 12. 2001도6777.
3) 대판 2018. 9. 13. 2018도7658,
4) 대판 2009. 5. 14. 2007도616.

기본사실동일설은 형사소송법에서 '하나의 사건' 기준이 되는 동일성 판단은 일정한 시간과 공간 안에서 행위자가 저지른 전법률적 · 사회적 · 역사적 사실을 대상으로 내려야 한다고 본다(판례, 다수설). 여기에 규범적 요소를 함께 고려하자는 일부 판례가 있다(이른바 사실적·규범적 사실기재설). 그 가운데 우리나라를 떠들썩하게 했던 '이태원 살인사건' 판례를 보자. "A는 1997. 4. 3. 21:50경 서울 용산구 이태원동 햄버거 가게 화장실에서 V를 칼로 찔러 B와 공모하여 살해하였다는 내용으로 기소되었다. A는 선행사건에서 1997. 2. 초순부터 1997. 4. 3. 22:00까지 휴대용 칼을 소지하였고, 1997. 4. 3. 23:00경 B가 범행 후 버린 칼을 들고 나와 용산 미8군 기지 내 하수구에 버려 증거를 인멸하였다는 내용의 범죄사실로 유죄판결을 받아 확정되었다. 살인죄의 공소사실과 유죄로 확정된 증거인멸죄 등의 범죄사실 사이에는 범행 일시·장소, 행위태양, 보호법익이 서로 다르며, 죄질에서도 현저한 차이가 있다. 살인죄 공소사실과 증거인멸죄 등의 범죄사실 사이에 기본적 사실관계의 동일성이 없다."[1] 사건 동일성 판단에 규범적 요소를 고려하는 경우는 (뒤에서 보겠지만) 일사부재리 효력과 관련된 예외 상황이 대부분이라고 보면 된다. 검사가 공소장변경이 필요하다고 판단하여 신청하면 새롭게 신청한 공소사실이 기존 공소사실과 동일성 범위 안에 있을 경우 법원은 이를 허가한다. 여기서 공소장변경의 필요성 평가는 오직 피고인 방어권에 **실질적 불이익**이 있는지를 기준으로 한다. 공소장변경 허용 여부를 결정하는 사건의 동일성 판단은 기본사실 동일설에 따른다. 공소장 공소사실과

1) 대판 2017. 1. 25. 2016도15526.

실제 심리해야 할 사실 사이에 차이가 크면 공소장 변경 필요성은 그만큼 더 높다. 이럴 때 법원은 사건 동일성 범위를 최대한 넓게 인정하여 공소장변경을 허가하는 것이 피공인의 방어권 행사에 도움이 된다.

공소장변경 절차는 검사가 공소장변경신청서를 법원에 제출하는 것으로 시작된다(제298조 1항). 기간 안에 검사의 공소장변경신청이 있고 공소사실 동일성을 침해하지 않으면 법원은 결정으로 공소장변경을 허가한다. 이 경우 법원의 허가는 의무사항이다. 법원은 예외적으로 피고인이 출석한 공판정에서 구술에 의한 공소장변경신청을 허가할 수도 있다. 피고인에게 이익이 되거나 피고인이 동의하는 경우여야 한다(규칙 제142조 5항).

법원이 공소장변경을 요구하는 경우도 있다. 법원은 심리경과에 비추어 상당하다고 인정할 경우 검사에게 공소사실이나 적용법조 추가, 철회 또는 변경을 요구해야 한다(제298조 2항). 법원이 보기에 공소장변경이 필요한 데 검사가 공소장변경신청을 하지 않을 때 법원이 적극적으로 공소장을 변경하도록 개입하는 절차다. 법원은 피고인의 방어대상을 분명히 확정하고, 실체적 진실에 가까운 사안을 구성해야 할 의무를 진다(예외적 의무설). 법원의 공소장변경요구는 법원의 소송지휘권에 따른 결정이므로 공소장변경요구에 검사는 복종해야 할 의무가 있다(명령효설).

항소심에서도 공소장변경은 허용된다(학설과 판례). 예컨대 일죄의 일부 범죄사실에 공소가 제기된 뒤 항소심에서 나머지 부분을 추가한 경우 법원은 공소장변경을 허가해야 한다.[1] 항소심 변론이 종결된 후 다시 변론을 재개하여 공판심리를 하게 된 경우에도 공소장변경은 허용된다.[2] 공소장변경이 이루어졌더라도 처음 공소 제기한 시점에 공소가 제기된 것처럼 취급한다. 공소시효 완성 여부나 친고죄 고소 여부 등도 공소장변경시가 아니라 최초의 기소시점이 기준이 된다. 공소사실 동일성이 없는 등 공소장변경허가결정에 위법사유가 있을 경우 법원은 스스로 결정을 취소할 수 있다.

법원이 공소장변경을 의제하는 경우도 있다. 형식적으로는 공소장변경이 없었으나 법원이 공소장이 변경된 것으로 보고 그대로 실체재판을 진행하는 경우를 말한다. 포괄일죄를 추가 기소하거나 과형상 일죄를 추가 기소할 때 주로 사용한다. 단순 일죄로 공판이 진행되고 있는 사건에 상상적 경합관계에 있는 다른 범죄사실이 추가로 드러났을 때 이를 추가기소하면 이중기소가 된다. 법원이 공소기각판결을 하는 것 보다는 석명의무를 인정하는 편이 바람직하다. 전제는 피고인 방어권에 실질적 불이익이 없어야 한다.

공판 준비

공판 준비는 공판기일 심리를 준비하기 위한 모든 절차를 일컫

1) 대판 2016. 1. 14. 2013도8118.
2) 대판 1995. 12. 5. 94도1520.

는다. 공판 준비는 제1회 공판기일 전은 물론 제1회 공판기일 후의 각 기일 중간에도 행할 수 있다. 일반적 공판 준비는 공소장 부본송달과 공판기일지정 등 공판 준비를 위한 기본절차와 의견서제출, 증거개시절차 등을 포함한다.

공소장부본 송달은 가장 먼저 해야 할 준비절차다. 법원은 공소제기가 있으면 즉시, 늦어도 제1회 공판기일 5일 전까지는 공소장부본을 피고인이나 변호인에게 송달해야 한다(제266조). 피고인에게 방어할 사건을 알려주고 방어준비에 시간을 주기 위한 과정이다. 공소장 송달이 없거나 공판기일 5일 전까지 송달하지 않았을 때에 피고인은 공판기일의 모두진술시점까지 심리개시에 대해 이의신청을 할 수 있다. 이 경우 법원은 다시 공소장부본을 송달하거나 공판기일 지정을 취소 또는 이를 변경해야 한다.

공소장을 송달받은 피고인이나 변호인은 **의견서를 제출**해야 한다. 공소장을 송달받은 날부터 7일 이내에 해야 하고 공소사실에 대한 인정 여부, 공판준비절차에 관한 의견 등을 기술해야 한다(제266조의2 1항). 이로서 검사는 피고인 태도를 미리 확인하고, 피고인은 공소사실에 대한 자신 의사를 밝혀두는 의미가 있다.

필요적 변호사건의 공소제기에 변호인이 없으면 재판장은 **국선변호인선정**에 관한 고지를 서면으로 해야 한다(규칙 제17조 1, 2항).

공소장부본이 송달되고 국선변호인선정절차가 완료되면 재판장은 **공판기일**을 정한다(제267조 1항). 공판기일에는 피고인 · 대표자 또는 대리인을 소환해야 한다(제267조 2항). 소환에 따르지 않으면 구속영장이 발부되는 등 불이익을 받을 수 있다. 재판장은 직권 또는 검사 · 피고인이나 변호인 신청에 따라서 공판기일을 변경할 수 있다(제270조 1항).

공판기일 전 증거조사는 법원이 검사 · 피고인 또는 변호인이 신청하고 공판준비에 필요하다고 인정할 경우 공판기일 전에 피고인 또는 증인을 신문하는 것이다. 검증 · 감정 또는 번역을 명할 수도 있다(제273조 1항). 검사 · 피고인 또는 변호인은 공판기일 전에 서류나 물건을 법원에 증거로 제출할 수 있는데(제274조), 그 내용이 공소장 일본주의에 위배될 수 있는 점을 조심해야 한다.

증거개시開示는 공판기일 전에 당사자가 확보한 증거를 공개하는 것을 말한다(제266조의3). 공격과 방어수단을 알아 당사자가 미리 준비할 수 있도록 하고, 공판절차를 효율적으로 진행하기 위한 제도다. **검사의 증거개시**는 전면적이다. 검사는 공소 제기된 사건에 관한 서류 또는 물건의 목록(제266조의3 1항)을 필수적으로 개시해야 한다(같은 조 5항). 공소사실 인정 또는 양형에 영향을 미칠 수 있는 서류 등도 개시대상이다. 그러나 **피고인 증거개시**는 일정한 요건을 전제로 한다. 검사가 증거개시를 거부하면 피고인 측도 증거개시를 거부할 수 있다(제266조의11 2항 1문).

공판준비절차는 재판장이 한다. 재판장은 공판기일의 효율 · 집중 심리를 위해 쟁점을 정리하고 당사자 주장과 입증계획 등을 공개하는 등 공판준비절차를 진행할 수 있다(제266조의5 1항). 원래 법원의 임의절차지만 국민참여재판에는 필수 절차다(국민참여재판법 제36조 1항). 공판준비절차는 서면으로 할 수도 있고 공판기일을 열어 할 수도 있다.

공판절차 진행

이제 공판준비가 끝나면 공판정을 구성하고 재판을 시작한다. 공판에 있어야 할 사람은 피고인, 검사, 변호사다.

피고인 출석은 공판절차 핵심요건이다. 피고인 참여권은 재판을 공정하게 진행하고, 피고인이 자발적으로 재판결과에 승복하게 한다. 피고인이 출석하지 않은 공판은 원칙적으로 효력이 없으므로 재판 참여는 피고인 권리이자 의무다(제276조, 제281조 1항). 다만 의사무능력자와 법인 경우는 법정대리인이나 특별대리인이 출석하면 된다(제27조 1항, 28조). 그 밖에 500만 원 이하 벌금 또는 과료에 해당하는 경미사건, 공소기각이나 면소 재판을 할 것이 명백한 경우는 피고인 출석 없이 대리인을 출석하게 할 수 있다(제277조 1, 2호).

피고인이 재판장 허가 없이 자발적으로 **퇴정하거나** 재판정의 질서유지를 위해 퇴정명령을 받아 퇴정한 때에는 피고인 진술 없이 판결할 수 있다(제330조). 법원은 피고인 출석 없이 심리와 판결을 할 수 있고 조사된 증거도 증거동의가 있는 것으로 간주한다(권한남용설, 판례).

궐석재판은 다음은 경우에 가능하다. **소재불명**인 경우가 있다. 제1심 공판절차에서 피고인에 대한 송달불능보고서가 접수된 때로부터 6개월이 경과하도록 피고인 소재를 확인할 수 없을 때 사형, 무기 또는 장기 10년이 넘는 징역이나 금고에 해당하는 사건이 아니라면 피고인 진술 없이 재판할 수 있다(소촉법 제23조). 구속된 **피고인이 출석을 거부**하는 경우도 궐석재판이 가능하다(제277조의2). 항소심에서 피고인이 공판기일에 출석하지 않았을 경우에는 다시 공판기일을 정해야 한다. 다시 정한 기일에도 피고인이 정당한 사유 없이 출석하지 않으면 피고인 진술 없이 재판을 진행할 수 있다(제365조 1, 2항). 상고심은 법률심이고 변호사만 변론할 수 있기 때문에 피고인 출석은 요건이 아니다.

검사 출석은 공판개정 요건이다(제275조 2항). 검사가 출석하지 않고 개정하면 항소나 상고이유가 된다(제361조의5 1호, 제383조 1호). 변호인 · 보조인 등은 소송주체가 아니므로 이들의 출석은 공판 요건이 아니다. 그러나 필요적 변호사건(제33, 282조)이나 판결만 선고하는 경우는 예외다(제282조 단서).

소송지휘권은 재판장에게 있다. 재판장의 소송지휘권은 공판기일 지정 · 변경(제267, 270조), 인정신문(제284조), 증인신문순서 변경(제161조의2 3, 4항), 불필요한 변론 제한(제299조), 석명권(규칙 제141조) 등이다. 소송지휘권은 원래 법원 권한이어서 국선변호인 선임, 증거신청결정 등 중요 사항은 재판장이 아닌 법원에 소송지휘권이 유보되어 있다. 재판장의 소송지휘처분에 대해 검사, 피고인, 변호인은 이의신청을 할 수 있다(제304조 1항, 규칙 제135조의2).

법정경찰권은 법정질서를 유지하기 위해 공판심리 방해를 예방·통제하거나 법정질서를 지키지 않는 사람을 제재하는 권력작용이다. 이는 원래 법원에 속하는 권한이지만 질서유지 효율성을 위해 재판장 권한으로 규정되었다(법조법 제58조 1항).

공판기일 절차의 첫째는 **모두冒頭절차**다. 공판절차를 시작하면서 재판장은 피고인에게 개개 질문에 대한 진술을 거부할 수 있고, 이익이 되는 사실을 진술할 수 있음을 알려주어야 한다(제283조의2, 규칙 제127조). 또한 재판장은 피고인의 성명·연령 등을 묻는 **인정신문**을 하여 피고인이 틀림없음을 확인해야 한다(제284조).

검사 모두진술은 사실심리에 들어가기에 앞서 검사가 공소사실 개요와 쟁점, 입증방침 등을 명확하게 하는 것이다. 검사의 모두진술이 끝난 뒤 **피고인도 모두진술**을 할 수 있다. 이 과정을 통해 진술거부권을 행사하지 않는 경우라면 공소사실 인정 여부를 진술할 수 있다. 이 단계에서 자백이 이루어지면 간이공판절차로 심판할 것을 결정할 수 있다(제286조의2). 모두진술이 끝난 다음 재판장은 피고인이나 변호인에게 쟁점 정리를 위해 필요한 질문을 할 수 있다.

다음 **사실심리절차**로 들어가서 **증거조사**를 한다. 증거조사는 법원이 여러 증거방법을 확인하여 피고인의 범죄사실 유무와 정도, 양형에 관한 심증을 얻는 과정이다. 증거조사는 법원이 공판기일에 공판정에서 하는 소송행위다. 따라서 공개법정에서 정해진 절차에 따라 구술 또는 증거능력이 있는 기타 증거를 가지고 하는 것이 원칙이다.

다음 **피고인신문**을 한다. 피고인신문은 법원이 필요한 사항을 피고인에게 묻고 답을 듣는 절차다. 재판장은 필요하다고 인정하면 언제나 직접 피고인을 신문할 수 있다. 검사나 변호인도 증거조사 종료 후 순차로 피고인에게 공소사실과 정상에 관하여 필요한 사항을 신문할 수 있다.

최종변론은 증거조사와 피고인신문이 끝난 다음 한다. 검사는 증거조사절차와 피고인신문이 종료되면 사실과 법률적용에 관해 의견을 진술한다(제302조). 이를 **검사의 논고**라고 하며, 유·무죄와 양형에 관한 검사 의견은 **구형**이라고 한다. 재판장은 검사의 의견을 들은 후 피고인과 변호인에게 최종의 의견을 진술할 기회를 주어야 한다(제303조). 판례를 보자. "최종의견 진술 기회는 피고인과 변호인 모두에게 주어져야 한다. 피고인이나 변호인에게 최종의견 진술 기회를 주지 않을 채 변론을 종결하고 판결을 선고하는 것은 소송절차의 법령위반에 해당한다."[1]

이제 **판결선고절차**(결심)만 남는다. 심리가 종료되면 법원은 판결을 한다. 법원이 합의부로 구성된 경우는 판결내용을 결정하기 위한 심의가 필요하다. 합의는 공개하지 않으며(법조법 제65조), 헌법과 법률에 다른 규정이 없으면 **과반수**로 결정한다(같은 법 제66조 1항). 판결을 선고함으로써 공판절차는 끝난다. 판결선고는 변론을 종결한

1) 대판 2018. 3. 29. 2018도327.

기일에 한다(즉일선고 원칙). 특별한 사정이 있으면 14일 이내에 따로 선고기일을 정할 수 있다(제318조의4 1, 3항). 판결은 공판정에서 **재판서**를 가지고 선고한다(제42조). 판결선고는 재판장이 하며 주문主文을 낭독하고 이유요지를 설명한다(제43조).

증거조사절차

법원은 검사가 신청한 증거를 조사한 후, 피고인이나 변호인이 신청한 증거를 조사하고, 그 후 법원이 직권으로 결정한 증거를 조사한다(제291조의2 1, 2항). 직권 또는 당사자신청에 따라 이 순서를 변경할 수도 있다(같은 조 3항).

당사자 **증거조사신청**이 있다. 검사, 피고인 또는 변호인은 서류나 물건을 증거로 사용할 것을 신청할 수 있고, 증인·감정인·통역인 또는 번역인의 신문을 신청할 수 있다(제294조 1항). 법원은 이러한 신청을 받아들일지 여부를 결정한다(제295조 증거결정). 판례를 본다. "추가 증거조사를 할 필요가 없는 특별한 사정이 없고, 소재 탐지나 구인장 발부가 불가능한 것이 아닌데도, 불출석한 핵심증인에 대하여 소재 탐지나 구인장 발부 없이 증인채택 결정을 취소하는 것은 위법하다."[1] 증거신청시기는 제한이 없다. 공판준비에서 증거조사를 신청하는 경우도 있다(제273조). 공판기일에 증거신청은 검사가 먼저 하고 다음에 피고인 또는 변호인이 한다(규칙 제133조). 법원은 증거결

1) 대판 2020. 12. 10. 2020도2623.

정을 내릴 때 필요하면 그 증거에 대한 검사 · 피고인 · 변호인 의견을 들을 수 있다(규칙 제134조 1항).

법원은 당사자 **증거신청을 기각**할 수 있다. 소송물과 관련이 없는 증거, 사실인정에 무의미한 증거, 증거조사가 필요 없는 자명한 사실(불요증사실), 법원이 이미 확신한 증거, 요증사실에 부적합한 증거, 수집할 수 없는 증거 등이 그 예이다.

다음 **법원의 직권증거조사**가 있다(제295조 후단). 이는 법원의 권한이자 의무다. 증거조사는 증거방법에 따라 서류와 물건 등(제291조 이하), 증인신문(제146조 이하), 감정(제169조 이하), 검증(제139조 이하), 통역과 번역(제180조 이하)으로 구성된다.

증인신문은 요증사실에 관한 증인 경험을 그의 진술을 통해 얻어내는 증거조사다. 증인신문은 증인에게 일정한 의무를 강제하므로 강제처분 성격이 있다. 피고인, 변호인, 검사는 증인신문에 대한 참여와 신문 권리가 있다. 증인신문은 중요한 증거조사이므로 이와 같은 참여권은 엄격하게 보장된다. 일부 판례는 증인신문 일시 · 장소를 피고인에게 통지하지 않아 참여권을 침해하였더라도 공판기일에 피고인과 변호인이 그 증인신문 내용에 대해 '변경할 점과 이의할 점이 없다'고 진술하면 **책문권 포기**로서 **하자가 치유**된다고 한다.[1] 그러나 원칙적인 권리침해는 그 자체로 무효라고 선언해야지 사후적으로 도망갈 길을 열어주면 그 사이에 많은 변수가 개입할 수 있다. 이렇

1) 대판 2010. 1. 14. 2009도9344.

게 되면 참여권을 침해한 증인신문도 나중에 공판기일을 기다려서 피고인에게 물어봐야 최종 운명이 결정된다는 이상한 논리가 된다. 이렇게 꺼진 불씨를 살리는 일은 누가 좋아할까?

증인신문 방법은 각 증인에게 개별적으로 하고, 구두로 하는 것이 원칙이다(규칙 제73조). 증인을 신청한 당사자가 먼저 신문하고 그 다음에 반대편 당사자가 신문하며 재판장은 당사자 신문이 끝난 뒤 신문한다(교호신문, 제161조의2 1, 2항). 교호신문으로 하는 증인신문은 주신문, 반대신문, 재주신문, 추가신문 순서로 이루어진다. 증인신문은 직접주의, 구술주의에 따라 공판기일에 공판정에서 수소법원이 하는 것이 원칙이다. 예외적으로 증인 연령, 직업, 건강상태 기타 사정을 고려하여 법정 밖에서 하는 등 다른 방식으로 할 수도 있다(제165조), 아동대상 범죄 등에서 검사, 피고인, 변호인 의견을 들어 비디오 등 중계장치로 신문하거나 가림 시설 등을 설치하고 신문할 수 있다(제165조의2, 규칙 제84조의9).

피해자도 진술권이 있다(헌법 제27조 5항, 제294조의2). 피해자가 진술권을 행사하려면 피해자 진술신청과 이에 대한 법원 결정이 필요하다(제295조). 법원은 제294조의2 예외사유에 해당하지 않으면 신청을 받아들여 피해자 등을 증인으로 신문한다(같은 조 1항).

검증은 법원 또는 법관이 감각기관 작용에 따라 신체나 물건의 존재, 상태 등을 직접 인지하는 증거조사방법으로서 검증조서를 작성한다(제49조 1항). **감정**은 전문지식과 그에 따른 경험을 가진 제3자가 그 지식과 경험을 활용해 자료를 판단하고 법원에 보고하는 것을 말한다(제169조). 감정인에 대해서는 증인에 관한 규정을 준용한다. 피고인 신체나 정신 감정이 필요할 경우 법원은 감정유치장을 발부하여 병원 기타 적당한 장소에 피고인을 유치할 수 있다(감정유치, 제172조 3, 4항 참조). 감정 경과와 결과는 감정인이 서면(감정서)을 제출하여 보고한다(제171조 1항).

검사 · 피고인이나 변호인은 **증거조사에 관해 이의신청**을 할 수 있고, 법원은 이에 대한 결정을 내린다(제296조). 절차 하자에 대한 이의신청은 개개 행위 · 처분 또는 결정이 있을 때마다 즉시 하는 것이 원칙이다(규칙 제137조). 증거에 증거능력이 없다는 이유로 이의신청을 한 경우는 법원이 이유 있다고 판단하면 증거조사 후라도 증거 일부나 전부를 배제하는 결정을 한다(같은 조 4항).

[요점 정리]

1. 공판의 기초원칙으로는 구두주의, 변론주의, 직접주의, 집중심리주의(신속한 재판원칙)가 있다.
2. 소송물이론은 법원의 심판대상을 결정한다.
3. 공소사실은 현실적 심판대상, 공소사실과 동일성이 인정되는 사실은 잠재적 심판대상이다(이원설).
4. 피고인의 방어권 행사에 실질적 불이익이 있는 사실은 공소장변경 대상이다.
5. 공소사실과 동일성이 인정되지 않는 사실은 공소장변경이 허용되지 않는다.
6. 증거개시開示는 공판기일 전에 당사자가 확보한 증거를 공개하는 것을 말

한다.

7. 검사의 증거개시는 전면적이다.
8. 구속된 피고인이 출석을 거부하면 궐석재판이 가능하다.
9. 합의부의 판결심의는 과반수로 결정한다.
10. 증인신문은 주신문, 반대신문, 재주신문, 추가신문 순서로 이루어진다.

제6장 증 거

공판은 **증거재판주의**가 원칙이다. 그 핵심에는 **증거**가 있다. 그래서 증거 부분을 따로 떼어서 설명한다. 범죄사실은 반드시 **증거능력** 있고 **적법한 증거조사절차**를 거친 증거로 인정되어야 한다(제307조 1항). 이것은 **합리적 의심이 없을 정도로 증명되어야 한다**(제307조 2항).

증거와 증명의 개념은 다르다. **증거**는 유 · 무죄, 죄의 정도, 양형 등과 관련하여 법원 판단에 근거로 사용할 수 있는 자료를 말한다. **증거방법**은 사실인정 자료가 되는 물건이나 사람 자체(증인, 증거서류, 증거물)를 말한다. **증거자료**는 증거방법을 조사해 알게 된 내용(증언내용, 증거서류의 기재내용, 증거물의 성질)이다. **증명**은 입증되어야 할 사실을 증거로 명백하게 확인하는 과정 또는 이를 위한 절차참여자의 노력을 뜻한다. 이에 대비되는 개념인 **소명**은 요증사실에 대해 상대방을 확신에 이르게 하지는 못하더라도 일정 정도 이상의 심증을 주는 소송행위다. 소명을 통해 법관은 요증사실 존재나 부존재가

개연적이라는 판단을 내린다.

증거능력은 어떤 증거가 엄격한 증명 자료로 사용될 수 있는 법률 자격을 말한다. 법률의 형식 요건에 부합할 때는 증거능력이 있으며, 그렇지 않은 경우는 증거능력이 없다. 증거능력 있는 증거는 공판정에서 주요한 사실인정 자료로 이용되어 이를 바탕으로 유죄판결을 할 수 있다. **증명력**은 증거자료가 요증사실 판단에 기여할 수 있는 정도, 즉 **증거의 실질적 가치**로서 신빙성을 뜻한다. 증거능력이 법률에 따라 형식적으로 결정되는 반면, 증명력 평가는 법관의 자유심증에 맡겨져 있다(자유심증주의, 제308조). 그러므로 제출된 증거가 제출한 사람에게 불리하게 사용될 수도 있다(증거공통의 원칙). 다만 한계는 있다. 판례를 본다. "피고인이 무죄에 관한 자료로 제출한 서증 가운데 도리어 유죄임을 뒷받침하는 내용이 있는 경우, 그 서류에 대한 피고인이나 변호인의 의견과 변명의 기회를 준 다음이 아니면 그 서증을 유죄의 증거로 쓸 수 없다."[1]

증거에는 **직접증거와 간접증거**가 있다. **직접증거**는 주요사실 그 자체를 곧바로 증명하는 증거다. 예를 들어 피고인 자백이나 사건을 목격한 증인의 증언 등이 있다. 반면 주요사실을 간접적으로 추측하게 하는 것을 **간접사실**이라고 하고, 이를 증명하는 자료가 **간접증거**다. 현장에서 채득한 지문, 알리바이 등이 이에 속한다. 간접증거는 **정황증거**라고도 한다. 우리의 예에서 보자면 'A가 B를 죽였다'는 것

---

1) 대판 1989. 10. 10. 87도966.

을 본 C가 법정에서 그 사실을 증언하는 것은 직접증거다.

진술증거와 비진술증거도 구별한다. **진술증거**는 사건을 인식하고 이를 판단 · 평가하여 언어로 옮긴 증거를 말한다. 사건과 관련된 대화 녹음, 진술장면이 녹화된 영상 등도 진술증거다. 반면 **비진술증거**는 진술증거 외 단순한 증거물이나 사람 신체상태 등이 증거로 되는 것이다. 범행에 쓰인 흉기나 피가 묻은 의복, 사건 현장이 녹화된 CCTV 영상 등이 이에 해당한다.

증거서류와 증거물인 서면도 구별한다. **증거서류**는 **서면 내용**이 증거가 되는 것을 말한다. 예컨대 공판조서, 검증조서, 피의자신문조서, 참고인진술조서, 의사 진단서 등이다. 반면에 **증거물인 서면**은 서면 내용을 포함하여 **서면의 존재** 또는 상태가 증거가 되는 것이다. 예컨대 위조죄에서 위조된 문서, 명예훼손에 쓰인 인쇄물, 사기죄에 이용된 계약서 등이 이에 속한다. 양자를 합쳐서 **서증**이라고도 한다. 증거서류는 원칙적으로 낭독하는 방법으로 조사하고, 증거물인 서면은 제시와 함께 낭독해야 한다(제292조, 제292조의2).

원본증거와 전문증거를 구별한다. 원본증거는 피고인이나 증인이 직접 경험한 사실을 진술하는 것이다. 타인 진술로부터 전해진 사실을 진술하는 것은 **전문증거**다. 전문증거는 원칙적으로 증거가 될 수 없다(전문법칙). 우리의 예에서 보자면, 'A가 B를 죽였다'는 것을 본 C가 재판 외에서 그 사실을 D에게 이야기 하였고, D가 그 들은 내용을 법정에서 증언하는 것이 **전문증거**다. 만일 C가 자기가 본 사실을 법정에서 직접 증언하는 것은 **원본증거**다. 그리고 만일 D가 참고인으로 검찰에 나가서 C에게 들은 사실을 진술하여 조서가 작성되고, 검사가 그것을 공판정에 제출하면 **재전문증거**가 된다.

인증과 물증이 있다. **인적 증거**는 사람의 진술내용이 증거가 되는 것이다(증언, 감정, 피고인 진술 등) 인적 증거에 대한 조사는 신문으로 한다. **물적 증거**는 물건의 존재 또는 상태가 증거로 되는 것(사용된 흉기, 취득한 장물)을 말한다.

실질증거와 보조증거가 있다. **실질증거**는 주요사실의 존부를 직·간접으로 증명하기 위해 사용되는 증거다(예컨대 범행을 목격한 증인 C의 증언). **보조증거**는 실질증거의 증명력을 다투기 위해 사용되는 증거를 말한다(예컨대 증인 C의 약한 기억력에 관한 D의 증언). 보조증거에는 보강증거와 탄핵증거가 있다. **보강증거**는 실질증거의 증명력을 증강시키는 보조증거이고, **탄핵증거**는 그 증명력을 감쇄시키는 보조증거이다.

본증과 반증이 있다. **본증**은 요증사실을 주장하는 당사자가 제출하는 증거이고, **반증**은 본증으로 증명될 사실을 상대방이 부정하기 위한 증거를 말한다.

증명책임(거증책임, 입증책임)은 누가 지는가? **증명책임**은 특정 사안에 대한 평가에 일정한 믿음을 주어야 하는 절차참여자의 부담을 말한다. 국가형벌권 실현을 위해 수사, 재판이 존재하므로 증명책임은 원칙적으로 검사와 법원에 있다. 그 가운데 실질적 증명책임은 유죄를 주장하는 검사가 부담한다. 만일 법원과 검사가 사실을 증명하지 못하면 피고인에게 유리한 방향으로 결론을 내려야 한다(in dubio pro reo 원칙).

증명책임 귀속원리는 다음과 같다. ① 주장하는 사람이 증명한다. 피고인의 유죄는 검사가 증명해야 한다. ② 증명으로 이익을 얻는 사람이 증명한다. 유죄 증명에서 이익을 얻는 사람은 검사다. 피고인에게 자신의 죄 없음을 증명하라고 하면 안 된다. ③ 효율적으로 증명할 수 있는 사람이 증명한다. 바로 검사가 그런 사람이다. 검사가 유죄의 결정적 근거를 찾지 못하면 피고인은 무죄 평가를 받는다.

피고인에게는 증명책임이 없다. 실질적 증명책임은 언제나 형사사법기관에게 있다. 국가가 형벌권을 독점하고 있는 상황에서 나온 법치국가 형법원리 때문에 그렇다. 피고인은 단지 자기에게 유리한 사실을 **주장**하고, 경우에 따라 그에 대한 근거를 들어 **증명이나 소명**할 수 있다. 만약 피고인 주장내용이 유죄, 형의 경중과 관계된 것이라면 국가기관인 검사와 법원이 그 주장에 맞서는 사실을 '증명' 해야 한다.

피고인은 **증거능력원칙**(위법수집증거배제법칙, 자백배제법칙, 전문법칙)의 구속을 받지 않는다. 증거능력원칙은 법치국가원칙이고 법치국가원칙은 국가권력을 구속하기 위한 것이지 국민(피고인)을 구속하는 것은 아니다. 국가권력을 법으로 통제해서 그 반사효과로 국민 기본권을 보장하자는 것이 법치국가원칙이다. 증거능력원칙과 피고인은 아무런 관련이 없다. 판례도 전문법칙과 관련하여 '유죄 증거에 대한 반대증거로 제출된 서류는 진정 성립이 증명되지 않거나 증거동의가 없더라도 증거판단자료로 할 수 있다'는 점을 분명히 한다.[1)]

---

1) 대판 1994. 11. 11. 94도1159.

그러므로 '**증명책임의 전환**'이라는 말은 적합하지 않다. 증명책임이 피고인에게 귀속되는 예외적 경우가 있다고 한다. 예컨대 상해죄 동시범 특례(제263조)와 명예훼손죄 위법성조작사유(제310조)가 그렇다는 것이다. 이 두 경우는 피고인에게 증명책임이 전가된다고 한다. 그렇게 되면 피고인이 자신의 무죄 증명을 해야 하고 검사는 지켜보고만 있으면 된다. 피고인이 실패하면 바로 유죄가 된다는 논리다. 증명책임이 법치국가원칙이라는 사실을 완전히 망각한 견해다. 증명책임이 전환되면 그것은 이미 형사소송법 '원칙' 성격을 잃는다. 상해 동시범 특례에서도 증명책임은 여전히 검사에게 있다. 다만 행위자가 자기 행위에 따라 상해결과가 발생하지 않았다는 것을 증명하면 한결 유리해지는 **입증부담**은 있다. 제310조 경우도 검사가 위법성조각사유 부존재에 관한 증명책임을 부담한다.

엄격한 증명과 자유로운 증명이 있다. 증명 대상과 방식에서 나오는 구별이다. **엄격한 증명**은 **법률의 증거능력과 적법한 증거조사 절차**를 거친 증거를 가지고 확인하는 증명방식을 말한다. **자유로운 증명**은 법이 정한 절차를 따르지 않거나 증거능력 없는 증거를 가지고도 가능한 증명방식이다. 원칙적으로 **피고인의 가벌성 유무, 범죄 경중**에 대한 사항은 엄격한 증명방식으로 평가한다. 구성요건에 해당하는지는 단연 엄격 증명대상이다. **양형사유**로서 선고유예, 집행유예 요건이 되는 사실이나 일반적 정상관계사실로 피고인 경력, 성격, 환경, 범죄 후 정황 등은 형의 양정이 법원 재량에 속하므로 엄격한 증명을 요구하지 않는다는 것이 일반 견해다.

알리바이(Alibi)는 누가 증명하나? **알리바이**는 **현장부재증명**이라고 하며, 범죄가 발생한 시각에 피고인이 사건현장에 없었다는 주장과 그 증명내용을 말한다. 주장하는 자 또는 입증으로 유리해지는 자가 증명한다는 원리에 따라 범죄현장 부재 주장은 피고인 이 증명해야 한다는 의견이 있다. 알리바이는 **간접사실**에 불과하고, 중요한 것은 범죄현장에 피고인이 있었는가 하는 점이다. 따라서 피고인은 알리바이를 주장하고, 검사는 피고인이 현장에 있었다는 사실을 엄격 증명하면 된다. 검사의 원칙적 거증책임 원칙에서 벗어나는 문제가 아니다. 피고인이 스스로 현장부재 증명을 하면 사실인정에서 유리해지는 입증부담을 거증책임과 혼동할 필요는 없다.

불요증사실은 사실 자체의 성질에 비추어 별도 증명이 필요 없는 사실을 말한다. 예를 들어 공지 사실과 추정된 사실이 이에 해당한다. 절차 진행경과에 따라 합리적 의심이 없을 정도로 이미 확인된 사실도 넓은 의미에서 불요증사실이다. **공지사실**에는 역사상 명백한 사실이나 신뢰할 수 있는 정보원으로부터 널리 드러난 사실, 일상적으로 추론할 수 있는 내용 등이 속한다. **추정된 사실**은 어떤 사실로부터 일반적으로 추론할 수 있어 굳이 증명이 필요 없는 것을 말한다. **법률상 추정**은 법률상 일정한 사실이 증명되면 다른 사실의 존재가 추론되는 경우다. **사실상 추정**은 일반적 경험법칙에 따른 추정을 말한다. **공판조서는 절대적 증명력**이 있으므로 증명대상이 아니다. 형사절차에 참여한 사람의 전문성 · 윤리성 · 신뢰성을 믿는 결과이다.

위법수집증거배제법칙

법적 근거는 제308조의2다. "적법한 절차에 따르지 않고 수집한 증거는 증거로 할 수 없다." 위법수집증거를 원인으로 얻은 2차 증거의 증거능력도 포함한다. 위법수집증거배제법칙은 **형사사법기관의 위법한 증거수집을 억제**하는 역할을 한다. 수사기관이 진실규명에만 몰두하면 위법한 방법을 써서라도 중요한 증거를 수집하려 할 것이다. 가장 확실한 억제방법은 이를 통해 수집한 증거와 2차 증거를 유죄인정 증거로 사용할 수 없게 하는 것이다. 원칙 문제이므로 피고인이 위법하게 수집한 증거를 증거로 사용하는 것에 동의하더라도 증거능력은 회복되지 않는다.

위법수집증거배제법칙의 대상이 되는 증거는 형사절차에서 이용될 수 있는 모든 증거방법이다. 진술증거로서 증인의 증언은 물론 증거서류인 피의자신문조서, 참고인진술조서, 검증조서 등이 모두 포함되고 비진술증거로서 진술이 들어 있는 녹음 · 녹화물도 이에 속한다.

독수과실이론은 위법하게 수집한 증거로 알게 된 2차 증거의 증거능력을 배제하는 원칙이다. 예컨대 고문으로 자백을 얻어냈다면 그 자백의 증거능력이 없는 것은 물론, 그 자백 도움으로 찾아낸 물증의 증거능력도 인정되지 않는다. 1차 증거가 독나무이고 2차 증거가 그것에 달린 독열매라는 것이다. 그래서 둘 다 독이 있기는 마찬가지라는 의미를 담고 있다.

독수과실이론을 희석하는 이론이 있다. 이 이론을 예외 없이 인정하면 수사 효율성이 현저하게 떨어지는 문제가 있기 때문에 어느 정도 제한이 필요하다는 인식이다. 주로 비례성원칙 취지를 살려서 피고인과 검사 균형잡기를 고려한 수정이다. **희석이론**은 위법하게 수집한 1차 증거와 파생증거 사이에 **인과관계**가 불분명하여 1차 증거로부터 오염성이 희석되었으면 파생증거의 증거능력을 인정할 수 있다는 설명을 한다.[1] **단절이론**은 위의 "희석" 대신 "단절"이라는 단어를 사용한다. 내용은 같다.[2] 그 밖에도 '선의이론' 등 지향점은 동일한 다른 이름의 이론이 여럿 있다.

위법한 증거수집 주체는 경찰, 검사, 국가정보원, 공수처 등 수사기관이다. 국가기관 아닌 **사인私人**이 법률을 위반하여 수집한 증거 경우에도 위법수집증거배제법칙이 적용되어야 하는지 문제된다. 절충설과 판례는 증거능력을 일률적으로 긍정하거나 부정하지 않고 일정한 조건을 전제로 증거능력 인정 여부를 결정하는 견해를 가진다. 수집한 증거가 실체진실발견에 기여할 수 있는 정도와 침해된 법익 간에 **비교형량**을 하는 방법이 타당하다. 증거능력원칙은 당사자 가운데 형사사법기관만 구속하는 편향적 규범이므로 **피고인이 자기에게 유리한 증거**를 수집하고 이용하려 할 때 위법수집증거배제법칙은 적용되지 않는다.

---

1) 대판 2017. 9. 21. 2015도12400.
2) 대판 2018. 5. 11. 2018도4075.

자백배제법칙

형사소송법(제309조)과 헌법(제12조 7항)에 규정된 증거원칙이다. 수사기관이나 법원이 임의성을 제한하는 방식으로 자백을 얻어낸 경우에 그 증거능력은 인정되지 않는다. 법률이 규정한 임의성을 제한하는 사유는 “고문, 폭행, 협박, 신체구속의 부당한 장기화 또는 기망 기타의 방법”이다. 피고인의 자백은 수사기관 관점에서 보면 가장 손쉽고 효과적인 증거방법이다. 그러나 수사방법이 자백획득에 의존할수록 인권침해 수사 우려 또한 커진다. 자백배제법칙은 이것에 대한 한계를 긋는다.

자백배제법칙 근거를 둘러싸고 복잡하게 견해가 대립한다. 허위배제설, 인권옹호설, 위법배제설, 종합설 등이 그것이다. 우리가 형법에서 많이 본 이른바 ‘**본질**’에 관한 논의다. 헌법과 형사소송법에 규정된 자백배제법칙의 입법근거를 묻는다. 그렇다고 이 논의가 제309조를 해석하는 지침을 제공하는 것도 아니다. 이런 ‘근거’를 알아야만 제309조를 올바르게 해석할 수 있는 것도 아니다. 만일 그렇다면 학설이 법률 내용보다 위에 있는 결과를 가져온다. 제309조 문언에 충실하면 될 일이고, 그 배경으로 도망가서 얻을 것은 별로 없다. 법률 내용이 매우 구체적이어서 일반조항처럼 해석이 까다로운 것이 있는 것도 아니다. 그런데도 이런 논의를 왜 하는지, 그 이유를 모르겠다. 학설이름이 시사하는 내용은 다 좋은 것이고 서로 대립할 이유가 없기 때문에 판단하는 사람은 이 가운데 가장 적합한 말을 골라 쓰면 된다. 허위배제, 위법배제는 실체적 진실발견을 위한 검사 관점에서 본 것이다. 인권옹호는 그 반대, 피고인 관점에서 본 내용이다. 동전의 양면 가운데 한 면만 본 것이다. 그러니 둘 다 틀린 것은 없고 제3자 관점에서는 종합하는 것이 맞다. 판례가 '종합설'로 보이는 이유다(이 논의에 판례가 중요한 역할을 하고 있지 않은 점을 주목하기 바람). 제309조 요건에 무슨 복잡한 문제가 있는지 보자

'자백', '고문 · 폭행 · 협박 · 신체구속의 부당한 장기화', '기망'이 있다. 기망은 대상자를 속여서 자백을 얻어내는 방법이다. 온갖 방법이 있을 것이다. 위법한 상상력을 발휘하지는 말자. **'기타 방법'**이 약간 문제가 될 수 있을까. 예를 드는 것으로, '약속으로 하는 자백'(불기소, 낮은 구형, 집행유예 약속), '건강하지 않은 상태에서 하는 자백'(밤샘수사로 얻은 자백), '진술거부권을 침해하고 얻은 자백'(변호인 접견교통권 침해 포함) 등이 있다. 모두 이런 사유가 증명만 되면 적어도 '임의성을 의심할 만한 이유'가운데 포함될 수 있는 내용이다. 피고인이 이러한 사실을 주장하면 검사가 '임의성 있음'을 증명해야 한다(학설, 판례). 자백 임의성은 소송법 사실이므로 **자유로운 증명**으로 충분하다는 것도 판례 견해다.[1] 피고인이 자백 임의성을 문제 삼을 때마다 엄격 증명으로 반증하도록 하는 것은 절차 효율성을 떨어뜨린다.

전문법칙

전문증거는 사건을 경험한 사람(원진술자)이 직접 구두로 법원에 진술하지 않고 서면이나 다른 사람이 진술하는 형식으로 간접적으로

1) 대판 2003. 5. 30. 2003도705.

법원에 전달하는 증거를 말한다. 전문증거가 사람의 진술인 경우는 **전문진술**, 서류인 경우는 **전문서류**라고 한다. 전문법칙은 **진술증거**에 대해서만 적용된다. 진술증거는 말로 하는 진술과 글로 하는 진술서류, 신체언어로 하는 진술행동을 포함한다(진술성). 범죄에 사용된 도구와 같은 비진술증거에는 전문법칙이 적용되지 않는다. 그러나 진술이 사건 내용이 되는 경우는 증거가 될 수 없다. 예컨대 타인의 명예를 훼손한 말은 그 자체가 범죄사실이고 범죄에 대한 증거가 아니다. 진술은 사건에 대한 인식 · 판단을 담고 있어야 한다(증거성). 사안을 이루는 진술, 감정의 표현 또는 단순한 주장은 증거가 아니다. 전문증거는 간접으로 전달된 것이기 때문에 반대신문권을 행사할 수도 없고 편집 · 조작될 위험도 있다(전문성).

전문법칙은 전문증거는 증거능력이 없다는 원칙이다. 법관 면전에서 진술하지 않고 피고인이 **반대신문권**을 행사할 수도 없는 진술은 원칙적으로 증거능력을 인정하지 않는다는 것이 내용이다(제310조의2). 누구에게 들은 내용을 말하는 사람에 대해서는 반대신문권을 온전히 행사할 수 없다. 전문법칙은 **직접주의**를 반영한다. 공판정에 참석한 진술자의 말을 직접 들을 때 정확한 정보를 얻을 수 있다. 전문법칙은 전문증거의 **신용성**을 문제 삼는다. 진술증거를 전달하는 매개체가 늘어날수록 전달자의 기억력 한계, 주관적 평가 개입 등으로 믿을 수 없는 내용으로 변질될 가능성이 높다(신용성 결여).

전문법칙은 예외가 필요하다. 전문법칙은 피고인 인권보장을 위한 법치국가원칙이다. 그렇다면 다른 한 축, 실체적 진실발견을 위한 검사의 관심을 반영하는 타협점, 균형점을 위한 수정이 필요하다. 형사소송법은 두 가지 목적 모두를 위해 존재하기 때문이다. 이것이 전문법칙 예외에 관한 논의다. 우리 형사소송법은 제311조부터 제316조까지 전문법칙 예외를 규정한다. 반대신문권과 직접주의 요청을 충족할 수 없거나 신용성을 충분히 인정할 수 있는 경우(신용성의 정황적 보장), 그리고 불가피하게 전문증거를 사용할 수밖에 없는 경우(필요성)가 해당된다.

신용성의 정황적 보장은 간접적으로 전달된 원진술자 진술이 진술 당시와 그 이후 정황에 비추어 고스란히 공판정에 전달된 것으로 믿을 수 있다는 뜻이다. 이에 대한 신뢰가 있으면 그 전문증거 증거능력을 일단 인정하고, 공판정에서는 그 내용의 신빙성인 증명력만 보면 된다. 그러므로 전문법칙 예외요건에서 말하는 증거능력 관련 신용성은 진술내용의 진실성이 아니라 단지 원진술자 진술이 그대로 전달된 것에 대한 믿음일 뿐이다.

전문증거 필요성은 원진술 또는 같은 수준 증거를 확보할 수 없기 때문에 불가피하게 전문증거라도 사용해야 할 경우를 말한다. 예를 들면 진술할 사람이 사망 · 질병 또는 행방불명 등으로 공판정에서 진술할 수 없는 경우를 규정한 내용(제314조, 제316조 2항)이 그것이다.

법원 · 법관의 조서는 전문서류지만 증거로 사용할 수 있다. 법원이나 법관이 공판준비 또는 공판기일에 피고인이나 피고인 아닌 자의 진술을 기재한 조서 및 검증조서가 여기에 해당한다(제311조). 공판 전 증거보전(제184조), 증인신문(제221조의2)에 따라 작성한 조서도 마찬가지다. 반대신문권 의미가 크지 않고 직접주의에 따라 믿을 수 있는 상황(신용성의 정황적 보장)으로 판단하기 때문이다.

수사기관작성 피의자신문조서는 검사작성과 검사 이외 수사기관(사법경찰관, 검찰수사관, 외국 수사기관 등)이 작성한 것은 증거요건에 차이가 없다. 적법한 절차와 방식에 따라 작성된 것으로서 공판준비 또는 공판기일에 그 피의자였던 피고인이나 변호인이 그 내용을 인정한 때에 한정하여 증거로 할 수 있다(제312조 1, 3항). 조서의 '**내용 인정**'은 성립의 진정 인정과 다르다. 후자는 원진술자가 과거 신문과정에서 진술한 것과 동일한 내용이 조서에 쓰여 있다는 점에 대한 인정이다. 내용 인정은 이러한 진정 성립뿐만 아니라 **조서 기재내용이 객관적으로 실제 사실에 부합한다는 것에 대한 인정이다.** 조서의 내용인정은 피의자였던 피고인이나 변호인 진술로 이루어져야 한다. '내용 인정' 요건은 수사과정에서 행한 피의자진술을 수사기관이 조서로 작성하여 다른 경로로 전달하더라도 동일하게 적용된다.

피고인 아닌 자(참고인, 피고인 아닌 공동피고인 등)**에 대한 진술조서**는 증명방법으로 '**영상녹화물**'과 '**특히 신빙할 수 있는 상태**(특신상태)' 가 규정되어 있다(제312조 4항). 영상녹화물은 신문조서의 진정성립 인정요건의 대체수단으로만 쓴다. 예컨대 수사 참고인이었던 원진술자가 공판정에서 참고인진술조서의 실질적 진정성립을 부인할 때에만 이를 재생하여 확인한다. 참고인진술조서는 피고인이나 변호인이 공판준비 또는 공판기일에 그 기재내용에 관해 원진술자를 신문할 수 있어야 증거능력이 인정된다. 실제로 신문이 이루어질 필요는 없고 신문기회가 보장되면 충분하다. '**특신상태**'는 **수사 당시 원진술자 진술대로 조서가 작성되고 전달된 것에 대한 신용성**으로 보아야 한다(작성의 신용성). 조서 '내용'의 신용성은 증거의 증명력에 해당한다(내용의 신용성). 그 판단은 법관의 자유심증주의에 따르는 것이므로 형식적인 증거능력과 무관하다.

형사절차 밖에서 작성된 진술서 등 문제가 있다(제313조). 법원·법관, 수사기관이 작성한 것 이외의 전문증거에 대한 규정이다. **제313조 1항 본문**은 **진술서**와 **진술기재서**를 대상으로 한다. 진술서는 피고인이나 피고인 아닌 자가 직접 작성한 것 이고, 진술기재서는 그의 진술을 타인이 기재한 서류 또는 매체를 말한다. 작성자가 자필로 작성했거나 서명이나 날인이 있는 **형식적 진정성립**이 인정되고 공판기일에 작성자나 원진술자가 **실질적 진정성립**을 인정하면 증거능력의 신용성은 담보된다.

필요성에 따른 전문법칙 예외는 제314조가 규정한다. 전문증거 예외요건(제312-313조)을 갖추기 위해 진술해야 할 자(원진술자나 작성자의 진정성립 인정 등) **사망·질병·외국거주·소재불명,** 그 밖에 이에 준하는 사유로 진술할 수 없을 때 그 진술 또는 작성이 특히 신빙할 수 있는 상태에서 행하여졌음이 증명될 때 그 조서·서류 및 정보

저장매체를 증거로 할 수 있다(제314조). 질병은 정신질환도 가능하며 출장신문도 불가능한 경우를 말한다. 외국거주는 일시적인 경우도 포함하고 소환, 사법공조 등 조치를 취해도 진술을 얻을 수 없는 경우다. 소재불명은 소환장 송달불능만으로는 부족하고 주민등록말소 등 소재확인이 불가능해야 한다. '그 밖에 이에 준하는 사유'는 구인장 집행이 불가능한 경우, 성추행 피해자인 유아가 기억을 못하는 경우 등이 있다. 다음 판례가 있다. 수사기관에서 진술한 **참고인이 법정에서 증언**을 거부하여 피고인이 반대신문을 하지 못한 경우에는 정당하게 증언거부권을 행사한 것이 아니라도, 피고인이 증인의 증언거부 상황을 초래하였다는 등 특별한 사정이 없는 한 형사소송법 제314조의 '그 밖에 이에 준하는 사유로 인하여 진술할 수 없는 때'에 해당하지 않는다고 보아야 한다. 따라서 증인이 정당하게 증언거부권을 행사하여 증언을 거부한 경우와 마찬가지로 수사기관에서 그 증인의 진술을 기재한 서류는 증거능력이 없다.[1)]

신용성에 따른 전문법칙 예외는 제315조가 규정한다. 진술로 작성한 서면 가운데 공무원이 직무로 작성한 문서 또는 업무자가 업무로 작성한 문서 그리고 그 밖에 특히 신용할 만한 정황으로 작성한 문서로서 성립 진정을 충분히 추정할 수 있으면 증거로 할 수 있다. 공무원 증명문서로는 등기부등본, 인감증명, 가족관계증명, 전과조회회보, 신원증명서, 출입국증명 등이 있다. 업무상 작성문서는 항해일지, 금전출납부, 상업장부, 전표, 의사의 진료부 등이 있다. **특신정황**에서 작성한 문서로는 공공기록, 구속적부심문조서, 공공기관 보고

1) 대판 2019. 11. 21. 2018도13945 전원합의체.

서, 공무소작성 통계 · 연감 등이 있다. 특신정황에서 작성한 문서는 굳이 반대신문권을 주지 않더라도 고도의 신용성이 정황적으로 보장된 문서를 말한다.

전문진술의 전문법칙 예외는 제316조가 규정한다. **피고인 진술**을 내용으로 하는 제3자 진술은 특히 신빙할 수 있는 상태에서 행해진 것이 증명되면 증거로 할 수 있다(같은 조 1항). 공동피고인이나 공범은 여기 피고인에 해당하지 않는다. 피고인이 피의자, 참고인 등 기타 다른 지위에서 행한 것도 포함한다. 판례는 **특신상태**를 신용성의 정황적 보장으로 이해한다. '그 진술을 하였다는 것에 허위개입 여지가 거의 없고, 그 진술내용이 신빙성이나 임의성을 담보할 구체적이고 외부적인 정황이 있는 경우'라고 한다.[1] 여기서 특신상태는 피고인이 진정성립을 인정하지 않을 경우도 피고인이 진술한 내용을 증거로 할 수 있게 함으로써 전문진술 증거능력을 좌우하는 중요한 역할을 한다. 1항은 '**조사자 증언**'을 명시적으로 포함한다. 그러나 이것은 수사기관작성 피의자신문조서의 증거능력(제312조 1, 2항) 내용과 충돌할 수 있다. 따라서 수사에 참여한 조사자의 진술 내용이 사실에 부합함을 피고인이 긍정할 때에만 특신상태가 인정된다고 보는 것이 타당하다.

피고인 아닌 자의 진술을 내용으로 하는 제3자 진술은 2항이 규정한다. 원진술자가 사망, 질병, 외국거주, 소재불명 그 밖에 이에 준하는 사유로 진술할 수 없고, 그 진술이 특히 신빙할 수 있는 상태에

1) 대판 2014. 4. 30. 2012도725.

서 행해진 때에 한정하여 증거로 사용할 수 있다. 피고인 아닌 자는 제3자와 함께 공범자, 공동피고인을 포함한다. **피고인이** 공판준비 또는 공판기일에 행한 진술이 **피고인 아닌 자의 진술**을 내용으로 할 경우는 명문규정이 없다. 그러나 피고인 유 · 불리를 따지지 않고 피고인 진술은 전문법칙 적용을 받지 않는다. 증거능력원칙은 법치국가 원칙으로 피고인을 구속하는 것이 아니라서 그렇다.

재전문再傳聞증거는 전문증거가 다시 전문증거를 포함하는 경우다. 전문이 2번 이상일 수도 있다(재재전문, 다중전문). 예를 들면, A가 B를 살해한 혐의에 대한 검사 작성 A 진술조서에 C가 "A는 내가 죽였다"고 말한 것이 들어 있는 경우다. 여기에는 들은 사람 '전문자'가 있고 이것을 다시 들은 '재전문자', 이것을 법정에서 증언하는 '재전문진술', 전문진술이 법정에서 서면으로 보고되는 '재전문서류'가 있다. **재전문증거의 증거능력**에 대해서는 명문규정이 없어서 학설이 대립한다. 재전문증거도 전문증거와 마찬가지로 사용 필요성을 인정해야 할 경우가 있다. '재전문서류'와 '재전문진술' 경우를 구분해서 처리하는 견해가 있다(구분설). 재전문서류는 일정한 요건으로 증거능력을 인정하고, 재전문진술과 재재전문증거(재전문진술이 기재된 조서)는 피고인의 증거동의가 없으면 증거능력을 부정한다. 판례도 이를 따른다.[1)]

진술의 임의성(제317조)은 전문법칙과 무슨 상관이 있을까? 제

1) 대판 2012. 5. 24. 2010도5948.

317조 1항은 "피고인 또는 피고인 아닌 자의 진술이 임의로 된 것이 아닌 것은 증거로 할 수 없다"고 규정한다. 2항은 전문서류, 3항은 전문검증조서에 관한 것이다. 제317조의 조문 위치로 보면 일차적으로 **전문증거**에 적용되겠지만 다른 진술증거도 대상으로 한다고 보는 것이 옳다(광의설). 전문법칙과 관련해서는 예외요건을 평가할 때 진술 임의성이 있어야 한다는 요청이다. 법원이 직권으로 임의성유무를 조사해야 한다. 당사자가 증거로 하는 데 동의하더라도 진술에 임의성이 없는 것은 위법한 증거수집에 따른 것으로서 증거능력을 부정해야 한다. 진술 임의성은 소송법 사실이므로 법원의 자유로운 증명에 따른다.

그 밖의 증거방법이 전문법칙과 관련되는 경우다. **사진, 녹음, 영상, 거짓말 탐지기** 뿐만 아니라, CCTV나 **자동차용 블랙박스** 등 전문증거가 될 수 있는 매체가 늘어나고 있다. 이 다양한 매체들마다 전문법칙 예외요건을 각각 검토하는 것은 번거로운 일이다. 전문법칙의 상위원리를 확정하고 이로부터 요건을 연역하는 방식으로 해결하는 것이 바람직하다.

최량증거법칙이 적용된다. 이것은 특정한 자료를 증거로 사용하기 위해서는 신용성이 가장 높은 형태로 제출되어야 한다는 원칙이다. 그러기 위해서는 원본의 존재, 원본의 제출 불가능, 원본의 정확한 전달(편집, 조작 우려)을 검토해야 한다.

영상녹화물은 형사절차에서 보편적으로 쓰이는 증거방법이다. 수사기관은 조사과정에서 영상녹화를 광범위하게 활용하고 있고,

CCTV 영상 또는 차량 블랙박스 녹화화면이 범죄예방과 수사에 큰 역할을 담당한다. **수사기관** 영상녹화물은 진정성립 인정이나 내용인정 등 어떤 요건을 갖추더라도 범죄사실을 증명하기 위한 본증으로 사용할 수 없다(판례). 탄핵증거로도 사용할 수 없다. 만약 수사기관의 영상녹화 안에 피고인이나 피고인 아닌 자의 **진술증거**가 포함된 경우는 피의자신문조서 또는 참고인진술조서 등과 같은 성격이므로 그와 같은 요건으로 증거능력을 인정할 수는 있다. **비진술증거**인 영상녹화(도로 cctv, 블랙박스 등)는 언어 전달, 사건에 대한 평가가 아니므로 원본증거로 쓸 수 있다.

녹음 가운데 수사기관의 신문과정 녹음은 전문법칙 예외요건과 상관없이 증거능력이 없다. 탄핵증거로도 사용할 수 없다. 논리는 영상녹화물 경우와 같다. 녹음 가운데 **비진술증거**, 예컨대 사건현장상황이 그대로 녹음되어 있는 것은 최량증거법칙에 따라 원본증거처럼 취급된다. **사진**은 진술증거성에 따라 개별적으로 판단한다. 사건현장 사진이나 검증조서, 감정서에 첨부된 사진은 진술증거다.

증거동의는 전문증거의 증거능력을 인정하는 요건이다(제318조). 동의주체는 검사와 피고인이다. '**진정성 요건**'은 내용 진정성이 아니라 작성과 전달과정에 조작과 왜곡이 없다는 의미다. 피고인에게 유리한 내용의 증거(유죄증거에 대한 반대증거)는 검사가 제출한 것이라고 하더라도 증거동의 대상이 아니다. 동의는 자신에게 불리한 것에 대해서만 의미가 있다. 증거동의는 원칙적으로 증거조사 전에 해야 한다. 증거조사 중이나 증거조사 후 전문증거라는 사실이 밝혀진 경우라면 사후동의도 가능하다. 판례는 재판을 받던 피고인이 임의로 퇴정하였을 경우 증거동의를 의제한다.[1] 그러려면 퇴정이 곧 반대신문권 포기와 같은 의미가 되어야 한다. **증거동의 철회와 취소**도 가능하다. 다만 그 시기는 증거조사완료 전까지로 보는 것이 옳다. 증거동의는 증거조사 과정에서 의미가 있기 때문이다.

탄핵증거는 진술증거 증명력을 다투기 위해 사용되는 증거를 말한다. 예를 들면, C는 "A가 B를 살해하는 현장을 보았다"고 증언하자 D가 "C는 A의 살해현장을 보지 못했다고 말하는 것을 **들었다**"고 증언했을 때, D의 증언이 탄핵증거가 된다. 탄핵증거도 전문법칙과 관련이 있다. 탄핵증거에는 전문법칙이 적용되지 않는다(전문법칙 적용 없음). 전문법칙에 따라 증거로 할 수 없는 서류나 진술이라도 공판준비 또는 공판기일에 피고인이나 피고인 아닌 자의 진술 증명력을 다투기 위한 탄핵증거로는 사용할 수 있다(제318조의2). 탄핵증거는 성립 진정, 엄격한 증명, 엄격한 증거조사가 필요 없다. 증거능력 유무도 중요하지 않다. 그렇다고 탄핵증거가 자유심증주의 예외가 되는 것은 아니며 오히려 강화하는 기능을 한다.

탄핵 대상이 되는 진술에는 구두진술뿐만 아니라 진술을 기재한 서면도 포함한다. **피고인 진술**도 탄핵대상이 될 수 있는가에 대해서는 견해가 갈린다. 판례는 적극설 관점에서 피고인이 내용을 부인하여 증거능력이 없는 수사기관 작성 피의자신문조서라도 그것이 임의로 작성된 것이 아니라고 의심할 만한 사정이 없는 한 피고인의 법정

1) 대판 1991. 6. 28. 91도865.

진술을 탄핵하는 증거로 쓸 수 있다고 한다.[1]

탄핵증거 내용과 관련해서는 검사와 피고인을 구별하는 것이 타당하다. 전문법칙에 구속되는 검사는 탄핵증거의 사용범위에 제한이 있다(자기모순 진술만 가능). 자기모순 진술은 공판정에서 하는 진술과 다른 진술을 한 바 있다는 내용을 말한다. 반면에 피고인은 전문법칙을 주의해야 할 지위에 있지 않으므로 자신에게 유리한 모든 전문증거를 제출하여 증명력 판단 자료로 사용할 수 있다(이원설). 탄핵증거는 원래 진술의 증명력을 감쇄하는 데 사용되지만 증명력을 지지, 보강하는 방향으로 증명력을 다투는 경우도 사용할 수 있다. 자백배제법칙에 위반한 자백이나 위법수집증거배제법칙에 반하는 진술증거, 임의성이 없는 진술 등은 탄핵증거로도 사용할 수 없다. 형사소송법 전체를 지배하는 증거원칙이기 때문에 그렇다.

자유심증주의

이제 **증명력** 판단 문제로 들어간다. 중요한 주제는 자유심증주의, 자백 보강법칙이다.

자유심증주의는 증거 증명력은 법관의 자유판단에 맡긴다는 원칙이다(제308조, 증거평가자유 원칙). 여기서 증명력은 증거 신용력과 협의의 증명력을 포함하는 개념이다. **신용력**은 증거 그 자체가 진실일 가능성을 뜻하고, **협의의 증명력**은 요증사실 존부를 인정하는 효용을 의미한다.

---

1) 대판 2014. 3. 13. 2013도12507.

'**합리적 의심**'은 법관의 자유심증을 제한한다. 법관은 범죄사실을 인정할 때 합리적 의심이 없을 정도로 증명해야 한다(제307조 2항). '합리적 의심'은 합리성이라는 구체화하기 어려운 요소를 내용으로 한다. '합리적'이라는 말은 **이치나 논리**에 합당한 것을 의미하고, 합리성은 합리적인 성질이나 상태다. 이런 추상적 기준은 어떤 사실 존재에 대한 적극적 검증보다는 **소극적 반증수단**으로 사용하는 것이 편하다. 실무에서도 증거를 사실인정 기초로 삼기에 불합리한 것으로 의심될 때 이를 배척하기 위한 표지로 사용한다.[1] 이를 위해서는 우선 그 의심이 객관적 근거 없이 관념적 · 추상적으로 형성된 것은 아닌지 평가한다. 그에 따라 합리적 의심이 존재하면 그 경우는 증명되지 않은 것으로 배척하고(in dubio pro reo), 증명력을 인정할 수 있는 나머지 부분만 유죄인정 근거로 삼는다. 판례를 본다. 형사재판에서 유죄로 인정하기 위한 심증 형성의 정도는 합리적인 의심을 할 여지가 없을 정도여야 한다. 그러나 이는 모든 가능한 의심을 배제할 정도에 이를 것까지 요구하는 것은 아니다. 여기서 말하는 **합리적 의심**이란 모든 의문, 불신을 포함하는 것이 아니라 논리와 경험칙에 기하여 **요증사실과 양립할 수 없는 사실의 개연성에 대한 합리성 있는 의문**을 의미한다. 단순히 관념적인 의심이나 추상적인 가능성에 기초한 의심은 합리적 의심에 포함된다고 할 수 없다.[2]

자유심증주의가 한계를 넘으면 '심리미진' 또는 '채증법칙 위반'이 된다. **심리미진**은 법원이 증거자료를 충분히 활용하지 않아 편파

1) 대판 2017. 10. 31. 2016도21231.
2) 대판 2011. 1. 27. 2010도12728.

적으로 심증이 형성되거나 심리에 합리성이 결여된 경우를 말한다. **채증법칙을 위반**해서도 안 된다. 개념 혼동, 판결이유 모순, 논리 착오 등에 따른 심증은 채증법칙에 반한다. 예컨대 증인의 모순되고 모호한 진술, 객관적 신빙성이 없는 증거를 근거로 유죄사실을 인정하는 것이 이에 해당한다. 심리미진이나 채증법칙 위반이 있으면 상고심은 사실심판결을 파기할 수 있다.

자백보강법칙

자백보강법칙은 법관이 피고인의 임의성 있는 자백으로 유죄 심증을 얻었다 할지라도, 다른 추가적인 보강증거가 없으면 자백만으로 유죄판결을 할 수 없다는 원칙이다. 이것은 헌법원칙이기도 하다. 피고인 자백이 그 피고인에게 불리한 유일한 증거일 경우는 이를 유죄 증거로 하지 못한다(헌법 제12조 7항, 제310조). 자백을 **'증거 왕'**이라고 하는데, 자백만으로 유죄판결을 할 수 있다고 하면 무슨 일이 벌어질까. 허위자백도 문제지만 자백편중수사를 방지하기 위해서도 자백보강법칙은 필요하다.

'피고인 자백'의 범위는 곧 자백보강법칙의 적용범위를 결정한다. 피고인 자백에는 피의자 지위에서 한 자백도 포함한다. 다른 사건에서 참고인이나 증인으로서 한 자백도 자신의 피고사건에서는 피고인 자백이 된다. **공범 자백**도 피고인 자백에 포함될 것인지 견해가 갈린다. 불필요설은 피고인이 아닌 공범 자백을 받아내기 위해 편중된 수사를 부추길 것이라는 점에서 찬성하기 어렵다.

공범 자백이 피고인자백에 대한 보강증거가 될 수 있는지 문제가 있다. 피고인과 공범 둘 다 자백한 상황에서 드러나는 질문이다. 위 필요설을 취하면 공범 자백은 널리 피고인 자백으로 볼 수 있어 보강증거가 될 수 없기 때문에, 만약 피고인과 공범 둘 다 자백한 경우에도 다른 보강증거가 필요하다. 공범 자백을 널리 피고인자백에 포함되는 것으로 보는 이상 공범 자백을 피고인자백의 보강증거로 이용할 수는 없다(부정설).

보강범위는 자백 진실성을 담보하는 정도면 충분하다(진실담보설, 통설 · 판례). 판례를 보자. 보강증거는 범죄사실 전부 또는 중요부분을 인정할 수 있는 정도가 되지 않더라도 피고인 자백이 **진실한 것임을** 인정할 수 있을 정도면 충분하다. 나아가서 직접증거가 아닌 간접증거나 정황증거도 보강증거가 될 수 있고 자백과 보강증거가 서로 어울려서 전체로서 범죄사실을 인정할 수 있으면 유죄 증거로서 충분하다.[1)]

공판조서 증명력

공판기일에 작성된 **공판조서**는 절대적 증명력이 있다(제311조). 공판조서 외에 각종 신문조서, 증거목록도 마찬가지다. 공판기일 소송절차로 공판조서에 기재된 것은 그 조서만으로써 증명한다(제56조). '조서만으로써 증명한다'는 것은 공판조서 말고 다른 증거를 참작할 필요가 없고, 반증을 허용하지도 않는다는 의미다(절대적 · 배타

---

1) 대판 2017. 12. 28. 2017도17628.

적 증명력). 반드시 증명력을 인정해야 한다는 뜻이므로 이는 자유심증주의 예외에 속한다. 공판조서의 절대적 증명력을 인정하는 까닭은 매번 절차가 반복되는 것을 방지하기 위한 소송경제 목적에 있다. 절대적 증명력은 공판기일에 **절차를 진행한 사정**에 대해서만 증명력을 인정한다. 피고사건의 '실체적 사실 관련 내용'에 관해 공판조서를 믿어야 한다는 의미로 이해해서는 안 된다. 이미 진행된 공판기일의 절차 존부와 적법성 등이 주된 내용이다. 예컨대 검사의 모두진술, 진술거부권고지, 피고인의 이익사실 진술기회부여, 피고인신문 및 증거조사, 증거동의 여부, 최종의견진술기회 부여, 판결선고 유무 등이다.

[요점 정리]

1. 증거는 범죄와 관련한 자료이고 증명은 입증사실을 증거로써 확인하는 과정이다.
2. 제출된 증거가 제출한 사람에게 불리하게 사용될 수도 있는 것은 증거공통원칙의 결과이다.
3. 증거물인 서면은 서면의 내용과 함께 서면의 존재 자체가 증거가 되는 것을 말한다.
4. 증거서류와 증거물인 서면을 합쳐 서증이라고 한다.
5. 전문법칙은 전문증거가 원칙적으로 증거가 될 수 없다는 것을 말한다.
6. 탄핵증거는 실질증거의 증명력을 감쇄시키는 보조증거이다.
7. 반증은 본증으로 증명될 사실을 상대방이 부정하기 위한 증거를 말한다.
8. 유죄에 관한 실질적 증명책임은 검사가 부담한다.

9. 피고인은 주장하고 검사는 그 주장에 맞서는 사실을 증명해야 한다.
10. 증명책임은 전환되는 법이 없다.
11. 피고인은 증거능력원칙의 구속을 받지 않는다.
12. 피고인이 알리바이를 주장하면 검사는 피고인이 현장에 있었다는 사실을 엄격 증명해야 한다.
13. 피고인이 위법하게 수집한 증거를 증거로 사용하는 것에 동의하더라도 증거능력은 회복되지 않는다.
14. 독수과실이론을 희석하는 이론은 모두 검사를 위한 것이다.
15. 자백 임의성은 소송법 사실이므로 자유로운 증명으로 충분하다(판례).
16. 신용성의 정황적 보장은 전문법칙의 예외에 속한다.
17. '특신상태'는 조서 작성의 신용성이지 조서 내용의 신용성은 아니다.
18. 진술의 임의성은 전문증거뿐만 아니라 다른 진술증거에도 적용된다.
19. 최량증거법칙은 모든 증거자료가 가장 신용성이 높은 형태로 제출되어야 한다는 의미다.
20. 탄핵증거에는 전문법칙이 적용되지 않는다.
21. 합리적 의심은 법관의 자유심증을 제한한다.
22. 합리적 의심은 요증사실과 양립할 수 없는 사실의 개연성에 대한 논리적 의문이다(판례).
23. 자백보강법칙의 보강범위는 자백 진실성을 담보하는 정도면 충분하다.
24. 공판조서의 절대적 증명력은 공판기일에 절차를 진행한 사정에 대한 것이다.

제7장 재 판

이제 형사절차는 수사절차와 공판과정을 거쳐 재판에 이른다. 재판에는 실체재판과 형식재판이 있다.

실체재판

유죄판결은 무죄판결과 함께 실체재판의 주된 내용이 된다. 유죄판결은 공소사실에 대한 증명이 이루어졌을 때 선고하는 실체판결이다. 유죄판결에는 **형선고 판결, 형 면제와 선고유예** 판결이 있다. 형선고를 할 때 판결이유에 범죄가 되는 사실, 증거 요지와 법령 적용을 명시해야 한다. 법률로 범죄성립을 조각하는 이유 또는 형 가중 · 감면 이유가 되는 사실을 진술하였을 경우 이에 대한 판단을 명시해야 한다(제323조). 보통 '**이유설시**'라는 말하는 것이다. 만일 피고인측이 범죄성립 조각, 또는 형 감면을 주장하고 근거를 들었으면 이에 대한 판단을 명시해야 한다(제323조 2항).

무죄판결은 피고사건에 대해 형벌권이 없음을 확인하는 재판이다(제325조). '피고인에게 죄가 없다'거나, '결백하다'는 식의 실체 선언이 아니라 적법절차를 거쳤을 때 피고사건이 범죄가 되지 않거나 범죄사실이 증명되지 않았다는 의미다. 무죄판결도 재판 일반원칙에 따라 그 이유를 명시해야 한다(제39조).

형식재판

면소판결은 기소된 사실에 확정판결이나 사면이 있는 경우, 공소시효가 완성된 경우, 범죄 후 법령개폐로 형벌이 폐지된 경우에 내리는 종국재판이다(제326조). 면소판결의 법적 성격에 관한 논의가 복잡하다. 논의 성격은 실체재판과 형식재판 사이에 있다. 물론 택일이 아닌 절충도 있다. 대개 '성격' 논의는 입법자가 면소판결을 규정한 이유 또는 입법배경과 관련을 맺는다. 면소판결을 내리는 판사 관점에서 보면 '저 너머에' 있는 논의다. 판사는 입법자가 아니라서 그렇다. 판사는 제326조가 규정한 면소판결 사유를 해석하여 적용할 뿐이다. 논쟁을 한 번 훑어보기 바란다.

공소기각 재판은 형식적 소송조건이 결여되었거나 소송장애가 있을 경우, 절차 하자를 이유로 공소유지가 부적법하다고 인정하여 실체심리 없이 절차를 종결시키는 형식재판이다. **공소기각 결정**(제328조)과 **공소기각 판결**(제327조)이 있다. 결정의 재판형식은 구두변론을 거치지 않고 할 수 있다. 따라서 결정으로 하는 공소기각사유는 판결에 의한 공소기각사유보다 그 절차상 하자가 더 명백하고 중대한 경우에 해당한다. 공소기각판결에 대한 상소는 항소와 상고지만 공소기각결정에 대한 상소는 즉시항고다(제328조 2항). 공소기각결정을 할 수 있는 중대한 하자로는 공소취소, 피고인 사망 등이 있다(제328조).

관할위반 판결도 중요한 형식재판이다. 피고사건이 해당 법원의 관할에 속하지 않을 때 내리는 판결이다(제319조). 관할위반의 판결사유는 피고사건이 해당 법원의 토지관할이나 사물관할에 속하지 않을 경우다. 토지관할에 대해서는 피고인 신청이 있을 때에만 관할위반 판단을 할 수 있다(제320조 1항). 토지관할은 피고인 편의를 위한 제도이기 때문이다.

재판 확정

재판 확정은 재판이 일반적 불복방법(상소)으로는 다툴 수 없게 되어 그 내용을 변경하는 것이 불가능한 상태를 말한다. 재판 확정은 절차로써 법적 안정성을 구현하는 기능을 한다. 재판은 불복신청 허용기간이 경과함으로써 확정된다. 하급심에 대한 항소와 상고, 약식명령과 즉결심판에 대한 불복은 재판을 선고 또는 고지 받은 날로부터 7일이며, 즉시항고 경우도 7일이다.

재판 확정력에는 형식적 확정력과 실질적 확정력이 있다. 전자는 재판이 통상의 불복방법으로 다툴 수 없는 상태를 말하고, 후자는 재판 내용이 확정되는 것을 의미한다. 피고사건 실체와 관련된 내용 확정력을 **실체적 확정력**이라고도 한다. 실체적 확정력은 **일사부재리 효력** 또는 **기판력을 갖는다**.

일사부재리(ne bis in idem)는 일정한 사안이 형사재판으로 처리되면, 그와 동일성이 인정되는 사실에 대해 재차 국가형벌권이 행사되어서는 안 된다는 원칙이다. 헌법은 "모든 국민은 동일한 범죄에 대하여 거듭 처벌을 받지 아니한다"고 규정한다(헌법 제13조 1항). 이는 피고인 권리를 보장하는 동시에 일정한 단계에서 사건을 매듭짓는다는 형사사법기관의 자기제한원리이기도 하다.

기판력은 유 · 무죄 실체재판으로써 확정되는 재판의 실질적 확정력이다. 기판력은 일사부재리원칙의 실현수단이 되고 절차 안정성, 소송경제를 도모한다. 기판력과 일사부재리 관계에 대한 학설이 있다. 구별설, 포함설 등이 있는데, 기판력은 일사부재리를 실현하는 절차법 개념으로 보면 된다(일치설).

일사부재리의 효력범위(객관적 효력)는 '소송법상 하나의 사건' 개념에 따른다. 일사부재리 효력은 **기본 사실 동일설**에 따라 전법률 · 사회 · 일상적 관점에서 하나의 사건으로 보아야 하는 모든 사실에 미친다. 그런데 사회적 · 전법률적 관점 외에 그 규범적 요소도 함께 고려하여(이른바 사실적 · 규범적 사건개념설) 일사부재리 효력을 제한하는 견해가 있다. 판례를 본다. A가 장물취득죄로 기소되어 유죄 확정판결을 받았는데, 실제로 A는 그 과정에서 강도상해를 범한 사실이 드러나 다시 강도상해로 기소되었다. "장물취득죄와 강도상해죄 사이에는 행위태양, 피해법익, 죄질에 현저한 차이가 있어 두 죄 사이에 동일성이 있다고 보기 어렵다. 장물취득죄로 판결이 확정되었다고 하여 A를 강도상해죄로 처벌하는 것이 일사부재리의 원칙에 어긋난다고는 할 수 없다."[1] 일사부재리효력(주관적 효력)은 기소된 피고인에게만 발생한다. 한 피고인에 대한 판결효력이 다른 공동피고인에게 미치지 않는다.

[요점 정리]

1. 유죄판결은 공소사실에 대한 증명이 이루어졌을 때 선고하는 실체판결이다.
2. 무죄판결은 피고인에게 죄가 없다는 의미가 아니라 범죄사실이 증명되지 않았다는 의미일 뿐이다.
3. 공소기각재판은 절차에 하자가 있어 공소유지가 부적법할 때 실체심리 없이 절차를 종결시키는 형식재판이다.
4. 일사부재리는 피고인 권리의 보장인 동시에 일정한 단계에서 사건을 매듭짓는 형사사법기관의 자기제한 원리다.
5. 일사부재리의 객관적 효력은 소송법상 하나의 사건에 미친다(기본사실동일설).

1) 대판 1994. 3. 22. 93도2080 전원합의체.

제8장 상소와 특별절차

상소 일반론

상소는 확정되지 않은 재판을 가지고 상급법원에 불복을 신청하는 것을 말한다. 항소(제357조 이하), 상고(제371조 이하), 항고(제402조 이하)가 있다. 항고에는 **일반항고**와 **특별항고**(재항고)가 있으며, 일반항고는 다시 **보통항고**와 **즉시항고**로 나뉜다. 상소하기 위해서는 상소권과 상소이익이 있어야 하고 법률이 정한 기한 · 방식을 따라야 한다.

우리나라 상소심은 **속심 성격**이다. 속심은 하급심의 사실심 변론을 이어받아 심리하는 것처럼 진행하는 상소심구조를 말한다(독일 복심은 원심판결을 무효로 하고 처음부터 다시 시작한다). 속심은 하급심의 피고사건을 심판대상으로 삼되, 하급심판결 후 발생한 사실이나 새로 발견된 증거도 판단자료로 사용할 수 있다.

우리나라 상고심은 **사후심** 구조다. 사후심은 원심법원 소송자료를 토대로 **원심판결 당부**를 사후에 심사하는 상소심구조다. 사후심

판결주문은 원칙적으로 파기환송이다. 여기서는 원심판결 후 발생한 사실이나 새로운 증거를 판단자료로 할 수 없으므로 상소이유가 제한되고 이유를 명시해야 한다.

상소권자는 일차적으로 검사와 피고인이다(제338조 1항). 다음 피고인의 법정대리인, 배우자, 직계친족, 형제자매 등도 상소권을 갖는데, 피고인의 명시한 의사에 반해서는 할 수 없다(제341조 1, 2항).

상소이익(상소 필요성)은, 상소를 위해서는 원심재판 때문에 법적으로 보호할 만한 이익이 침해되어야 하는 것을 의미한다. 상소 이익이 없는 상소는 허용되지 않는다. **피고인의 상소이익**은 재판이 자기에게 불리한 경우다. 반면에 **검사의 상소이익**은 재판이 공정하게 이루어지지 않았다고 판단할 경우다. 검사는 당연히 피고인에게 불리한 상소를 제기한다. 검사의 국가형벌권에 대한 객관의무는 피고인을 위한 상소도 가능하다고 말한다. 이론적으로만 그렇다.

상소제기는 상소제기기간 안에 상소장을 원심법원에 제출함으로써 이루어진다(제343조 1항, 제359, 375, 406조). 교도소나 구치소에 있는 피고인은 기간 안에 교도소장이나 구치소장에게 상소장을 제출하면 상소한 것으로 간주한다(제344조 1항). 상소제기에 따라 소송계속이 원심에서 상소심으로 옮겨지는 **이심移審효력**이 발생하는데, 그 효력 발생시기는 원심법원에 상소장을 제출한 때이다(상소제기기준설). 이심효력이 상소제기 효과라고 하면 상소제기시에 효력이 발생하는 것이 맞다.

일부상소 문제가 있다. 재판 일부에 대해 상소하고 역시 일부에 대해 상소를 포기, 취하하는 것이다(제342조 1항). 원칙적으로 재판 일부에 대한 상소는 그 일부와 불가분 관계에 있는 부분에 대해서도 효력이 미친다(같은 조 2항, **상소불가분원칙**). 일부상소가 가능한 경우는 경합범으로 기소되었거나 병합심리로 재판이 이루어진 경우 등 재판 대상이 나눌 수 있는 것이어야 한다. 반면에 실체형법상 단순일죄, 과형상 일죄 등 일부에 대한 상소는 허용되지 않는다. 1개 형이 선고된 경합범(형법 제37조, 제38조 1항)의 일부상소도 허용되지 않는다.

상소에는 **불이익변경금지원칙**이 적용된다. 불이익변경금지원칙(**중형변경금지원칙**)은 피고인이 상소한 사건이나 피고인을 위해 상소한 사건에서 상소심이 원심판결 형보다 무거운 형을 선고할 수 없다는 원칙이다(제368조, 제396조 2항). 일반인인 피고인은 불이익변경금지가 보장되지 않으면 상소권을 행사하는 것이 매우 어렵다. 불이익변경금지원칙은 피고인이 상소한 사건에 적용된다(제368조, 제369조 2항). 검사만 상소한 사건이나 검사와 피고인 쌍방이 상소한 사건에는 적용되지 않는다. 이 원칙은 피고인 이외 상소권자(제340, 341조)가 피고인을 위해 상소한 사건에도 적용된다. **파기환송 또는 파기이송** 등 상소심을 거쳐 되돌아온 사건도 불이익변경금지원칙이 적용된다.[1] 환송 후 원심에서 공소장변경에 따라 그 항소심이 새로운 범죄사실을 유죄로 인정하는 경우도 마찬가지다.[2] 약식명령에 불복하여 정식

1) 대판 2021. 5. 6. 2021도1282.
2) 대판 2014. 8. 20. 2014도6472.

재판을 청구한 사건에는 약식명령의 형보다 중한 종류의 형을 선고하지 않는 한 불이익변경금지원칙이 적용되지 않는다(제457조의2).

불이익변경 기준으로는 형법 제50조를 원칙적 기준으로 삼고, 전체적으로 피고인의 자유구속과 법익박탈 정도를 실질적으로 고려하는 실질설이 타당하다.[1] 형식설은 형 종류와 경중에 관한 형법 제41조, 50조를 기준으로 판단한다. 자유형을 벌금형으로 변경하는 것은 원칙적으로 불이익변경이 아니다. 집행유예를 붙인 자유형에 대해 형을 가볍게 하면서 유예기간을 늘리는 판결은, 주형 자체가 가벼워지므로 원칙적으로 불이익변경이 아니다. 그럼 부정기형을 정기형으로 변경하는 경우는 어떨까? 판례를 본다. "제1심 판결 시 A는 소년에 해당하여 장기 15년, 단기 7년의 부정기형을 선고받았다. A만이 항소하였는데, 항소심에 이르러 A는 성년이 되었다. 이때 항소심이 선고할 수 있는 정기형의 상한은 부정기형의 장기와 단기의 정중앙에 해당하는 중간형이며, 이 중간형을 기준으로 삼아 불이익변경여부를 판단하여야 한다. 원심은 징역 11년(<장기 15년 + 단기 7년> ÷ 2)까지를 선고할 수 있다."[2]

항 소

항소는 제1심 판결에 불복하여 제2심 법원에 제기하는 상소를 말한다. 항소심의 성격은 속심이다(판례 · 통설). 따라서 항소심에 제1

---

1) 대판 2016. 5. 12. 2016도2136.
2) 대판 2020. 10. 22. 2020도4140 전원합의체.

심 공판과정이 준용되므로 공소장변경이 허용된다. 항소심이 사실관계 심리를 과제로 삼는 이상, 공소장변경을 허용하지 않을 이유가 없다. 항소이유는 제361조의5에 상세하게 열거되어 있다. 여기에서 2호 '판결 후 형의 폐지 · 변경 · 사면', 3호 '관할규정 위반', 4호 '법원구성 위법', 11호 '이유불비와 이유모순', 13호 '재심사유'는 **절대적 항소이유**다. 15호 '양형부당'도 피고인에게 미치는 양형의 중요성을 고려할 때 절대적 항소이유로 보는 것이 타당하다. 반면에 1호 '판결에 영향을 미친 헌법, 법률, 명령 또는 규칙 위반'과 14호 '판결에 영향을 미친 사실오인'은 **상대적 항소이유**다. 상대적 항소이유에는 '판결에 영향을 미친'이라는 전제가 붙어 있다.

항소는 **7일 항소기간** 안에 항소장을 원심법원에 제출함으로써 이루어진다(제359조). 항소장에는 항소를 제기하는 취지와 대상이 되는 판결을 기재하는 것으로 충분하고, 항소이유를 기재할 필요는 없다(제361조의4 1항 단서). 항소법원은 항소이유에 포함된 사유를 심판한다(제364조 1항). 항소이유에 포함되지 않은 사유라고 하더라도 '판결에 영향을 미친 사유'는 직권으로 심판할 수 있다(같은 조 2항). 판결에 영향을 미친 사유는 법령위반, 사실오인, 양형부당을 모두 포함한다.

항소심 재판으로는 공소기각 결정, 항소기각 재판, 항소기각 판결, 원심판결의 파기판결이 있다. 항소판결이 선고되면 상고법원으로부터 사건이 환송 또는 이송되는 경우 등을 제외하고는 항소법원이 다시 항소심 소송절차를 진행하여 판결을 선고할 수 없다.

상 고

상고는 제2심 판결에 대해 제3심 법원에 제기하는 상소를 말한다(제371조). 상고심은 **법률심**으로서 법령을 통일적으로 해석 · 적용하는 기능을 담당한다. 상고심 판결은 그 사건에 관해 하급심을 기속한다(법조법 제8조). 판결에 영향을 미친 법령위반이 가장 중요한 상고이유이므로 상고심은 **사후심 · 법률심**이다. 사실오인과 양형부당은 예외적 상고이유이므로 예외적으로 사실심 기능을 한다(제383조).

상고제기 방법과 기간 등은 항소 경우와 같고, 상고심 심판에는 항소심 규정이 준용된다(제399조). 상고법원은 변론 없이 판결할 수 있다(제390조 1항). **서면심리주의**는 상고기각 경우뿐만 아니라 원심판결파기 경우에도 적용된다.

상고심 재판으로는 공소기각 결정, 공소기각 재판, 원심판결을 파기하는 판결이 있다. 상고법원이 원심판결을 파기할 때에는 파기와 동시에 환송, 이송 또는 자판을 하여야 한다. 파기환송(제393조)은 상고법원의 원칙적인 재판형식이다. **파기이송**은 사건을 관할권이 있는 법원에 이송하는 것이고(제394조), **파기자판**은 원심법원과 제1심 법원이 조사한 증거로 충분히 판결할 수 있다고 판단하여 피고사건에 대해 직접 판결을 내리는 것이다(제396조 1항). 이때는 불이익변경금지원칙이 적용된다(같은 조 2항).

비약상고와 판결정정도 상고제도의 중요한 내용이다. 비약상고는 제1심 판결에 대한 항소를 제기하지 않고 바로 대법원에 상고하는 것을 말한다(제372조). 비약상고 이유는 법령적용 착오, 형의 폐지나 변경 등 법률에 규정되어 있다(제372조). 따라서 채증법칙위반, 법령위반, 사실오인, 양형부당 등은 비상상고 이유가 되지 않는다. **판결정정**은 상고심 스스로 명백한 판결오류를 바로 잡는 것을 말한다(제400조 1항). 계산착오, 오기, 미결구금일수산입 오류 등이 있다.

항 고

항고는 법원 **결정**에 대한 상소이다. 결정은 절차 사항에 대한 종국전 재판이다. 따라서 항고는 종국재판인 판결에 대한 항소나 상고와 다르다. 일반항고에는 즉시항고와 보통항고가 있다. 즉시항고는 명문규정이 있을 때에만 허용되고, 즉시항고의 제기기간은 7일이다(제405조). 보통항고는 즉시항고 이외 항고를 말한다. 법원 결정에 대한 불복수단이며 특별한 규정이 있는 경우는 항고가 허용되지 않는다(제402조). 다음 **재항고**가 있다. 재항고는 항고법원, 고등법원 또는 항소법원 결정에 대한 항고를 말한다(법조법 제14조 2호). 또한 준항고(제416, 417조)에 대한 관할법원 결정도 재항고 대상이 된다(제415, 419조).

준항고는 법관의 재판이나 수사기관 처분에 대해 불복이 있을 때, 그 재판 또는 처분의 취소 또는 변경을 법원에 구하는 불복신청 방법이다(제416, 417조). 상급법원에 대한 구제신청이 아니라는 점에서 상소는 아니지만 항고에 준하는 성격이 있으므로 항고 규정을 준용한다(제419조).

재심과 비상상고

재심은 유죄 확정판결에 **중대한 사실인정** 오류가 있는 경우에 판결을 받은 사람의 이익을 위해 이를 바로잡을 수 있는 비상구제절차다(제420조). 재심은 확정판결에 대한 것이기 때문에 재판확정 전 불복신청제도인 상소와 다르다. 확정판결을 받은 사람에게 불이익이 되는 재심은 인정되지 않는다는 점에서 **이익재심**이다. 재심을 위해서는 재심개시절차에 대한 결정을 먼저 내리고(제433-435조), 다음 재심심판절차를 밟는다.

재심 대상은 유죄 확정판결과 항소 또는 상고 기각판결이다. 현행법은 이익재심만을 인정하기 때문에 무죄판결, 면소판결, 공소기각판결, 관할위반 판결 등은 재심대상이 되지 않는다. **재심사유**로는 확정판결 후 사실인정을 변경할 만한 새로운 증거가 발견된 **신규형 재심사유**(제420조 5호), 원판결 사실인정자료가 잘못된 경우의 **오류형 재심사유**가 있다(1, 2, 3, 4, 6, 7호).

신규형 재심사유에서 "원판결이 인정한 죄보다 경한 죄를 인정할 명백한 증거가 새로 발견된 때"와 관련한 논의가 있다. '**새로운 증거**'가 법원 외 당사자에게도 새로운 것이어야 하는가. 피고인을 폭넓게 보호하기 위해서는 법원에게만 새로운 것이면 된다(불필요설). 판례는 당사자 귀책사유를 따지는 절충설을 취한다. 다음 '증거의 명백성' 판단기준은, 새로운 증거로 이전 증거의 증거가치를 재평가한 후 증거 명백성을 종합평가해야 한다는 견해(재평가설)가 일반적이다(판례).

재심청구는 원판결을 내린 법원이 관할한다(제423조). 재심청구

대상이 제1심 판결이면 제1심 법원, 상소기각판결이면 상소법원이 관할한다. 재심청구 시기는 제한이 없다. 형 집행을 종료하거나 형 집행을 받지 않게 된 때에도 할 수 있다(제427조). 유죄선고를 받은 자가 사망한 경우도 가능하다. 재심청구 심리는 판결절차가 아니라 **결정절차**이므로 구두변론을 필요로 하지 않는다. 청구인이 재심청구 이유로 주장한 사실에 국한하여 사실심리를 하면 된다. 재심청구 재판으로는 청구기각결정, 재심개시결정이 있다.

다음 **재심공판절차**가 있다. 재심개시결정이 확정된 사건에 대해 법원은 그 심급에 따라 다시 심판한다(제438조 1항). 여기서 **심급에 따라 심판**한다는 것은 제1심 확정판결에 대한 재심 경우에는 제1심 공판절차에 따라, 항소심에서 **파기 자판**된 확정판결에 대해서는 항소심 절차에 따라 한다는 의미다. "**다시**" 심판한다는 것은 재심대상판결 당부를 심사하는 것이 아니라 피고 사건 자체를 처음부터 새로 심판한다는 뜻이다(복심). 재심에는 원판결 형보다 무거운 형을 선고할 수 없다(제439조, 이익재심). 이는 검사가 재심을 청구한 경우도 마찬가지다.

비상상고는 확정판결에 있는 **법령위반**을 바로잡기 위한 비상구제절차다. 이는 비상구제절차로서 확정판결의 교정수단이라는 점에서는 재심과 같고, 미확정판결의 불복방법인 상소와 다르다. **비상상고 대상**은 모든 확정판결이다. 유죄판결, 무죄판결, 면소판결, 공소기각판결, 관할위반판결 모두 비상상고 대상이 된다.

비상상고 이유는 판결뿐만 아니라 소송절차의 법령위반을 포함한다. 원판결 법령위반을 이유로 하는 경우에는 원판결을 파기한다. 소송절차의 법령위반 경우에는 그 위반된 절차를 파기하면 된다(제446조). 비상상고 신청권자는 검찰총장이며 관할법원은 대법원이다(제441조). 비상상고를 할 때에는 그 이유를 기재한 신청서를 대법원에 제출해야 한다(제442조).

간이공판절차

간이공판절차는 피고인이 공판정에서 공소사실을 **자백한 경우 증거조사절차를 간소화하고 증거능력제한을 완화**하여 심리를 신속하게 진행하는 공판절차를 말한다(제286조의2). 공소사실 자백은 공소장 기재 공소사실을 모두 인정할 뿐만 아니라 위법성조각사유와 책임조각사유의 부존재도 인정하는 진술을 말한다. 판례를 보자. A는 법정에서 공소사실은 "모두 사실과 다름없다"고 하면서 술에 만취되어 기억이 없다는 취지로 진술하였다. 이는 "술에 만취되어 사고 사실을 몰랐다고 범의를 부인함과 동시에 그 당시 심신상실 또는 심신미약 상태에 있었다는 주장으로서 적어도 공소사실을 부인하거나 심신상실의 책임조각사유를 주장하고 있는 것으로 볼 수 있으므로 간이공판절차 심판대상에 해당하지 않는다."[1] 피고인이 자백하는 시점은 모두진술시까지로 보아야 한다(모두진술시설). 판례는 **변론종결시설**을 따른다.[2] 간이공판절차에서는 전문법칙에 따라 증거능력이 없

1) 대판 2004. 7. 9. 2004도2116.
2) 대판 1987. 8. 18. 87도1269.

는 증거가 있을 때 증거동의가 있는 것으로 간주한다. 법원은 피고인 자백을 신빙할 수 없거나 간이공판절차로 심판하는 것이 현저히 부당하다고 인정할 때에는 그 결정을 취소해야 한다(제286조의3). 피고인 자백을 신빙할 수 없을 때는 피고인 자백에 임의성이 없는 경우를 말한다.

약식절차는 지방법원 관할사건으로 검사가 청구하여 공판절차에 따르지 않고 검사가 제출한 자료만 조사하여 피고인에게 벌금 · 과료 또는 몰수형을 부과하는 간소한 재판절차다(제448조 1항). 이에 따라 형을 선고하는 재판을 **약식명령**이라고 한다. 약식절차는 서면심리를 원칙으로 한다. 약식명령을 청구할 수 있는 사건은 지방법원 관할에 속하는 사건으로서 벌금 · 과료 또는 몰수에 처할 수 있는 사건에 한정된다(제448조 1항). 이 경우 검사는 공소 제기와 동시에 서면으로 약식명령을 청구한다(제449조). **정식재판 청구**는 약식절차에 따라 법원이 약식명령을 할 경우, 그 재판에 불복이 있는 검사 또는 피고인이 정식재판절차로 심판할 것을 요구하는 소송행위이다(제453조 1항 본문). 적법한 정식재판청구가 있을 때에는 공판절차에서 심판한다(같은 조 3항).

즉결심판은 20만 원 이하 벌금, 구류 또는 과료에 처할 경미 범죄에 대해 지방법원, 지원 또는 시 · 군법원 판사가 공판절차에 따르지 않고 신속하게 처리하는 심판절차다(법조법 제34조 1항 3호, 3항, 즉심법 제2조). 즉결심판은 대부분 도로교통법 위반 또는 경범죄처벌법 위반 사건을 다룬다. 도로교통법 위반으로 범칙금납부 통고를 받고도 이에 응하지 않으면 경찰서장은 즉결심판에 회부한다. **즉결심판으로**

유죄선고를 받은 피고인은 정식재판을 청구할 수 있다(즉심법 제14조 1항). 정식재판을 청구하려면 즉결심판선고 또는 고지를 받은 날로부터 7일 이내에 정식재판청구서를 경찰서장에게 제출하면 된다.

국민참여재판

국민참여재판은 '국민의 형사재판 참여에 관한 법률'에 따라 형사재판에 참여하도록 선정된 배심원이 참여하는 재판을 말한다(같은 법 제2조).[1] 사법절차에서 국민 참여를 보장하여 국민의 상식과 경험을 재판절차에 반영하고 사법에 대한 신뢰와 국민의 법의식을 증진시키기 위해 도입한 제도이다. **국민참여재판 대상**이 되는 사건은 법원조직법 제32조 1항(2호 · 5호 제외)에 따른 합의부 관할사건, 위 사건의 미수죄 · 교사죄 · 방조죄 · 예비죄 · 음모죄에 해당하는 사건과 그 관련 사건으로서 병합하여 심리하는 사건이다(같은 법 제5조 1항). 피고인은 공소장부본을 송달받은 날부터 7일 이내에 국민참여재판을 원하는지 자신의 의사가 기재된 서면을 제출해야 한다. 이 서면을 제출하지 않으면 국민참여재판을 원하지 않는 것으로 본다. 피고인이 국민참여재판을 원하는지 의사 확인절차를 거치지 않고 통상 공판절차로 재판을 진행하면 어떻게 될까? 판례를 본다. "이는 피고인의 국민참여재판을 받을 권리에 대한 중대한 침해로 그 절차는 위법하고, 이러한 위법한 공판절차에서 이루어진 소송행위도 무효이다."[2]

1) 이 법률 내용을 꼭 볼 것.
2) 대판 2012. 4. 26. 2012도1225.

배심원은 사실인정, 법령적용 및 형의 양정에 관한 의견을 제시할 수 있다(같은 법 제12조 1항). 배심원 의견은 법관을 기속하지 않는다(같은 법 제46조 5항). 배심원은 만 20세 이상 국민 가운데서 무작위로 선정한다(같은 법 제16조). 검사와 변호인은 배심원이 9명일 경우는 5명, 배심원이 7명인 경우는 4명, 배심원이 5명인 경우는 3명 범위 안에서 배심원후보자에 대해 이유를 제시하지 않는 기피신청을 할 수 있다(같은 법 제30조 1항). 누구든지 배심원 · 예비배심원 또는 배심원후보자인 사실을 이유로 해고하거나 그 밖의 불리한 처우를 할 수 없다(같은 법 제50조). 재판장은 피고인이 국민참여재판을 원하는 의사를 표시한 경우로서 법원의 배제결정이 없으면 사건을 공판준비절차에 부쳐야 한다. **배심원 평결**과 의견은 법원을 기속하지 않는다. 판결 선고는 변론을 종결한 기일에 하는 것이 원칙이다(같은 법 제48조 1, 2항). 국민참여재판에서 배심원이 만장일치 의견으로 내린 무죄 평결이 재판부 심증에 부합하여 그대로 채택되었으면 항소심은 원칙적으로 이러한 제1심 판단을 뒤집지 못한다.

[요점 정리]

1. 우리나라 상소심은 속심 성격이고 상고심은 사후심 구조다.
2. 검사의 상소이익은 재판이 공정하게 이루어지지 않았다고 판단할 경우다.
3. 원칙적으로 재판 일부에 대한 상소는 그 일부와 불가분 관계에 있는 부분에 대해서도 효력이 미친다(상소불가분원칙).
4. 상소에는 불이익변경금지원칙이 적용된다.

5. 상고심 재판의 파기자판에도 불이익변경금지원칙이 적용된다.
6. 재심은 유죄 확정판결에 중대한 사실인정 오류가 있을 경우에 인정된다.
7. 재심은 확정판결을 받은 사람에게 불이익이 되면 안 된다는 점에서 이익재심이다.
8. 재심공판절차는 재심대상판결 당부를 심사하는 것이 아니라 피고 사건 자체를 처음부터 새로 심판한다(복심).
9. 간이공판절차는 피고인이 공판정에서 공소사실을 자백한 경우에 심리를 신속하게 진행한다.
10. 약식절차는 검사가 제출한 자료만으로 재판하는 간소한 절차다.
11. 국민참여재판을 위해서는 피고인이 자신의 의사가 기재된 서면을 재판부에 제출해야 한다.
12. 배심원 평결은 법원을 기속하지 않는다.

마치면서

"여러분의 A는 결국 어떻게 되었나요?"

이제 우리 형법 입문여행은 막을 내린다. 여행을 마치는 마지막 순간까지 이런 질문을 던진다면, 그건 너무 무미건조할 것 같다는 생각이 든다. 그보다는 조금 인간적인 이야기로 여행을 마무리하고 싶다. 법, 형법, 로스쿨, 법조인 등 우리가 관심을 가지는 주제를 다 리셋하면 마지막으로 무엇이 남을까? 우리가 여행한 방법처럼 그런 도발적인 질문을 해보자. 결국 '나라는 사람'이 마지막으로 나타나겠지, '이 사람'이 진정한 본론이다. 나를 제외한 모든 것은 결국 나를 위한 수단이고 내 인생을 조금 윤택하게 해줄 것으로 믿는 보조적인 일에 지나지 않는다. 어디까지나 주인은 나이고 그들은 객이라는 사실이다. 내가 그 수단을 위해 존재하는 것이 아니라 내가 그 수단을 쓰는 것이 핵심이다. 그들은 내 인생의 궁극 목표, 즐겁고 행복한 인생을 위한 방편일 뿐이다. '그걸 누가 몰라?' 물론 다 안다. 머리로는 그렇다. 삼척동자도 안다고 할 것이다. 그러나 삼척동자도 알지만 여든 노인도 인생에서 목적과 수단의 전도를 극복하지 못하고 눈물 흘리면서 마치는 것이 우리 인생이라고 하면, 내 진단이 너무 비관적일까?

이렇게 질문을 바꿔보자. 여러분은 여러분이 진심으로 좋아하는 직업을 찾는가 아니면 사람들이 좋다고 말하는 직업을 찾는가? 여기 '사람'에는 부모, 친구, 이웃, 내 자존심 등 여러 가지가 들어간다. 만일 후자라면 그 직업은 나를 위한 게 아니라 '다른 사람'을 위한 것이 된다. 그러면 나는 내 인생이 아닌 남 인생을 사는 사람이 된다. 그렇게 하고도 내가 행복할 수 있다면 괜찮겠지만 만일 그렇지 못하다면 큰일이다. 삼척동자도 알지만 실천은 말처럼 쉽지 않다.

지금까지 많은 학생을 법률가로 키워 배출하였다. 내가 다 기억하지 못할 정도로 많다. 실패한 가슴 아픈 추억은 왜 없을까. 겉으로는 성공한 것처럼 보이는 사람들의 인생 결산서도 많이 보았다. 다 생략하고 한 마디로 정리하라면 무엇이 남을까, 나한테 묻는다면 이 말이 떠오른다. "**좋아하는 일 하세요.**" 좋아하는 일 하면 쉽게 몰입할 수 있고, 몰입은 나를 행복하게 만든다. 일을 놀이처럼 즐길 수 있다. 그런 일이 나에게는 최고 좋은 직업이 된다. 내가 좋아하는 일을 하면서 살기에도 인생은 턱없이 짧다. 나는 평생 가슴 뛰는 일을 한 번도 해보지 못했다고 하면, 누가 그 책임을 질까?

내가 좋아하는 일이 돈이 되지 않는데도 한다면 그건 꿈같은 인생이다. 양자 사이에서 타협점을 찾고자 하면 적어도 중간 인생은 되겠지. 그러나 돈을 위해 내가 좋아하는 일을 포기하고 산다면, 그건 불행한 인생이다.

이 책에서도 간간이 썼지만, 나는 이 입문이 여러분에게 법에 대한 좋은 인상을 주기를 바랐다. 혹시라도 아직 망설이는 상황에 있다면 '한 번 결단해 봐라'라는 희망의 메시지를 주고 싶었다. 법의 실상과 허상을 잘 저울질 해보기 바란다. 판단기준은 '몰입'이다.

고려대학교 법과대학 졸업
독일 Frankfurt a. M. 대학 법학박사(Dr. jur.)
고려대학교 법학전문대학원 명예교수

Der Grundsatz der Verhältnismaßigkeit im
Maßregelrecht des StGB(1985)
형법총론(제17판, 2023)
형법각론(제14판, 2023)
형법기본판례(2022년판, 2021)
형사소송법(공저, 제3판, 2022)
형사정책(공저, 제2판, 2022)

입문 형법 형사소송법

2023년 8월 20일 제 1 판 제 1 쇄 발행
2023년 12월 30일 제 1 판 제 2 쇄 발행

저 자 배 종 대
발행인 임 권 규
발행처 홍 문 사

05855 서울시 송파구 송파대로 167 테라타워 B동 802호
등록 1993. 6. 24. 제1-1543호
TEL. 712-5311(代) FAX. 716-5311

값 30,000원

ISBN 978-89-7770-746-7 93360